Duden

Komma, Punkt und alle anderen Satzzeichen

Das Handbuch zur Zeichensetzung

Bearbeitet von Dr. Anja Steinhauer und Christian Stang

Herausgegeben von der Dudenredaktion

4., überarbeitete Auflage

Dudenverlag
Berlin

Redaktion Dr. Melanie Kunkel
unter Mitarbeit von Prof. Dr. Peter Gallmann und Dr. Ralf Osterwinter
Layout und Satz Sigrid Hecker, Eppingen
Umschlaggestaltung sauerhöfer design, Neustadt

www.duden.de
www.cornelsen.de

4. Auflage, 1. Druck 2024

Druck H. Heenemann, Berlin

ISBN 978-3-411-74494-7
Auch als E-Book erhältlich unter 978-3-411-91285-8

Vorwort

Wann folgt ein Komma nach *das heißt (d. h.)*? Stehen Punkt und Komma vor oder nach dem Anführungszeichen? Wird am Ende von Fußnoten ein Punkt gesetzt? – Die Regeln der Zeichensetzung im Deutschen gelten als besonders schwierig, vor allem die Kommasetzung empfinden viele Menschen als undurchschaubar. Dabei wird meist vergessen, dass man viel mehr Texte liest als schreibt. Beim Lesen aber sind richtig gesetzte Satzzeichen eine unverzichtbare Hilfe: Sie lassen uns nämlich schnell erfassen, wie ein Satz gebaut ist. Ein Text »ohne Punkt und Komma« macht den Lesenden doppelte Mühe; falsch gesetzte Zeichen führen zu Missverständnissen.

Der Vorläufer dieses Bandes, der alle Bereiche der amtlich geregelten deutschen Zeichensetzung abdeckt, erschien erstmals 1968, vor über 50 Jahren. Seitdem wurde die Darstellung immer wieder ergänzt und um aktuelle Beispiele aus dem täglichen Sprachgebrauch erweitert, um die Regelungen praxisnah zu veranschaulichen. Mithilfe des ausführlichen Registers kann der Band auch zum Nachschlagen in Zweifelsfällen zurate gezogen werden.

Das Handbuch berücksichtigt sämtliche Vorgaben des aktuellen Amtlichen Regelwerks von 2024. Wo das Regelwerk Interpretationsspielräume lässt, gibt der Band an vielen Stellen klare Empfehlungen. Zudem werden zahlreiche Zweifelsfälle aus der täglichen Schreibpraxis berücksichtigt.

Vorangestellt ist eine Übersicht mit häufig gestellten Fragen zum Gebrauch der Satzzeichen, die auf der Grundlage der Anfragen bei der Duden-Sprachberatung erstellt wurde. Sie ermöglicht einen schnellen Zugriff auf als schwierig angesehene Regeln der deutschen Zeichensetzung. Optisch hervorgehobene Tipps helfen außerdem in besonders kniffligen Fällen.

Dr. Anja Steinhauer, Christian Stang
und die Dudenredaktion

Inhalt

Zur Geschichte der Zeichensetzung

Die Satzzeichen sind gleichzeitig Gliederungs- und Lesezeichen. Während man beim Sprechen seine Worte durch die Betonung, durch Heben und Senken der Stimme, durch Rhythmus und Tempo gliedern kann, muss man beim Schreiben den Text durch Satzzeichen unterteilen und so für die Lesenden verständlich machen.

Zwar sind die Satzzeichen lange nicht so alt wie die Schrift, aber wir kennen doch den Gebrauch solcher Zeichen bereits aus der Antike. Den **Punkt** etwa wandten die Römer nach griechischem Vorbild an, um auf der Wachstafel das Ende eines Satzes oder Satzabschnittes durch einen Einstich mit dem Griffel zu bezeichnen (lat. *punctum* »das Gestochene«). In übertragenem Sinne benannte *punctum* auch den so gekennzeichneten Abschnitt – wie wir heute noch von den »Punkten« einer Rede oder einer Tagesordnung sprechen. Auch **Komma** und **Kolon,** ursprünglich griechische Ausdrücke, waren den Römern bekannt. Damit waren aber – anders als beim Wort »Punkt« – keine Satzzeichen gemeint, sondern Sinnabschnitte eines Satzes oder Verses (griech. *komma* »Einschnitt, Abschnitt«, *kolon* »Glied«). Erst zu Beginn der Neuzeit werden diese Wörter auf bestimmte Zeichen angewandt, die die Sinnabschnitte abgrenzen: Mit **Komma** bezeichnete man ein strichpunktartiges Zeichen und schließlich den einfachen Beistrich, mit **Kolon** den Doppelpunkt, der ursprünglich ein Gliederungszeichen innerhalb des Satzes war (siehe unten).

In den Handschriften des Mittelalters finden sich nur wenige, ohne verbindliche Regeln verwendete Satzzeichen. Dabei sind möglicherweise gewisse Punkte und Striche von Einfluss gewesen, die bei der Aufzeichnung des gregorianischen Kirchengesangs gebraucht wurden, um bestimmte Kadenzen, d. h. Melodieschlüsse, zu bezeichnen. Die Forschung vermutet, dass unser **Fragezeichen** aus dem *punctus interrogativus* der Gregorianik entstanden ist. Das deutsche Wort *Fragezeichen* ist erst im 16. Jahrhundert belegt, das Wort *Ausrufezeichen* in der Form *Rufzeichen* im 17. Jahrhundert. In den älteren Schriften der romanischen Sprachen fehlt das **Ausrufezeichen** als solches überhaupt, und in Deutschland ist der Erstdruck von Johann Fischarts »Flöhhatz« (1572) wohl das älteste Zeugnis für seine Anwendung.

Noch jünger sind die **Gedankenstriche,** die erst in der zweiten Hälfte des 17. Jahrhunderts erscheinen und im 18. Jahrhundert ihren heutigen Namen bekommen. Die einschließenden **Klammern** dagegen kannte man schon im 15. Jahrhundert. Sie hießen zuerst mit einem griech.-lat. Fremdwort *Parenthesen* (griech. *parénthesis* »das Dazwischenstellen, das Eingeschobene«), und nicht vor dem 18. Jahrhundert kam die Bezeichnung *Klammer* dafür auf. Als *Parenthesen* werden zuweilen auch die einschließenden Gedankenstriche bezeichnet. Die **Anführungszeichen** (das Wort ist eine Lehnübersetzung des 18. Jahrhunderts nach lat. *signum citationis*) wurden in älterer Zeit vor jede Zeile gesetzt, wenn man einen fremden Text zitierte. Für die wörtliche Rede sind sie erst seit dem 18. Jahrhundert nachzuweisen. Ihre umgangssprachliche Bezeichnung *Gänsefüßchen* ist ursprünglich ein Buchdruckerwort und begegnet zuerst um 1800 (Jean Paul schreibt im »Quintus Fixlein« 1795 *Gänsefüße,* Gottsched nennt sie 1749 *Gänseaugen;* auch die Bezeichnung *Hasenöhrchen* kommt dafür vor).

Ein System für die Anwendung der Satzzeichen hat sich im Deutschen erst allmählich herausgebildet. Auf einige Versuche im 15. und 16. Jahrhundert folgte 1663 die erste Zusammenfassung in der »Ausführlichen Arbeit von der Teutschen Haubt-Sprache« des deutschen Dichters und Sprachgelehrten Georg Schottel. Sie bietet aber natürlich noch nicht die heute gültigen Regeln, denn vor allem die Zeichen innerhalb des Satzes werden damals anders gehandhabt. Die Zeichensetzung ist noch mehr von den Sinnabschnitten der Rede, also der gesprochenen Sprache, bestimmt, weniger von der strengen Neben- und Unterordnung der Sätze im geschriebenen Text, wie sie die am Latein geschulte Grammatik verlangt. So gebrauchte man als Begrenzung eines größeren Satzabschnittes das oben erwähnte **Kolon** und für kleinere Abschnitte das **Semikolon** (= »halbes Kolon«). Die deutschen Namen dieser Zeichen, *Doppelpunkt* und *Strichpunkt (Strichpünktlein),* stammen aus Schottels Zeit.
Der **Doppelpunkt** bezeichnete also damals eine stärkere Grenze im Satzgefüge. Oft trennte er den Schlussteil einer längeren Periode ab; daraus hat sich wohl seine Funktion als Ankündigungszeichen entwickelt. Erst im 18. Jahrhundert wird der Doppelpunkt endgültig in der Hauptsache mit der wörtlichen (direkten) Rede verbunden. Als Trennungszeichen für Sinnabschnitte ersetzt ihn seitdem das Semikolon.

Das **Komma** aber, heute unser wichtigstes und in der Anwendung schwierigstes Satzzeichen, gewann in Schottels Zeit erst allmählich an Bedeutung. In Antiquaschriften, wie sie für den Druck lateinischer Texte verwendet wurden, ist es bereits im 16. Jahrhundert vorhanden; es gehört zu dem System lateinischer Satzzeichen, das der venezianische Drucker Aldus Manutius 1566 aufgestellt und in seinen sorgfältigen Drucken beispielhaft angewandt hatte. In Frakturschriften dagegen musste das Komma (Schottel nannte es *Beistrichlein*) erst den Schrägstrich, die sogenannte *Virgel* (lat. *virgula* »Rute, dünner Zweig«), verdrängen, ein Zeichen, das aus den mittelalterlichen Handschriften stammt und das noch in der Barockliteratur kurze Nebensätze, Einschübe und Aufzählungen voneinander trennte. Etwa um 1700 verschwindet die *Virgel* aus dem Fraktursatz. Mit dem heutigen **Schrägstrich,** der gelegentlich zur Unterteilung fortlaufend gedruckter Strophen oder als Ersatz für »je«, »oder«, »und« zum Aneinanderreihen von Namen, Wörtern, Zahlen u. a. dient, hat das alte Zeichen nur die Form gemeinsam.

In der zweiten Hälfte des 18. Jahrhunderts bietet die Zeichensetzung dann schon weitgehend das heutige Bild; nur wird das Komma noch häufiger dazu gebraucht, kleine Redepausen anzuzeigen, die wir heute nicht mehr markieren. In den grammatischen Lehrbüchern dieses Jahrhunderts, bei Gottsched, Heynatz, Adelung, entwickelt sich das System, nach dem dann das 19. Jahrhundert verfährt. Das grammatisch-logische Prinzip der Neben- und Unterordnung gewinnt allmählich das Übergewicht, wie es etwa die viel benutzte Schulgrammatik von J. C. A. Heyse (1816, 25. Auflage 1893) oder die Grammatik von F. Blatz (1879) zeigen.

Konrad Duden hat die Satzzeichen – abgesehen von einer Studie im Jahresbericht 1875/76 des Gymnasiums zu Schleiz und der Bearbeitung einer Schulgrammatik im Jahr 1881 – zuerst in seiner »Rechtschreibung der Buchdruckereien deutscher Sprache«, dem sogenannten Buchdruckerduden (1903, 2. Auflage 1907), behandelt. Die dort gegebenen Richtlinien sind dann in die 9. Auflage der allgemeinen »Rechtschreibung« (1915) übernommen worden. Seit dieser Zeit enthält der Rechtschreibduden auch die Regeln zur deutschen Zeichensetzung.

Die Interpunktion kann nicht so streng und ausschließlich gehandhabt werden, wie es bei den Regeln der Rechtschreibung der Fall ist, denn die Zeichensetzung ist ja auch ein Mittel der stilistischen Gestaltung. Häufig hat man die Wahl zwischen verschiedenen Auslegungen des Gesagten und kann mithilfe der Zeichensetzung seine Intention verdeutlichen.

Häufig gestellte Fragen zur Zeichensetzung

Häufig gestellte Fragen zum Punkt

Frage	Antwort in Abschnitt
Setzt man bei Überschriften einen Punkt?	7
Steht am Ende der Fußnote ein Punkt?	9
Welche Abkürzungen stehen mit Punkt, welche ohne?	12 ff.
Wie bildet man den Plural (die Mehrzahl) von Abkürzungen?	17

Häufig gestellte Fragen zum Komma

Frage	Antwort in Abschnitt
Wann setzt man ein Komma vor ***als*** oder ***wie***?	33, 65, 141, 185
Wann setzt man das Komma bei frei stehenden Zeilen?	34 f., 301 ff.
Wie unterscheidet man begriffliche Einheiten bei Aufzählungen?	49 ff.
Wann muss nach ***das heißt (d.h.)*** und ***das ist (d.i.)*** ein zusätzliches Komma gesetzt werden?	62
Wann setzt man bei Personennamen ein Komma?	74 ff.
Wo werden bei der mehrteiligen Datumsangabe Kommas gesetzt?	89 ff.
Wann kann man, wann muss man beim Infinitiv (Grundform) ein Komma setzen?	95 ff.
Wann setzt man bei Partizipgruppen ein Komma?	113 ff.
Wann setzt man ein Komma vor ***und***?	124 ff., 180
Woran erkennt man einen Nebensatz?	127
Wann setzt man ein Komma vor ***beziehungsweise (bzw.)***?	148

Häufig gestellte Fragen zum Doppelpunkt

Frage	Antwort in Abschnitt
Wann schreibt man nach dem Doppelpunkt groß, wann klein?	193
Wann steht der Doppelpunkt bei Anführungen und wörtlicher (direkter) Rede?	259 f., 269

Häufig gestellte Fragen zum Gedankenstrich

Frage	Antwort in Abschnitt
Steht der Gedankenstrich vor oder nach dem Komma, oder wird das Komma eingespart?	236
Wann steht der Gedankenstrich anstelle des Kommas oder des Doppelpunktes?	226

Häufig gestellte Fragen zu den Klammern

Frage	Antwort in Abschnitt
Wann verwendet man runde, wann eckige Klammern?	237 ff.
Wird der Schlusspunkt vor oder nach dem Klammerzusatz gesetzt?	245 f., 295

Häufig gestellte Fragen zu den Anführungszeichen

Frage	Antwort in Abschnitt
Wie sehen die im Deutschen gebräuchlichen Anführungszeichen aus?	249
Stehen Punkt und Komma vor oder nach dem Anführungszeichen?	259, 261, 278 ff.
Wozu dienen die halben Anführungszeichen?	256, 289

Der Punkt

- Punkt und wörtliche Wiedergabe, Auslassungspunkte und wörtliche Wiedergabe: *258, 273–277, 284, 288, 290 ff.*
- Punkt und Gedankenstrich: *229, 235*
- Punkt und Klammern: *244–246*
- Zahlen mit dezimaler und nicht dezimaler Teilung: *36 f.*

Der Punkt ist in erster Linie ein Schlusszeichen und steht in dieser Funktion am Ende **1**
eines Satzes. Als einfachstes Satzzeichen hat er daneben noch einige Sonderaufgaben, wie zum Beispiel bei der Schreibung von Abkürzungen *(Abb., usw., z. B.)* oder von Ordinalzahlen (Ordnungszahlen) in Ziffern *(80. Geburtstag, 1. August 2024, Friedrich II.)*.

Der Punkt als Satzschlusszeichen

- Abkürzungen am Satzende: *18 f., 277*
- Ordinalzahlen am Satzende: *20, 277*
- Auslassungspunkte am Satzende: *29, 275*

Der Punkt kennzeichnet das Ende eines Satzes im fortlaufenden Text. Er drückt eine **2**
längere Pause aus und deutet gewöhnlich eine Senkung der Stimme an.

Der Punkt steht nach gewöhnlichen Aussagesätzen.

> *Ich habe ihn gestern gesehen. Es wird Frühling. Wenn es Frühling wird, kommen die Schwalben zurück. Das Kind weint, weil es seinen Schlüssel verloren hat. Und es lässt sich nicht trösten.*

Der Punkt steht nach unvollständigen Sätzen, Satzstücken und einzelnen Wörtern, wenn diese eine eigenständige Sinneinheit bilden.

> *Darf nicht in die Hände von Kindern gelangen. Hier das Protokoll der gestrigen Sitzung. Nicht ohne meinen Anwalt. Ach Quatsch. Danke.*

Allein stehende Satzstücke stehen häufig im Zusammenhang mit einem vorausgehenden Satz:

Kommst du morgen? ***Vielleicht****.*
Ich brauche einen Job. ***Und eine bezahlbare Wohnung****.*
Die amerikanische Läuferin hält den Weltrekord. ***Noch****.*
Dort bekommst du alles. ***Außer Lebensmitteln****.*

Der Punkt steht nach Aufforderungssätzen, denen kein besonderer Nachdruck verliehen werden soll. Hier ersetzt der Punkt das Ausrufezeichen (vgl. 215).

Bitte geben Sie mir das Buch. Nehmen Sie doch Platz. Vgl. die Abbildung auf S. 413. Siehe Abschnitt 1.

Der Punkt steht auch nach Sätzen, die einen indirekten Fragesatz (vgl. 203) oder einen abhängigen Ausrufe- oder Aufforderungssatz (vgl. 215 f.) enthalten.

Er fragte sie, wann sie kommen wolle. (Aber als direkter Fragesatz mit Fragezeichen: *Wann willst du kommen?*) *Warum ich so spät gekommen sei, fragte er ärgerlich. Sie rief laut, die Post sei da.* (Aber als unabhängiger Ausrufesatz mit Ausrufezeichen: *Die Post ist da!*) *Ich wünschte, alles wäre vorbei. Ich solle aufpassen, rief er mir zu.*

Der Punkt steht auch, wenn URLs oder E-Mail-Adressen am Ende eines Satzes stehen. Bei allein stehenden URLs oder E-Mail-Adressen nach einem Doppelpunkt kann er entfallen:

Nähere Informationen finden Sie auf www.duden.de.
Nähere Informationen: www.duden.de[.]
Bitte senden Sie Ihre Antwort an abc@t-online.de.
Unsere E-Mail-Adresse: abc@t-online.de[.]

Emoticons und Emojis ersetzen nicht den Schlusspunkt. Es empfiehlt sich, Emoticons und Emojis hinter den Schlusspunkt (oder andere Satzschlusszeichen) zu setzen, wenn diese auf den gesamten Satz Bezug nehmen.

Leider muss ich unser heutiges Treffen absagen. :-(
Ist das ernst gemeint? 😀
Wir freuen uns auf Sie! :-)
Ich hoffe 😉*, wir werden pünktlich fertig.*

Der Punkt nach frei stehenden Zeilen

Der Punkt steht nicht nach Sätzen, Satzstücken und einzelnen Wörtern, die im Druck- oder Schriftbild in besonderen Zeilen deutlich herausgehoben sind. **3**

Absätze, die nur eine Zeile umfassen, erhalten natürlich die nötigen Schlusszeichen, ebenso die letzte Zeile eines Absatzes.

Datumsangabe und Betreffzeile in Briefen und E-Mails

Kein Punkt steht nach der Datumsangabe in Briefen und der Betreffzeile von Briefen und E-Mails. (Zum Datum vgl. 89 ff.) **4**

Berlin, 1. August 2024
01. 08. 2024
24-08-01

[Betreff][1]
Einführung neuer Preislisten
Ihr Schreiben vom 24. Juli 2024

[1] Der Ausdruck ***Betreff*** wird in Geschäfts- und Privatbriefen nicht mehr verwendet. In E-Mail-Programmen wird die entsprechende Zeile dagegen oftmals so gekennzeichnet.

Grußformeln und Unterschriften in Briefen und E-Mails

5 Kein Punkt steht in der Regel nach der Grußformel und der Unterschrift von Briefen und E-Mails.

Leider sehen wir uns erst nächste Woche wieder, weil ich für ein paar Tage verreise.

Viele Grüße
Deine Nina

Wir hoffen, dass die Produkte Ihren Erwartungen entsprechen.

Freundliche Grüße
Karl Mayer GmbH
i.A. Schmidt

Der Schlusspunkt entfällt in der Regel auch, wenn die Grußformel in den letzten Satz des Briefes oder der E-Mail einbezogen ist:

Bis zu unserem Treffen am 5. Dezember verbleibe ich

mit freundlichen Grüßen
Corinna Jakob

Die frei stehende Zeile mit der Grußformel kann entfallen, wenn der letzte Satz des Briefes oder der E-Mail bereits einen Gruß zum Ausdruck bringt:

Ich sende Ihnen herzliche Grüße aus Hamburg und freue mich auf unser baldiges Treffen.

[Ihre] Corinna Jakob

Anschriften

6 Kein Punkt steht nach den Zeilen der Anschrift (vgl. 34).

Frau
Dr. Gisela Schneider
Jenaer Straße 18
99425 Weimar

Abkürzungspunkte am Zeilenende werden jedoch gesetzt:

Die Gartenfreunde e. V.
Herrn Ingo Fischer
Hauptstraße 74
79104 Freiburg

Überschriften, Werktitel u. dgl.

Kein Punkt steht nach Überschriften, Schlagzeilen, Werktiteln (etwa von Büchern, Filmen und Kunstwerken), Titeln von Gesetzen, Verträgen u. dgl. sowie nach Bezeichnungen für Veranstaltungen. 7

Es spielt keine Rolle, ob es sich um einzelne Wörter oder einen ganzen Satz handelt und ob die Überschrift in der Zeilenmitte oder am Zeilenrand steht.

Zu Überschriften, Werktiteln u. dgl. im Satzzusammenhang vgl. 251.

Überschriften von Schulaufsätzen:
Mein schönster Ferientag
Ich backe einen Schokoladenkuchen
Vor- und Nachteile personalisierter Werbung im Internet

Überschriften von Zeitungsartikeln:
Neue Verhandlungsrunde in Berlin
Opposition fordert Kurswechsel
Serienmörder gefasst
Einzelhandel: Die Preise bleiben stabil
Der Frieden ist gesichert
»Wir müssen mit den Briten verhandeln«

Werktitel:
Das große Gartenbuch
Der kaukasische Kreidekreis
Einführung in die Molekularbiologie
Das Schicksal ist ein mieser Verräter

Titel von Gesetzen, Verträgen u. dgl.:
Bundesgesetz über den Schutz der Gewässer
Gemeinsame Absichtserklärung zur Neuregelung der deutschen Rechtschreibung

Bezeichnungen für Veranstaltungen:
Konferenz für digitale Innovationen
Unser Dorf hat Zukunft (Wettbewerb)

Am Ende der Überschrift darf das Ausrufezeichen (vgl. 218) oder Fragezeichen (vgl. 211) nicht weggelassen werden:

Ein Wort, das besser ungesagt geblieben wäre!
Wann kommt der Aufschwung?

Auch etwaige Satzzeichen innerhalb der Überschrift werden gesetzt:

Der Streik ist beendet. Aber ein Konsens ist nicht in Sicht
Kaum zu glauben! Verhandlungen gescheitert

Gelegentlich wird der Punkt bei Literaturangaben o. Ä. zur Trennung von Titel und Untertitel(n) sowie weiteren Angaben verwendet (vgl. 94, 260).

Duden – Das Synonymwörterbuch. Treffend formulieren mit 300 000 sinnverwandten Wörtern. Dudenverlag, Berlin 2024.

Bildunterschriften

8 Kein Punkt steht gewöhnlich nach Bildunterschriften (Legenden), vor allem wenn es sich nicht um vollständige Sätze handelt. Bildunterschriften aus mehreren Sätzen schließt man hingegen gewöhnlich mit einem Punkt ab.

Die Große Krankenheilung (Radierung von Rembrandt)
Der Ministerpräsident weiht die neue Brücke ein
Hüttenwesen: Schema der Erzvorbereitung
Bürgermeister Hans Werner: »Die Lage ist ernst[.]«
Der Ministerpräsident weiht die neue Brücke ein. Unterstützung erhält er von der Bauleiterin des Projekts.

Fußnoten

Nach Fußnoten, die nur einzelne Wörter enthalten, kann der Schlusspunkt entfallen. Es empfiehlt sich jedoch, Fußnoten als verkürzte Sätze aufzufassen und einen Punkt zu setzen. Dies gilt besonders, wenn Fußnoten mit ganzen Sätzen danebenstehen. 9

[18] Diese Regel findet sich im Duden, Die deutsche Rechtschreibung, 29. Auflage, 2024, S. 88.
[19] Vgl. P. Müller, S. 189.
[20] A. a. O., S. 17.

Weitere Hinweise zu Fußnoten und ihrer Positionierung vgl. 264.

Hervorgehobene Zeilen in Anzeigen

Nach grafisch hervorgehobenen Zeilen in Anzeigen kann der Punkt entfallen. 10

Wir suchen zum 1. Oktober eine
TEAMASSISTENZ
Einstellungsvoraussetzungen: ...

Tabellen, Gliederungen, Listen u. dgl.

Kein Punkt steht am Schluss der einzelnen Zeilen von Tabellen, Abschnittsgliederungen, Inhaltsverzeichnissen, Listen, Schulzeugnissen, Formularen u. dgl. (vgl. 34, zu Listen aber auch 301 ff.). 11

Beispiel für eine Tabelle:

AKTIV 1. Stammform (Präsens)	
Indikativ	***Konjunktiv***
ich liebe	*ich liebe*
du liebst	*du liebest*
er, sie, es liebt	*er, sie, es liebe*
wir lieben	*wir lieben*
ihr liebt	*ihr liebet*
sie lieben	*sie lieben*

Beispiele für eine Gliederung:

1 Einleitung
2 Die Laut-Buchstaben-Zuordnungen
2.1 Der Laut
2.1.1 Allgemeines
...

1 Artikulation und Verschriftung der Wörter
1.1 Allgemeines
1.2 Artikulation
1.3 Vokale (Selbstlaute)
1.4 Schreibkonventionen und Beispiele
...

Beispiel für eine Liste:

Bitte am ersten Schultag mitbringen:

- *2 Bleistifte*
- *1 kleines Lineal*
- *1 Schere*
- *1 Klebestift*
- *1 Schreibblock DIN A5 (Lineatur für die 1. Klasse)*

Der Punkt bei Abkürzungen

Für die Bildung und Schreibung von Abkürzungen gibt es keine festen Regeln. Die folgenden Abschnitte stellen die wichtigsten Übereinkünfte zur Frage »Mit oder ohne Punkt?« dar, von denen es jedoch zahlreiche Ausnahmen gibt. Im Zweifelsfall sollte man ein Wörterbuch zurate ziehen. Zusätzliche Erläuterungen zur sinnvollen Bildung und Verwendung von Abkürzungen finden sich in DIN 2340.

Abkürzungen mit Punkt

Der Punkt steht nach Abkürzungen von Eigennamen. 12

Frau Susanne B. Langenhagen ist Ihre Ansprechpartnerin. Hier hat der Dichter E. T. A. Hoffmann gelebt. Holger P. wurde eine Woche später in O. verhaftet.

Der Punkt steht in der Regel nach Abkürzungen, die im vollen Wortlaut der zugrunde liegenden Wörter gesprochen werden. Die abgekürzte Form kommt also nur in der geschriebenen Sprache vor. Das betrifft: 13

- Abkürzungen für häufig gebrauchte Wörter und Fügungen, deren voller Wortlaut bekannt ist oder leicht festgestellt werden kann

Abb.	(gelesen: *Abbildung*)
Abt.-Leitung	(gelesen: *Abteilungsleitung*)
b. w.	(gelesen: *bitte wenden*)
Dr.	(gelesen: *Doktor*)
geb.	(gelesen: *geboren* oder *gebunden*)
o. Ä.	(gelesen: *oder Ähnliche[s]*)
S.	(gelesen: *Seite*)
s. o.	(gelesen: *siehe oben*)
ü. d. M.	(gelesen: *über dem Meeresspiegel*)
v. Chr.	(gelesen: *vor Christo, vor Christus*)
vgl.	(gelesen: *vergleiche*)
z. B.	(gelesen: *zum Beispiel*)

Aber mit nur einem Abkürzungspunkt:

usf.	(gelesen: *und so fort*)
usw.	(gelesen: *und so weiter*)

- Abkürzungen bei Ortsnamen

Frankfurt a. M.	(gelesen: *Frankfurt am Main*)
Weißenburg i. Bay.	(gelesen: *Weißenburg in Bayern*)

- allgemein bekannte fachsprachliche Abkürzungen, etwa von Vortragsbezeichnungen in der Musik (vgl. aber 14)

cresc.	(gelesen: *crescendo*)

Der Punkt steht auch nach einigen abgekürzten Formen, die gewöhnlich nicht mehr im vollen Wortlaut ausgesprochen werden. Dazu gehören u. a.:

a. D. [a de]	*= außer Dienst*
Co. (neben: *Co*) *[ko]*	*= Kompanie* (in Firmennamen)
Dr. med. [doktor met]	*= Doktor[in] der Medizin*
e. V. / E. V. [e fau]	*= eingetragener Verein*
h. c. [ha ze]	*= honoris causa* (ehrenhalber; nur in Titeln)
i. A. [i a]	*= im Auftrag*
i. V. [i fau]	*= in Vertretung*
k. o., K. o. [ka o]	*= knock-out, Knock-out*
o. k. / O. K.	*= okay*

Abkürzungen ohne Punkt

Maßeinheiten, Währungsbezeichnungen, Himmelsrichtungen u. a.

14 Kein Punkt steht nach einigen Abkürzungen, obwohl sie gewöhnlich im vollen Wortlaut ausgesprochen werden. Das betrifft:

- Abkürzungen von international festgelegten Maßeinheiten

  cm = Zentimeter
  kg = Kilogramm
  l = Liter
  V = Volt

- Abkürzungen der meisten Währungsbezeichnungen

  EUR = Euro
  kr = Schwedische Kronen (nach ISO: *SEK*)

- Abkürzungen der Himmelsrichtungen

  O = Ost[en]
  NW = Nordwest[en]

- bestimmte Kurzformen der Fachsprachen (vgl. aber 13)
  log = *Logarithmus* (Mathematik)
  pp = *pianissimo* (Musik)
  sin = *Sinus* (Mathematik)
- bestimmte fachsprachliche Abkürzungen für mehrgliedrige Zusammensetzungen
  BaFin = *Bundesanstalt für Finanzdienstleistungsaufsicht*
  JArbSchG = *Jugendarbeitsschutzgesetz*
  TrinkwV = *Trinkwasserverordnung*

Buchstabenwörter

Kein Punkt steht nach Buchstabenwörtern. Diese Kurzformen werden buchstabenweise ausgesprochen, wie beispielsweise ***PVC*** (Vollform: *Polyvinylchlorid*) als ***[pe-fau-ze]***. 15

Auf gleiche Art entstandene, silbenweise gesprochene Kurzwörter wie ***NATO*** *(= North Atlantic Treaty Organization)* oder ***TÜV*** *(= Technischer Überwachungs-Verein)* werden ebenfalls ohne Punkt geschrieben. Dazu gehören vor allem häufig gebrauchte Kurzformen aus folgenden Bereichen:

- Begriffe des öffentlichen Lebens und der Wirtschaft
  EU = *Europäische Union*
  ICE = *Intercityexpress[zug]*
  Kfz = *Kraftfahrzeug*
  OB = *Oberbürgermeister/Oberbürgermeisterin*
  O-Ton = *Originalton*
  PR = *Public Relations*
  U-Bahn = *Untergrundbahn*
- Namen von Organisationen, Vereinen, Firmen u. Ä.
  ADAC = *Allgemeiner Deutscher Automobil-Club*
  AOK = *Allgemeine Ortskrankenkasse*
  FAZ = *Frankfurter Allgemeine Zeitung (für Deutschland)*
  SPD = *Sozialdemokratische Partei Deutschlands*
  USA = *United States of America (Vereinigte Staaten von Amerika)*
  VDI = *Verein Deutscher Ingenieure*

- besondere Ausdrücke der Fachsprachen

  DNS = Desoxyribonukleinsäure
  EKG = Elektrokardiogramm
  FCKW = Fluorkohlenwasserstoff[e]
  MS = multiple Sklerose
  StGB = Strafgesetzbuch
  ZPO = Zivilprozessordnung

- die Zeichen für chemische Elemente und Verbindungen

  H_2O (gelesen: *ha-zwei-o*) = *Wasser*
  Na (gelesen: *en-a*) = *Natrium*

- die Buchstaben der Kraftfahrzeug[nationalitäts]kennzeichen

  A = Augsburg; Austria (Österreich)
  HH = Hansestadt Hamburg

In einigen Fällen gibt es auch eine Schreibweise mit Punkt:

MdB oder M. d. B. = Mitglied des Bundestages

Die Deklination der Abkürzungen

16 Bei Abkürzungen, die im vollen Wortlaut ausgesprochen werden, wird die Deklinationsendung im Schriftbild meist nicht wiedergegeben.

d. J. (= dieses Jahres)
lfd. M. (= laufenden Monats)
im Ndl. (= im Niederländischen)
des Jh., auch: *des Jh.s (= des Jahrhunderts)*

Wenn man die Deklinationsendungen wiedergeben will, z. B. um Missverständnisse zu vermeiden, gilt Folgendes:

- Endet eine Abkürzung mit dem letzten Buchstaben des abgekürzten Wortes (beispielsweise *Bd. = Band*), wird die Endung vor dem Punkt angehängt:

  5 Bde. (= 5 Bände)
  ein Brief für Hrn. Müller (= ein Brief für Herrn Müller)
  die Nrn. 110–120 (= die Nummern 110–120)

- Sonst folgt die Endung nach dem Abkürzungspunkt:
  des Jh.s (= des Jahrhunderts)
  B.s Reden (= Bismarcks Reden)

Buchstabenwörter bleiben im Singular meist ohne Deklinationsendung. Im Plural findet sich die Deklinationsendung häufiger. **17**

Singular: *die Zulassung des Pkw* (auch: *des Pkws*)
die Auswertung des EKG (auch: *des EKGs*)
Plural: *die GmbHs*, selten: *die GmbH*
(weil diese Form mit dem Singular verwechselt werden könnte)
die Lkws, seltener: *die Lkw*
(keine Verwechslungsmöglichkeit, denn der Singular heißt *der Lkw*)

Abkürzungspunkt und Satzschlusszeichen

→ Abkürzungspunkt am Ende einer wörtlichen Wiedergabe: *277*

Bei Abkürzungen mit Punkt

Wenn Abkürzungs- und Schlusspunkt aufeinandertreffen, ist nur ein Punkt am Ende zu setzen. **18**

In diesem Buch stehen Gedichte von Goethe, Schiller, Eichendorff u. a.
Der Vater meines Freundes ist Regierungsrat a. D.
Der Polizist verhaftete Holger P.

Ein Abkürzungspunkt in einer Klammer macht den Satzschlusspunkt dagegen nicht überflüssig (vgl. 245):

Näheres finden Sie im Abschnitt »Vorsatzlinsen« (S. 233 ff.).

Ausrufezeichen, Fragezeichen und Auslassungspunkte können nicht mit dem Abkürzungspunkt zusammenfallen.

Ist sie Bundesverfassungsrichterin a. D.?
Er sagt, sie sei Bundesverfassungsrichterin a. D. ...

Bei Kurzformen ohne Punkt

19 Bei Kurzformen ohne Punkt ist am Satzende ein Satzschlusspunkt zu setzen.

Diese Bestimmung steht im BGB.
Das Kraftfahrzeugkennzeichen von Mannheim ist MA.
Sie lebt seit längerer Zeit in den USA.

Der Punkt als Zeichen bei der Ziffernschreibung

→ Zahlen mit dezimaler und nicht dezimaler Teilung: *36 f.*

Bei der Schreibung von Zahlen in Ziffern dient der Punkt der Kennzeichnung oder Unterteilung.

Der Punkt kennzeichnet die Ordinalzahl

20 Der Punkt steht nach Zahlen, um sie als Ordinalzahlen (Ordnungszahlen wie ***erster, zweiter*** usw.) zu kennzeichnen.

Montag, 5. 2. 2024; an seinem 60. Geburtstag; der 2. Weltkrieg; Friedrich II., König von Preußen; 1. Mose 2,2 (gelesen: *erstes Buch Mose zwei, zwei*); *1. FC Nürnberg* (gelesen: *Erster FC Nürnberg*)

Wenn Ordinalzahl und Schlusspunkt aufeinandertreffen, ist nur ein Punkt am Ende zu setzen.

Sie erhielt die E-Mail am 28. 2. 2024 und antwortete am 6. 3. Auf seinem Schreibtisch steht immer noch ein Bild Papst Johannes Pauls II. Er feiert im engsten Familienkreis seinen 80.

Der Punkt in mehrstelligen Zahlen

Der Punkt sollte – anstelle eines einfachen Zwischenraums – aus Sicherheitsgründen zur Gliederung von Geldbeträgen verwendet werden. 21

2.467.023 € (neben *2 467 023 €*)

Jahreszahlen, Seitenzahlen u. dgl. werden nie gegliedert:

3. Mai 1897; im Jahr 2013; 4500 v. Chr.; S. 1127

Auf einen Blick: Die Gliederung und Nummerierung von Abschnitten und Absätzen

Bei vielen Schriftstücken ist eine klare Gliederung wichtig, damit die Lesenden sich leichter zurechtfinden. Diese Gliederung kann man durch eine Nummerierung von Abschnitten und Absätzen verdeutlichen. Es gibt verschiedene Verfahren für solche Nummerierungen; hier wird zur Orientierung ein empfehlenswertes Verfahren nach DIN 1421 (Gliederung und Nummerierung von Texten; Abschnitte, Absätze, Aufzählungen) vorgestellt.

Abschnittsnummerierung

Für die Nummerierung der Abschnitte werden arabische Ziffern verwendet. Die Hauptabschnitte eines Textes werden fortlaufend benummert (1. Stufe). Untergeordnete Abschnitte werden zusätzlich mit fortlaufenden Nummern zweiter Stufe versehen und können ihrerseits wieder in beliebig viele Unterabschnitte der dritten, vierten usw. Stufe aufgefächert werden. Allerdings sollte man darauf achten, dass die Gliederung übersichtlich bleibt. 22

Solche Abschnittsnummern sollten Sie nur in Verbindung mit einer Überschrift oder einem am Abschnittsbeginn stehenden, hervorgehobenen Stichwort verwenden.

Die einzelnen Teilnummern werden durch Punkte ohne Zwischenraum getrennt. Nach der jeweils letzten Zahl steht kein Punkt.

Vgl. auch das Beispiel in Abschnitt 11.

1 Stauden
2 Rosen
2.1 Rosenklassen
2.1.1 Strauchrosen
2.1.2 Beetrosen
2.1.3 Kletterrosen
2.1.3.1 Einmal blühende Kletterrosen
2.1.3.2 Öfter blühende Kletterrosen
2.1.4 Rankrosen
2.1.5 Hochstammrosen
[...]
2.1.12 Zwergrosen
2.2 Rosen pflanzen
2.3 Rosen schneiden
2.4 Krankheiten und Schädlinge
[...]
3 Azaleen

In dieser Form werden die Abschnittsnummern auch bei Verweisen im fortlaufenden Text angeführt:

Es gilt das unter 1.1.4.3 Gesagte. (Gelesen: *Es gilt das unter eins eins vier drei Gesagte.*)
S. Abschnitt 1.1.4.3.

Bei anderen Verfahren der Abschnittsgliederung als dem hier beschriebenen (vgl. 23) entfallen bei Verweisen im fortlaufenden Text Punkte oder Klammern nach den Abschnittskennzeichen:

Wie schon im Kapitel I mitgeteilt, ist die unter 3 a genannte Ansicht überholt.

Absatznummerierung und Kennzeichnung von Aufzählungen

Absatznummerierungen treten bei Überschriften, Gliederungen und Listen auf.
Zu Listen vgl. 301 ff.

Die einzelnen Absätze eines Textes können mit arabischen Ziffern in runden Klammern benummert werden. Meist beginnt man die Absatznummerierung in jedem neuen benummerten Abschnitt wieder mit (1); man kann jedoch auch alle Absätze des gesamten Textes fortlaufend nummerieren. Im Gegensatz zu den Abschnittsnummern stehen Absatznummern nicht vor einer Überschrift oder einem hervorgehobenen Stichwort, sondern vor der ersten Zeile des Absatzes. 23

2.1.3.2 Öfter blühende Kletterrosen

(1) Unter den öfter blühenden Kletterrosen erfreuen sich vor allem die Noisetterosen großer Beliebtheit.

(2) Öfter blühende Kletterrosen finden sich auch unter den kletternden Teerosen, die sich durch einen kräftigen Duft auszeichnen.

Will man eine Aufzählung im Text optisch gliedern, genügt es in der Regel, jedem Punkt der Aufzählung einen frei stehenden Strich (Spiegelstrich) voranzustellen.

(2) Öfter blühende Kletterrosen finden sich auch unter den kletternden Teerosen, die sich durch einen kräftigen Duft auszeichnen. Daher empfehle ich die folgenden Arten:

– »Lady Hillingdon« hat bronzegelbe Blüten ...
– »Mrs Herbert Stevens« ist eine reinweiß blühende Teerose ...

Man kann jedoch die Punkte der Aufzählung auch mit Ordinalzahlen (Ordnungszahlen) bezeichnen. Folgt in einer solchen Aufzählung noch eine Unteraufzählung, sind Kleinbuchstaben mit einer Klammer zu verwenden.

(2) Öfter blühende Kletterrosen finden sich auch unter den kletternden Teerosen, die sich durch einen kräftigen Duft auszeichnen. Daher empfehle ich die folgenden Arten:

1. *»Lady Hillingdon« hat bronzegelbe Blüten ...*
   a) Ihre Wuchshöhe beträgt etwa 4,5 m ...
   b) Die Winterhärte dieser Sorte ist ausgezeichnet ...
   c) Eingeführt wurde sie 1917 von Hicks ...
2. *»Mrs Herbert Stevens« ist eine reinweiß blühende Teerose ...*
   a) Sie erreicht eine Wuchshöhe von mindestens 6 m
   b) ...

Verschiedene Ebenen bei mehrstufigen Aufzählungen können auch durch verschiedene Aufzählungszeichen kenntlich gemacht werden.

(2) Öfter blühende Kletterrosen finden sich auch unter den kletternden Teerosen, die sich durch einen kräftigen Duft auszeichnen. Daher empfehle ich die folgenden Arten:

- *»Lady Hillingdon« hat bronzegelbe Blüten ...*
    - *Ihre Wuchshöhe beträgt etwa 4,5 m ...*
    - *Die Winterhärte dieser Sorte ist ausgezeichnet ...*
    - *Eingeführt wurde sie 1917 von Hicks ...*
- *»Mrs Herbert Stevens« ist eine reinweiß blühende Teerose ...*
    - *Sie erreicht eine Wuchshöhe von mindestens 6 m ...*
    - ...

Die Auslassungspunkte

→ Auslassungspunkte bei Auslassungen in Zitaten: *290 ff.*

Die Auslassungspunkte als Auslassungszeichen

24 Mit drei Punkten (Auslassungspunkten) zeigt man an, dass in einem Wort, Satz oder Text Teile ausgelassen worden sind.

Vor und nach den Auslassungspunkten wird jeweils ein Wortzwischenraum gesetzt, wenn sie für ein selbstständiges Wort oder mehrere Wörter stehen. Bei der Auslassung eines Wortteils (vgl. 25) schließt man sie unmittelbar an den Rest des Wortes an. Satzzeichen werden ohne Zwischenraum angeschlossen.

Als Zeichen für die Auslassungspunkte findet der sogenannte Dreipunkt Verwendung. Hierbei handelt es sich um eine Abfolge von drei Punkten, die in fast allen Schriftarten als ein zusammenhängendes Sonderzeichen verfügbar ist. DIN 5008 empfiehlt seine Verwendung in typografisch anspruchsvollen Texten.

Man setzt drei Auslassungspunkte, wenn ein Wort unvollständig ist. **25**

In diesem Fall schließt man die Auslassungspunkte unmittelbar an den Rest des Wortes an.

Mit »Para...« beginnt das gesuchte Wort. Der Ortsname endet mit »...heim« oder »...hausen«. Du bist ein E...!

Man setzt drei Auslassungspunkte, wenn eine Rede abgebrochen oder ein Gedankenanschluss verschwiegen wird. **26**

Die Auslassungspunkte erfüllen diesen Zweck besser als ein Gedankenstrich, den man deshalb auf besondere Fälle beschränken sollte (vgl. 229).

Sollte Elias etwa ...?
Scher dich zum ...!
Er gab den Takt an: »Eins – zwei, eins – zwei ...«
Überleg mal, was das alles für Folgen haben kann ...
Soso, das soll ich also glauben ...
Ich muss aufhören, darüber nachzudenken, sonst werde ich wahnsinnig ...
Und wenn sie nicht gestorben sind ...
Wenn Fettpölsterchen zum Problem werden ... (Werbung)

Zur möglichen Kommasetzung in den beiden vorgenannten Beispielen vgl. 29.

Ein Abkürzungspunkt oder der Punkt nach einer Ordinalzahl darf nicht in die Auslassungspunkte einbezogen werden:

Wenn das Gericht keine mildernden Umstände anerkennt, sieht es nicht gut aus für Holger P. ...
Auf seinem Schreibtisch steht immer noch ein Bild Papst Johannes Pauls II. ...

27 In seltenen Fällen ist der Anfang einer Mitteilung ausgelassen. Auch dann setzt man drei Auslassungspunkte.

»... Sache der Seele aber ist es, die innere Heiterkeit so lange und immer in dem Grade zu erhalten, als es möglich ist« (Wilhelm von Humboldt).
... denn sie wissen nicht, was sie tun (Filmtitel)
... mehr, als Sie sich träumen lassen (Werbung)

Man setzt drei Auslassungspunkte, wenn eine Mitteilung lückenhaft ist.

Die Stimme im Radio war kaum zu verstehen: »... bewaffneter Aufstand ... das Militär hat ... ist ungewiss ...«

Die Auslassungspunkte als verbindendes Zeichen

28 Mit drei Auslassungspunkten kann man zeigen, dass Satzstücke zusammengehören, die (z. B. aus grafischen Gründen) getrennt stehen.

Wenn Sie Probleme mit dem Computer haben, ...
... rufen Sie uns einfach an!

Hochzeitskleider
... und traumhafte Ideen für den schönsten Tag im Leben finden Sie in unserem neuen Katalog.

Die Auslassungspunkte als Pausenzeichen

Mit drei Auslassungspunkten kann man längere Sprechpausen oder Pausen in einem Geschehen wiedergeben. Kommas sollte man dann nicht setzen.

Auch der Gedankenstrich ist hier möglich (vgl. 225).

Warte mal ... es fällt mir gleich ein.
Kein Anschluss unter dieser Nummer ... kein Anschluss unter dieser Nummer ... kein Anschluss unter dieser Nummer.
Er kam ins Zimmer ... sah sich suchend um ... wandte sich zum Gehen ... und blieb auf der Schwelle noch einmal nachdenklich stehen.

Die Auslassungspunkte in Verbindung mit anderen Satzzeichen

Nach den Auslassungspunkten steht ein Komma, wenn es auch ohne die Auslassungspunkte stehen müsste. 29

Sie warf ein, sie bearbeite gerade schon Projekt A, Projekt B, Projekt C ..., weil sie verhindern wollte, weitere Aufgaben zu bekommen.
Die große Standuhr machte tack, tack, tack, tack, tack ..., ein Geräusch, das ihn halb verrückt machte.

Bricht ein Satz an einer Stelle ab, kann in vielen Fällen nicht entschieden werden, ob dort ohne die Auslassungspunkte ein Komma stehen müsste. In diesen Fällen ist dieses fakultativ:

(Vollständig:) *Wenn das meine Mutter wüsste, wäre sie traurig.*
(Mit Auslassung:) *Wenn das meine Mutter wüsste, ...*
(Vollständig:) *Wenn das meine Mutter wüsste mit all ihren Befürchtungen, wäre sie traurig.*
(Mit Auslassung:) *Wenn das meine Mutter wüsste ...*

Der letzte Auslassungspunkt ist am Satzende zugleich der Schlusspunkt des Satzes (vgl. 292).

Sie glaubten in Sicherheit zu sein, doch plötzlich ...
Ich würde es dir sagen, wenn ...
Sie sagte seufzend: »Wenn das meine Mutter wüsste ...« Niklas nickte zustimmend.
Das gesuchte Wort beginnt mit Para... Also lass uns unter P nachschlagen.
(Aber mit Schlusspunkt, wenn eine Anführung mit Auslassungspunkten am Ende in einen anderen Satz eingebettet ist:)
Das gesuchte Gebet beginnt mit »Müde bin ich, geh zur Ruh ...«.
Das gesuchte Wort beginnt mit »Para...«. Also lass uns unter »P« nachschlagen.

Der erste Auslassungspunkt ist am Satzanfang nicht zugleich der Schlusspunkt des vorangehenden Satzes (vgl. 292).

Lügen haben kurze Beine. ... hat sich die Redewendung wieder einmal bewahrheitet.
(Vollständig: *Lügen haben kurze Beine. Durch diesen Zwischenfall hat sich die Redewendung wieder einmal bewahrheitet.*)
Die erste Zeit mit dem Baby war ganz schön anstrengend. ... Vater sein dagegen sehr, kann ich nur sagen.
(Vollständig: *Vater werden ist nicht schwer, Vater sein dagegen sehr [Wilhelm Busch].*)

Auslassungspunkte in einer Klammer machen den Satzschlusspunkt nicht überflüssig (vgl. 245):

Frau Braun schreibt ein Buch über Katzen als Haustiere (Auswahl, Pflege, Ernährung ...).

Ausrufezeichen, Fragezeichen und der Abkürzungspunkt bleiben beim Zusammentreffen mit Auslassungspunkten erhalten.

Na warte ...!
Sollte Elias etwa ...?
Er sagt, er sei Regierungsrat a. D. ...

Das Komma

→ Komma und wörtliche Wiedergabe: *270–272, 279–282, 284, 287*
→ Komma und Gedankenstrich: *224, 226, 235 f.*
→ Komma und Klammern: *244*

Das Komma hat im Deutschen in erster Linie die Aufgabe, die grammatische Struktur des Satzes zu verdeutlichen, damit er leichter gelesen werden kann. Es verdeutlicht die Konstruktion des Satzes, indem es beispielsweise einen Zusatz oder einen Nebensatz vom Hauptsatz abhebt. **30**

Das bedeutet umgekehrt, dass die Kommasetzung bei den Schreibenden ein Verständnis für die unterschiedliche Bauweise von Sätzen voraussetzt, mit anderen Worten: Grammatikkenntnisse. Das macht die Kommasetzung zu einem besonders fehlerträchtigen Kapitel der Rechtschreibung und Zeichensetzung. Allerdings kann man sich oft auch ohne eine Analyse des Satzbaus behelfen, zum Beispiel durch Faustregeln oder indem man auf die Sprechpausen in einem Satz achtet. Wo solche Hilfen sinnvoll sind, weisen wir darauf hin.

Sie werden merken: Wenn Sie die Kommasetzung einigermaßen beherrschen, können Sie damit die vielen Möglichkeiten nutzen, die Sätze nach Ihrem eigenen Stilempfinden zu gestalten und ihnen damit den gewünschten Akzent zu geben.

Sätze ohne Komma

Kommafehler entstehen nicht nur durch fehlende, sondern besonders auch durch überflüssige Kommas, die den Satzzusammenhang zerreißen und die Lesenden verwirren. Ein wichtiger Grundsatz bei der Kommasetzung lautet daher: Kein Komma ohne Grund! In diesem Abschnitt finden Sie Hinweise auf einige häufige Fehlerquellen.

Sätze, in denen die gewöhnlichen Satzglieder nur einmal und ohne nachgestellte Zusätze auftreten, erhalten **kein** Komma. **31**

Bei einem einfach gebauten Satz macht das noch keine Probleme:

Frau Demir überprüft die Bilanz.

Es gilt jedoch auch, wenn Umstandsangaben verschiedener Art dazukommen:

Am Montagmorgen (wann?) *überprüft Frau Demir im Büro* (wo?) *mit der neuen Software* (womit?) *die Bilanz.*

Auch wenn einzelne Satzglieder durch Attribute größeren Umfang erhalten, darf ein solcher Satz nicht durch Kommas unterteilt werden:

Am Montagmorgen gegen 10 Uhr überprüft Frau Demir im Büro mit der neuen Software die von ihrer Kollegin vergangene Woche erstellte Bilanz.

Die unterstrichenen Kommas in den folgenden Sätzen sind daher **falsch:**

Auch im Winter macht er bei geöffnetem Fenster (wie?), *jeden Morgen* (wann?) *seine Yogaübungen.*
Das Auto des Angeklagten befand sich im Augenblick des Zusammenstoßes (wann?), *auf der Gegenfahrbahn* (wo?).

Überflüssige Kommas erscheinen auch häufig in Sätzen, die mit einer längeren Umstandsangabe beginnen. Die unterstrichenen Kommas in den folgenden Beispielen sind **falsch:**

Beim Transport einer zwei Meter langen Glasscheibe innerhalb eines Gebäudes in der Hauptstraße, ließ ein 39 Jahre alter Glaser die Scheibe fallen. Im Gegensatz zu seinem sonstigen Verhalten im Unterricht, behandelte er diesen Schüler mit offensichtlicher Vorliebe.

32 Zu einem Substantiv gehörende Artikel, Pronomen und Zahlwörter können mit einem folgenden Adjektiv oder Partizip keine Aufzählung bilden. Nach Wörtern dieser Wortarten wird also **kein** Komma gesetzt (vgl. 50, aber auch 53).

der dich prüfende Lehrer; eine wenn auch noch so geringe Kursabweichung; zwei mit allen Wassern gewaschene Betrüger; diese den Betrieb stark belastenden Ausgaben

Es ist **falsch,** ein Attribut, das vor seinem Bezugswort steht, in Kommas einzuschließen.

(Falsch:) *diese, den Betrieb stark belastenden, Ausgaben*

Gedankenstriche (vgl. 234) oder Klammern (vgl. 240) dagegen können an dieser Stelle stehen:

Das hängt von den – je nach Alter und Familienstand sehr verschiedenen – Einkommensverhältnissen ab.
In der Handtasche fand man Autopapiere und einen (gefälschten) Pass.

Kein Komma steht vor den vergleichenden Konjunktionen ***als, wie, denn,*** wenn sie nur Satzteile verbinden: Ein solcher Vergleich ist kein Nebensatz und darf nicht abgetrennt werden. 33

Vgl. auch 141, 154 und 185 in der Konjunktionstabelle (ab S. 105).

Leon ist größer als Paul. Es ging schneller als erwartet. Es wurden mehr Waren eingekauft als verkauft. Er bekam mehr Geld als üblich. Heute war er früher da als gestern. Früher als gewöhnlich kam er nach Hause. Im Fernsehen sind oft bessere Inszenierungen möglich als im Theater. Ich will lieber mit Menschen arbeiten als allein in einem Büro sitzen. Er hatte mehr Löcher in den Kleidern als Geldstücke im Beutel. Julia ist [heute] so groß wie Lena [damals]. Wie im letzten Jahr hatten wir auch diesmal einen schönen Herbst. Er kam wie am Vortag auch heute zu spät. Sie war als Forscherin bedeutender denn als Dichterin.

Auch formelhafte Auslassungssätze mit ***wie*** werden gewöhnlich ohne Kommas geschrieben (vgl. 130):

*Wir möchten uns dazu **wie folgt** äußern. Die Sitzung findet **wie angekündigt** morgen statt. **Wie bereits gesagt** verhält sich die Sache anders. Er kam **wie zu erwarten** zu spät.*

Das Komma muss erst dann stehen, wenn die Vergleiche in Satzform formuliert sind, also wenn mit ***als, wie*** oder ***denn*** ein Nebensatz (Vergleichssatz) beginnt. Die Satzform ist daran zu erkennen, dass der Vergleich eine Verbform enthält.

Leon ist größer, als Paul im gleichen Alter war. Julia ist heute so groß, wie Lena damals war. Komm so schnell, wie du kannst. Er ist klüger, als du denkst. Das ist ein anderer Koffer, als ich ihn damals hatte. Wir haben mehr Stühle, als wir brauchen. Er hat mehr Schulden, als er je abzahlen kann.

Ein Vergleich in Satzform liegt auch vor, wenn der Vergleichssatz nur durch sein Prädikat mit nachgestellter Personalform erkennbar ist:

Wir haben mehr Stühle, als nötig sind. Wir haben mehr Waren eingekauft, als verkauft wurden. Wie zu erwarten war, kam er zu spät.

Das Komma bei frei stehenden Zeilen

34 Das Komma steht in der Regel **nicht** nach Sätzen, Satzstücken und einzelnen Wörtern, die im Druck- oder Schriftbild in besonderen Zeilen deutlich herausgehoben werden und inhaltlich selbstständig sind (vgl. 3). In den folgenden Fällen steht **kein** Komma (zu Listen vgl. aber 301 ff.):

- nach den Zeilen einer Adressenangabe

  Schmidt & Müller GmbH
  Personalabteilung
  Frau Anne Hiltmann
  Postfach 10 04 01
  60004 Frankfurt am Main

- nach den Zeilen einer Liste, Tabelle u. dgl.

  Unser Sonderangebot:
  – Äpfel
  – Birnen
  – Orangen

  Unser Geschäft führt in großer Auswahl:
  • Papier- und Schreibwaren
  • Büroartikel
  • Mal- und Zeichengeräte
  • Künstlerpostkarten
  • Wand- und Taschenkalender

- üblicherweise zwischen Grußformel und Unterschrift am Ende eines Briefes oder einer E-Mail

  Leider sehen wir uns erst nächste Woche wieder, weil ich für ein paar Tage verreise.

  Viele Grüße
  Deine Nina

Eine Ausnahme ist die Anrede in Briefen und E-Mails, nach der man ein Komma (seltener und heute veraltet ein Ausrufezeichen, vgl. 219) setzt. Da nach dem Komma der Satz weitergeht, muss das erste Wort des eigentlichen Briefes / der E-Mail kleingeschrieben werden, wenn die Großschreibung nicht aus anderen Gründen erforderlich ist (z. B. weil der Satz mit einem Substantiv beginnt). **35**

Sehr geehrter Herr Schmidt,

gestern erhielt ich Ihr Schreiben ...

In der Schweiz und in Liechtenstein wird dieses Komma in der Regel nicht gesetzt und dafür das erste Wort des Briefes / der E-Mail großgeschrieben:

Sehr geehrter Herr Schmidt

Gestern erhielt ich Ihr Schreiben ...

Zum Komma innerhalb der Anrede vgl. 56.

Zahlen mit dezimaler und nicht dezimaler Teilung

Zahlen mit dezimaler Teilung

In Dezimalzahlen werden die ganzen Zahlen von den Zehnteln durch das Komma getrennt. **36**

Nach dem Komma folgt die nächste Ziffer ohne Leerschritt.

52,36 m; 3,447 t; 850,654

Es ist deshalb **falsch,** bei der Angabe von Beträgen in Euro die Centbeträge durch einen Punkt abzutrennen. Hier darf nur das Komma stehen:

20,60 Euro; 39,50 EUR; 17,40 €

Angaben in Schweizer Währung bilden eine Ausnahme, denn sie werden mit Punkt geschrieben:

Fr. 4.20 = 4 Franken, 20 Rappen

Bei der Angabe einer **Zeitdauer** trennt das Komma Sekunden und Zehntelsekunden (vgl. auch 37):

Bei dieser Variante des Experiments wurden 10,2 Sekunden gemessen.
Die Zeit der Siegerin im Marathonlauf beträgt 2:15:25,2 Stunden (= 2 Stunden, 15 Minuten, 25,2 Sekunden).

Auch Stunden können dezimal unterteilt werden:

Die ausgeschriebene Stelle umfasst 38,5 Wochenarbeitsstunden.

Zahlen mit nicht dezimaler Teilung

37 Bei nicht dezimalen Teilungen muss zwischen die ganzen Zahlen und die kleineren Einheiten der Punkt gesetzt werden. Teilweise ist auch der Doppelpunkt möglich.

Nach dem Punkt oder Doppelpunkt folgt die nächste Ziffer ohne Leerschritt.

Bei der Angabe einer **Uhrzeit** trennt der Punkt Stunden und Minuten sowie gegebenenfalls Minuten und Sekunden. Das Komma darf hier **nicht** stehen.

Der Zug kommt um 18.25 Uhr an. Die Rakete startete um 23.14.37 Uhr.

Nach DIN 5008 wird die Uhrzeit mit Doppelpunkt gegliedert; jede Zeiteinheit ist dann zweistellig anzugeben:

07:00 Uhr; 23:14:37 Uhr

Bei der Angabe einer **Zeitdauer,** zum Beispiel bei genauen Zeitangaben im Sport, steht zwischen Stunden, Minuten und Sekunden üblicherweise der Doppelpunkt, seltener der Punkt (Sekunden und Zehntelsekunden werden aber immer durch Komma getrennt, vgl. 36):

Die Zeit des Siegers im Marathonlauf beträgt 2:02:57,2 Stunden (= 2 Stunden, 2 Minuten, 57,2 Sekunden).
(Seltener:) *Die Zeit des Siegers im Marathonlauf beträgt 2.02.57,2 Stunden.*
Mit 8:41,7 Minuten (= 8 Minuten, 41,7 Sekunden) wurde ein neuer Rekord aufgestellt.
(Seltener:) *Mit 8.41,7 Minuten wurde ein neuer Rekord aufgestellt.*

Es ist **falsch,** bei der Angabe einer Zeitdauer Punkt und Doppelpunkt nebeneinander zu verwenden:

(Falsch:) *2:35.30,2 Stunden; 2.35:30,2 Stunden*

Maße mit nicht dezimaler Teilung erfordern den Punkt:

100.2.10 Yds. (= 100 Yards, 2 Fuß, 10 Zoll)

Das Komma zwischen Satzteilen

In Aufzählungen trennt das Komma aneinandergereihte gleichartige Satzteile und macht so den Satz übersichtlicher. Die folgenden Unterkapitel (39–54) erklären, wann eine Aufzählung vorliegt und an welchen Stellen Kommas stehen müssen. **38**

Eine andere Aufgabe erfüllt das Komma bei Wörtern oder Wortgruppen, die aus der Konstruktion eines Satzes herausfallen: Sie werden durch Komma abgetrennt oder in Kommas eingeschlossen, damit sie sich klar vom Rest des Satzes abheben. Betroffen sind zum einen Anreden, Ausrufe u. dgl., die im zweiten Unterkapitel (55–59) behandelt werden, zum anderen Zusätze aller Art, die das dritte Unterkapitel (60–94) ausführlich vorstellt.

Das Komma bei der Aufzählung von Satzteilen und Sätzen

→ Mehrteilige Orts-, Wohnungs-, Zeit- und Literaturangaben: *86 ff.*
→ Aufzählungen in frei stehenden Zeilen: *34 f.*
→ Aufzählung von Sätzen: *120 ff.*
→ Aufzählungen in Listen: *301 ff.*

Das Komma steht zwischen gleichrangigen Wörtern oder Wortgruppen in Aufzählungen. Nach dem letzten Glied der Aufzählung steht **kein** Komma. **39**

Für diesen Obstsalat brauchen Sie: Bananen, Mandarinen, Apfelsinen.
Er sägte, hobelte, hämmerte die ganze Nacht.
Er kam tagaus, tagein zu Besuch.
Mein liebes, liebes Kind.

(Zur Frage, wann Attribute [Beifügungen] gleichrangig sind, vgl. 49.)

40 Aufgezählte Wörter oder Wortgruppen werden aber **nicht** durch Komma getrennt, wenn sie durch bestimmte Konjunktionen verbunden sind, die eine besonders enge Zusammengehörigkeit zum Ausdruck bringen.
Dazu gehören:

- die anreihenden Konjunktionen ***und, sowie, wie, sowohl – als auch / wie auch, weder – noch***

  Heute und morgen habe ich Besuch.
  Der Becher war innen wie außen vergoldet.
  Sie spielt sowohl Geige als auch Klavier.
  Ich weiß weder seinen Nachnamen noch seinen Vornamen noch seine Adresse.

- die ausschließenden Konjunktionen ***oder, beziehungsweise (bzw.), respektive (resp.), entweder – oder***

  Heute oder morgen will er zu dir kommen.
  Wir sollten ihm den Betrag rasch zurückgeben bzw./resp. überweisen.
  Sie wird entweder anrufen oder selbst vorbeikommen.

Beispiele für die Kombination von 39 und 40:

Simon, Louisa und Julia gehen in die Schule. Der Dichter, Maler und Musiker E. T. A. Hoffmann (1776–1822) lebte zuletzt in Berlin. Bring doch bitte ein paar Bananen, Mandarinen oder Apfelsinen mit! Er fühlte sich alt, müde und verbraucht. Wir liefern nur wasserdicht, bruchsicher und hygienisch verpackte Ware. Die Ware ist wasserdicht, bruchsicher und hygienisch verpackt. Meine Hobbys sind Segeln und Reiten, Lesen und Musikhören sowie Schachspielen.

Die folgenden Abschnitte zeigen verschiedene Spielarten der Aufzählung. Dabei gelten stets 39 und 40.

41 Eine Aufzählung liegt auch vor, wenn ein Wort oder eine Wortgruppe zur Verstärkung wiederholt wird.

Mein liebes, liebes Kind. Wir hatten einen sehr, sehr kalten Winter. Ich wünsche dir alles, alles Gute. Ringsum sah er nur Sand, Sand, Sand. Es, es, es und es, es ist ein harter Schluss, weil, weil, weil und weil, weil ich aus Frankfurt muss (Volkslied).

Eine Aufzählung liegt auch vor, wenn man neu ansetzt, um die gleiche Sache nochmals anders zu bezeichnen.

Dieser Schwindler, dieser Heuchler, dieser Verräter kommt mir nicht mehr ins Haus (= eine Person). *Er ist schon immer dumm, strohdumm gewesen. Es gab Spinat, ausgerechnet Spinat. Das Zimmer ist teuer, sogar sehr teuer. Das Zimmer ist günstig, ja spottbillig / um nicht zu sagen spottbillig. Jetzt hatte er Angst, große Angst. In dieser Sache kann, nein muss man etwas unternehmen. Das ist eine winterharte, also / d. h. / will heißen / sprich nicht frostempfindliche Pflanze* (vgl. 67). *Darum will ich, wollen wir alle dich unterstützen.*

Dazu gehören auch Sätze, in denen ein Wort oder eine Wortgruppe (z. B. *die Gärtnerin*) zur Hervorhebung vorangestellt wird und durch ein hinweisendes Wort oder eine Wortgruppe (z. B. *die*) wieder aufgenommen wird (vgl. auch 99). Nach dem hervorgehobenen Textteil wird ein Komma gesetzt. 42

*Denn die Gärtnerin, **die** weiß das ganz genau. Tanzen, **das** ist ihre größte Freude. Der Tag, **er** ist nicht mehr fern. Deinen Vater, **den** habe ich gut gekannt. Ihr Bruder, mit **dem** habe ich die Schule besucht. Und du und ich, **wir** beide wissen das genau. An der Kreuzung, **da** müsst ihr rechts abbiegen. Wie im letzten Jahr, **so** hatten wir auch diesmal einen schönen Herbst. Mit Sneakers und in leichten Windjacken, **so** wollten die ahnungslosen Touristen über den Gletscher wandern. Nachtwanderungen und Schatzsuche, **so etwas** macht Kindern Spaß.*

Die Aufzählung kann auch aus Wortgruppen bestehen. 43

Diese Menschen haben kein Geld, keine Arbeit, keine Wohnung, keine Hoffnung.
Salate verschiedenster Art, getrocknete Tomaten, eingelegte Oliven, Schüsseln mit Dips und Soßen waren auf dem Tisch zu finden.
Er versuchte sein Glück als Handelsvertreter, als Verkaufsfahrer eines Getränkevertriebs, mit einem Handyladen und schließlich mit einer Reinigung.
Sie müssen ein Loch ausheben, die Wurzeln ausbreiten, die Pflanze einsetzen und das Loch wieder mit Erde auffüllen.

44 Die Aufzählung kann auch aus Infinitivgruppen (vgl. 95 ff.) oder Partizipgruppen (vgl. 113 ff.) bestehen.

Einen Tauchkurs zu besuchen, abends gut essen zu gehen und mich mal richtig zu erholen, das sind meine Wünsche für den Urlaub. Völlig erschöpft, halb erfroren und vom Regen durchnässt kamen sie nach Hause.

45 Die Aufzählung kann auch aus sogenannten zusammengezogenen Sätzen bestehen. Das sind gleichrangige Sätze, die ein Satzglied (oder mehrere) gemeinsam haben, das aber nur einmal genannt wird.

Ich *gehe ins Theater, sehe mir eine Ausstellung an oder besuche ein Konzert. Simon* ***studiert*** *Mathematik, Chiara Biologie und Maren Jura. Frau Schneider schreibt mir, dass Simon Mathematik* ***studiert,*** *Chiara Biologie und Maren Jura.* ***Jeden Morgen*** *läuten die Glocken und kräht der Hahn. In Deutschland* ***ist er*** *fast unbekannt, in den USA ein Star.* ***Niemand erwartet*** *von Schülerinnen und Schülern, dass sie immer lernen, von Lehrkräften, dass sie alles tolerieren.*

In der verkürzten Sprache von Anleitungen und Rezepten hängen oft mehrere Wortgruppen von einem Satzkern ab, der gar nicht genannt wird:

Jetzt ***[müssen Sie]*** *die Butter zugeben, alles vermischen und den Teig kräftig durchkneten. Nach 30 Minuten* ***[ist der Lack]*** *staubtrocken, nach 3 Stunden überstreichbar.*

46 Gelegentlich verbindet ***und*** oder ***oder*** einen Satzteil mit einem Nebensatz oder einer Infinitivgruppe zu einer Aufzählung. Auch dann wird gemäß Abschnitt 40 vor ***und*** bzw. ***oder*** kein Komma gesetzt.

Innerhalb der Aufzählung steht also **kein** Komma:

Wenn es kalt ist oder bei Regen ziehe ich den Mantel an. Ich ziehe den Mantel bei Regen an oder wenn es kalt ist. Die Mutter kaufte der Tochter einen Koffer, einen Mantel, ein Kleid und was sie sonst noch für die Reise brauchte. Um seinem Freund zu schaden oder aus Gedankenlosigkeit machte er eine falsche Aussage.

Vor oder nach der Aufzählung kann jedoch ein Komma nötig sein:

- Grenzt der Nebensatz an den übergeordneten Satz, so wird zwischen beide ein Komma gesetzt:
  Ich ziehe den Mantel an, wenn es kalt ist oder bei Regen. Bei Regen oder wenn es kalt ist, ziehe ich den Mantel an. Er hat nur einige zuverlässige Freunde oder wen er dafür hält, ins Vertrauen gezogen. Die Mutter hatte der Tochter einen Koffer, einen Mantel, ein Kleid und was sie sonst noch für die Reise brauchte, gekauft.

- Grenzt eine Infinitivgruppe, die mit ***als, anstatt, außer, ohne, statt*** oder ***um*** eingeleitet ist, an den übergeordneten Satz, so wird zwischen beide ein Komma gesetzt:
  Wir schlichen auf Zehenspitzen und ohne ein Wort zu sprechen, durch den dunklen Saal. Aus Gedankenlosigkeit oder um seinem Freund zu schaden, machte er eine falsche Aussage. Er machte die falsche Aussage, um seinem Freund zu schaden oder aus Gedankenlosigkeit. Er machte, um seinem Freund zu schaden oder aus Gedankenlosigkeit eine falsche Aussage. Er machte aus Gedankenlosigkeit oder um seinem Freund zu schaden, eine falsche Aussage.

Satzteile werden durch Komma getrennt, wenn sie durch andere Konjunktionen[2] **47**
als die in Abschnitt 40 genannten verbunden sind, denn auch dann liegt eine Aufzählung vor.

Das betrifft beispielsweise:

- anreihende Konjunktionen wie ***einerseits – and[e]rerseits, teils – teils, halb – halb, mal – mal, je – desto, ob – ob, nicht nur – sondern auch, zum einen – zum anderen***
  Er ist nicht nur ein guter Schüler, sondern auch ein guter Sportler. Die Investition ist einerseits mit hohen Gewinnchancen, andererseits mit hohem Risiko verbunden. Wir waren halb erschrocken, halb erleichtert. Die Kinder spielen teils auf der Straße, teils im Garten, teils auch auf dem Rasen im Park.

[2] Als Konjunktionen werden hier der Einfachheit halber auch die einem Satz oder Satzteil vorangestellten Adverbien (z. B. ***teils – teils***) bezeichnet (vgl. 137).

- entgegensetzende und einschränkende Konjunktionen wie ***aber, zwar – aber, allein, allerdings, doch, jedoch, vielmehr, sondern, wenn auch*** (vgl. auch 63)

  Das Zimmer ist billig, aber/wenn auch klein. Müde, aber glücklich kamen wir heim. Ihre Leistungen haben sich langsam, aber stetig gebessert. Sie kam bald zurück, jedoch/allerdings ohne das Buch. Sie hat mit dem Abteilungsleiter, jedoch nicht mit dem zuständigen Referenten gesprochen. Er ist kein Engländer, sondern Amerikaner.

Fälle, in denen keine Aufzählung vorliegt

Umstandsangaben, die sich sinngemäß ergänzen

48 Keine Aufzählung liegt vor, wenn sich Umstandsangaben sinngemäß ergänzen. Hier steht also **kein** Komma (vgl. 31).

Deine Brille liegt hier auf dem Tisch. Deine Brille liegt im Wohnzimmer auf dem Tisch. (Aber: *Er suchte seine Brille auf dem Tisch, auf der Sofalehne und auf dem Fensterbrett.*) *Später kehrte er nach Frankfurt zu seinen Eltern zurück. Er macht jeden Morgen bei geöffnetem Fenster seine Yogaübungen. Gabi Müller hat lange in Köln am Kirchplatz 4 im dritten Stock gewohnt* (vgl. 86). *Er rief mich am Mittwoch kurz vor 18 Uhr an* (vgl. 89).

Nicht gleichrangige Attribute (Beifügungen)

49 Zwischen nicht gleichrangigen Attributen steht **kein** Komma.

Attribute sind nicht gleichrangig, wenn sie verschiedene Bezugswörter haben. In diesem Fall steht das erste Adjektiv ohne Deklinationsendung. Sie bilden keine Aufzählung (vgl. 39 ff.) und man setzt daher **kein** Komma zwischen sie.

Das war ein schrecklich kalter Winter. (Das Wort ***schrecklich*** bezieht sich auf ***kalt***, ***kalt*** bezieht sich auf ***Winter***.) *Wir liefern nur wasserdicht, bruchsicher und hygienisch verpackte Ware.* (Die Wörter ***wasserdicht, bruchsicher*** und ***hygienisch*** sind untereinander gleichrangig, stehen aber nicht auf einer Stufe mit ihrem Bezugswort ***verpackt***. Daher steht vor ***verpackt*** kein Komma.)

Auch zwischen einem Artikel, Pronomen oder Zahlwort und einem Attribut steht kein Komma (vgl. aber 53; zur Möglichkeit, Gedankenstriche oder Klammern zu setzen, vgl. 234 und 240). Denn Artikel, Pronomen und Zahlwörter stehen nicht auf gleicher Stufe mit einem folgenden Adjektiv oder Partizip und können mit ihm keine Aufzählung bilden. **50**

Dort stand unser altes Haus. Lass doch diese dummen Späße! Wir haben mehrere neue Kollegen bekommen. Ich habe zwei jüngere Schwestern. In dieser Gegend gibt es viele in den Baumkronen lebende Affen.

Weitere Beispiele:

der dich prüfende Lehrer; eine wenn auch noch so geringe Kursabweichung; zwei mit allen Wassern gewaschene Betrüger; diese den Betrieb stark belastenden Ausgaben; mehrere nur mit der Lupe sichtbare Oberflächenfehler; alle in das Formular einzutragenden Angaben; die von Ihnen gegebenen Erklärungen; eine mit knusprigen Speckstreifen umwickelte Lammkeule

Es steht auch dann kein Komma, wenn nach einem Artikel, Pronomen oder Zahlwort wiederum ein Pronomen oder Zahlwort folgt:

Das Auto prallte bei dem Unfall gegen zwei andere Fahrzeuge.
Diese beiden Filme mag ich besonders gern.

Ein Gesamtbegriff ist eine feste Verbindung von einem Substantiv und einem vorangestellten Attribut (z. B. ***französische Rotweine, saure Gurken***). **51**

Ist ein solcher Gesamtbegriff durch ein weiteres Attribut näher bestimmt, so sind die beiden Attribute nicht gleichrangig: Es wird daher **kein** Komma gesetzt.

Wir führen nur gute französische Rotweine. (Das Wort ***gut*** bezieht sich auf den Gesamtbegriff ***französische Rotweine***. Vgl.: *Unsere französischen Rotweine sind gut.*) *Unsere Kunden schätzen besonders die leichten, herben französischen Rotweine.* (Die Wörter ***leicht*** und ***herb*** sind gleichrangig, stehen aber nicht auf einer Stufe mit ***französisch***.)

Ein höflicher junger Mann hat mir geholfen. Der linke vordere Kotflügel ist verbeult. Er trug seinen neuen schwarzen Anzug. Sie machte umstrittene medizinische Experimente. Die in Angriff genommenen großen Arbeiten erfordern neue Mittel. Die gute alte Zeit kommt nicht wieder. Die Konferenz findet nach den diesjährigen großen Ferien statt. Hast du noch von deinen leckeren sauren Gurken? Ich suche einen guten löslichen Kaffee. Sie trug eine hochwertig verarbeitete echte Lederjacke.

Es sind vor allem vier Gruppen von Adjektiven, die in solchen Gesamtbegriffen auftreten:

- Adjektive, die Materialien bezeichnen (*golden, ledern, steinern* u.a.)
  die glitzernden goldenen Ohrringe, ein handgenähter lederner Ball, die schöne steinerne Brücke
- Adjektive, die eine Zugehörigkeit bezeichnen (*amtlich, städtisch, königlich* u.a.)
  eine wichtige amtliche Mitteilung, der symmetrisch angelegte königliche Schlosspark; die allgemeine wirtschaftliche Lage; ein aktiver gemeinnütziger Verein
- Adjektive, die die Herkunft aus einem Land oder einer Stadt bezeichnen (*spanisch, amerikanisch, bayerisch* u.a.)
  ein berühmter spanischer Roman, neue amerikanische Drogen, das dunkle bayerische Bier, ein schneller italienischer Sportwagen
- Adjektive, die Farben bezeichnen (*rot, grün, weiß* u.a.)
  herrlicher weißer Sand, langstielige rote Rosen, der gute schwarze Anzug

52 Mit den folgenden drei Faustregeln können Sie sich die Kommasetzung bei mehreren adjektivischen Attributen erleichtern.

1. Wenn man zwischen die Attribute das Wort ***und*** setzen könnte, dann handelt es sich um Attribute gleichen Grades, die durch ein Komma getrennt werden.

   gutes und warmes Wetter – gutes, warmes Wetter
   ein großer und alter und schwarzer Cadillac – ein großer, alter, schwarzer Cadillac

   Attribute verschiedenen Grades können dagegen **nicht** durch ***und*** verbunden werden:

   Man würde nicht sagen *umstrittene und medizinische Experimente* oder *bekannte und französische Politiker.* Hier liegen die Gesamtbegriffe *medizinische Experimente* und *französische Politiker* vor, vor denen kein Komma stehen darf.

2. Ändert sich der Sinn beim Umstellen der Attribute oder geht der Sinn verloren, dann liegt ein Gesamtbegriff vor, der nicht durch Komma getrennt wird.

   umstrittene medizinische Experimente (Denn man würde nicht sagen: *medizinische umstrittene Experimente.*)

3. Werden die Attribute gleich stark betont, dann liegt eine Aufzählung vor, die durch ein Komma getrennt wird.

   gutes, warmes Wetter; wuchtige, eichene Möbel.

   Bildet aber das letzte Adjektiv mit dem Substantiv einen Gesamtbegriff, dann wird es gewöhnlich schwächer betont:

   das gute bayerische Bier; ein höflicher junger Mann; wuchtige eichene Möbel

Wenn adjektivische Attribute im Dativ Singular des Maskulinums oder Neutrums stehen, können entweder beide die starke Endung *-m* erhalten oder das erste die Endung *-m*, das zweite die Endung *-n*. Diese Entscheidung ist unabhängig davon, ob die Attribute gleichrangig sind oder nicht:

1. **nicht** gleichrangige Attribute (vgl. 51):
   *bei gutem französische**m** Rotwein*
   *bei gutem französische**n** Rotwein*
2. gleichrangige Attribute (= Aufzählung) (vgl. 52):
   *bei gutem, warme**m** Wetter*
   *bei gutem, warme**n** Wetter*

Auch Indefinitpronomen (unbestimmte Fürwörter) und unbestimmte Zahlwörter, nach denen in der Regel kein Komma steht (vgl. 50), können in Sonderfällen ein Komma erhalten: beispielsweise ***andere, solche, viele, wenige.*** Sie werden dann wie Adjektive behandelt und stehen auf der gleichen Stufe wie das nachfolgende adjektivische Attribut. Sogar Ordinalzahlen (Ordnungszahlwörter) werden gelegentlich in dieser Weise verwendet, im Allgemeinen aber nicht die zusammenfassenden Kardinalzahlen (Grundzahlwörter). 53

Aufzählung mit Komma	Gesamtbegriff ohne Komma
Ich habe noch andere, zuverlässige Nachrichten. (Die zuerst mitgeteilten Nachrichten waren nicht zuverlässig.)	*Ich habe noch andere zuverlässige Nachrichten.* (Auch die zuerst mitgeteilten Nachrichten waren zuverlässig.)
Mit solchen, kaum beweisbaren Anschuldigungen erreichst du nichts. (Hier hat »solche« den adjektivischen Sinn von »derartige«.)	*Mit solchen kaum beweisbaren Anschuldigungen erreichst du nichts.* (Hier hat »solche« nur den Wert eines Demonstrativpronomens.)
Die Ministerin sprach nur wenige, kurze Sätze zur Eröffnung. (Sie sprach nur wenige Sätze, die außerdem kurz waren.)	*Die Ministerin sprach nur wenige kurze Sätze zur Eröffnung.* (Sie sprach nur ein paar kurze Sätze.)
5., verbesserter Nachdruck (Der 5. Nachdruck ist verbessert worden.)	*5. verbesserter Nachdruck* (Alle Nachdrucke wurden verbessert.)
Das Buch enthält gute, größtenteils farbige Abbildungen. (Nur mit Komma!)	*Das Buch enthält 80 größtenteils farbige Abbildungen.* (Grundzahl: meist ohne Komma.)

54 Ob ein Gesamtbegriff vorliegt oder nicht, hängt in vielen Fällen vom Sinn des Satzes ab. Manche Sätze lassen beide Auffassungen zu.

Oft sind es sachliche Gründe, die die Kommasetzung bestimmen:

> *Die Firma hat neue, umweltfreundliche Verfahren entwickelt.*
> (Aufzählung: Neben den bisherigen Verfahren, die nicht umweltfreundlich sind, gibt es jetzt neue und umweltfreundliche Verfahren.)
> *Die Firma hat neue umweltfreundliche Verfahren entwickelt.*
> (Gesamtbegriff: Zusätzlich zu den bisherigen umweltfreundlichen Verfahren gibt es weitere umweltfreundliche Verfahren.)

Die Pflanze wächst nur auf den höher liegenden, unbewaldeten Berghängen.
(Aufzählung: Die tiefer liegenden Berghänge sind bewaldet.)
Die Pflanze wächst nur auf den höher liegenden unbewaldeten Berghängen.
(Gesamtbegriff: Es gibt auch tiefer liegende unbewaldete Berghänge.)

Nicht immer führen die in 51–54 genannten Prüfverfahren zu einem eindeutigen Ergebnis. In solchen Fällen können Sie frei entscheiden, ob Sie zwei Attribute als gleichwertig kennzeichnen möchten oder nicht:

Im Herrenzimmer standen wuchtige, eichene Möbel.
(Aufzählung zweier gleichwertiger Eigenschaften: Die Möbel sind wuchtig und bestehen aus Eichenholz.)
Im Herrenzimmer standen wuchtige eichene Möbel.
(Gesamtbegriff: Die Eichenmöbel sind wuchtig.)

Das Komma bei Wörtern und Wortgruppen, die außerhalb des eigentlichen Satzes stehen

Wörter und Wortgruppen, die außerhalb des eigentlichen Satzes stehen, werden durch ein Komma abgetrennt. Sind sie eingeschoben, grenzt man sie mit paarigem Komma ab. Meist haben sie eine besondere kommunikative Funktion (wie Anreden oder Ausrufe). 55

Anreden

Anreden werden zur besonderen Hervorhebung mit Komma abgetrennt. 56

Zur Anrede in Briefen und E-Mails vgl. auch 35 und 219, zur Anrede bei einer Ansprache oder Rede vgl. 219.

Patrick, kommst du heute Mittag zu uns? Du, schau mal! Kinder, hört doch mal her. Hört doch mal her, Kinder! Das geht so nicht, mein Lieber. Mama, wo bist du? Was halten Sie davon, Frau Schmidt? Ich wünsche Dir, liebe Oma,

gute Besserung. Ich möchte Sie, sehr geehrter Herr Professor Riemann, um einen Gefallen bitten. Aber die Unterlagen, Herr Schröder, haben Sie doch wohl dabei? Doch das, liebe Leserinnen und Leser, ist eine andere Geschichte.
Guten Tag, Frau Kraus, kommen Sie doch bitte herein. Auf Wiedersehen, Frau Kraus! Nein, Herr Rossi, dieser Termin passt mir nicht.

Ist die Anrede mit einem kurzen Ausruf (einer Interjektion) verbunden, braucht zwischen beide kein weiteres Komma gesetzt zu werden:

Ach Luca, komm doch mal her! Hallo Marie, wie gehts?

Innerhalb der Anrede in Briefen und E-Mails ist der Gebrauch schwankend. Analog zu den üblichen Anreden »Sehr geehrter Herr Schmidt« und »Lieber Herr Schmidt« wird häufig auch in Anredeformen mit »Hallo« und »Guten Tag« kein Komma gesetzt:

»Hallo Marie« – »Guten Tag Herr Schmidt«

Vor allem wenn die eigentliche Anrede mehrteilig ist, ist ein Komma jedoch durchaus empfehlenswert:

»Hallo, Herr Schmidt« – »Guten Tag, Herr Schmidt«

Grußformeln und Höflichkeitsformeln

57 Grußformeln und Höflichkeitsformeln werden mit Komma abgetrennt (zu Grußformeln in Briefen vgl. aber 34).

Guten Tag, mein Name ist Baumann. Entschuldigung, wie spät ist es?

Als Höflichkeitsformel wird das Wort ***danke*** (auch: ***nein danke, danke sehr, danke schön*** u. dgl.) durch Komma abgetrennt, sofern der folgende Text nicht mit *für* angeschlossen ist:

Ich habe schon gegessen, danke. Danke schön, das war sehr freundlich von Ihnen. Mir geht es gut, danke, ich kann nicht klagen.
Aber: *Danke für die schönen Blumen.*

Das Wort ***bitte*** (auch: ***bitte sehr, bitte schön*** u. dgl.) dagegen ist eine Ausnahme, denn es steht meist **ohne** Komma im Satz:

Bitte gehen Sie voran. Wie spät ist es bitte? Nehmen Sie bitte Platz.

Bei besonderer Betonung oder hervorhebender Satzstellung wird aber auch ***bitte*** durch Komma abgetrennt bzw. in Kommas eingeschlossen.

Bitte, helfen Sie mir doch! Helfen Sie mir doch, bitte! Bitte sehr, was darf es sein? Wenn Sie das wissen, bitte, warum sagen Sie es dann nicht?

Kurze Ausrufe (Interjektionen)

Kurze Ausrufe (Interjektionen) werden mit Komma abgetrennt (vgl. auch 217). **58**

Ach, das ist aber schade! Ach ja, so ist es nun einmal. Ach so, ihr habt geheiratet. Oh, wie schön ist das! Au, das tut weh! He, was machen Sie da? Na bitte, da haben wir die Bescherung! Na ja, es geht. Na, so gut ist es auch wieder nicht. Was, du bist umgezogen? Hurra, wir haben es geschafft! Mist, ich finde den Schlüssel nicht!

Ist der Ausruf nicht betont, dann kann er **ohne** Kommas im Satz stehen:

Oh wäre ich doch bloß nicht mitgekommen! Ach lass mich doch in Ruhe! Ja wie denn nun? Na zum Beispiel so.

Zwischen Ausruf und Anrede braucht kein Komma gesetzt zu werden (vgl. aber auch 56):

Ach Nico, komm doch mal her! Hallo Julia, wie gehts?

Kommentierende Äußerungen oder Bekräftigungen

Kommentierende Äußerungen (Bejahung, Verneinung, Bekräftigung u. dgl.) werden **59**
mit Komma abgetrennt (vgl. auch 129).

Ja, das ist wahr. Nein, das sollten Sie nicht tun, nein! Ich denke, ja. Ich meine, nein. Doch, ich habe mich vorbereitet. Ja natürlich, ich helfe dir gern. Du hast dir Mühe gegeben, sicher, aber nicht genug. Leider, das hat er wirklich gesagt. Das hat er wirklich gesagt, leider. Ich kann schon richtig schwimmen, und ob! Es regnet, und wie! Wir gehen ins Kino, jetzt erst recht. Im Gegenteil, wir würden uns sehr über dein Kommen freuen. Zugegeben, er hat wenig Geld. Übrigens, meine Schwester zieht um. Kurz, es war ein herrlicher Tag. Sprich, es war ein herrlicher Tag. Unmöglich, das glaube ich nicht! Du bist umgezogen, was? Sie verdient gut, nicht? Du hast schon gegessen, oder?

Diese Ausdrücke können aber auch so eng mit dem begleitenden Text verbunden sein, dass man sie nicht abtrennt:

Das ist es, tatsächlich. (Aber ohne Betonung:) *Das ist es tatsächlich.*
Natürlich, du kannst jederzeit kommen.
(Aber mit anderer Wortstellung:) *Natürlich kannst du jederzeit kommen.*
Trotz allem, er war ein guter Lehrer.
(Aber mit anderer Wortstellung:) *Trotz allem war er ein guter Lehrer.*

Das Komma bei Zusätzen

60 Zusätze unterbrechen den Fluss des Satzes und werden deshalb durch Kommas vom Rest des Satzes abgehoben. Es gibt jedoch auch Fälle, in denen die Kommasetzung freigestellt ist.

Zusätze können in einen Satz eingeschoben sein oder an seinem Ende stehen.

Kerstin, meine Tante, kommt zu Besuch. Ich fahre nach Italien, und zwar nach Rom.

Wörter oder Wortgruppen am Satzanfang können dagegen keine Zusätze sein.

Nachgestellte Erläuterungen

61 Nachgestellte Erläuterungen werden durch Komma abgetrennt bzw. in Kommas eingeschlossen, wenn der Satz weitergeht (vgl. aber 65–67).

Nachgestellte Erläuterungen beziehen sich meist auf ein Satzglied. Dann stehen sie direkt hinter ihm:

Ihre Erfolge, z. B. als Aida, sind unvergesslich. Unvergesslich sind ihre Erfolge, z. B. als Aida.

Sie können sich jedoch auch auf einen ganzen Satz beziehen:

Sie hat beachtliche Erfolge errungen, z. B. als Aida. Sie hat[,] z. B. als Aida[,] beachtliche Erfolge errungen.

Erläuterungen am Satzanfang sind keine nachgestellten Erläuterungen! Sie dürfen also **nicht** durch Komma abgetrennt werden:

Zum Beispiel als Aida hat sie beachtliche Erfolge errungen.

Nachgestellte Erläuterungen kann man meist daran erkennen, dass sie von charakteristischen Wörtern oder Wortgruppen eingeleitet werden. Häufig sind ***also, besonders, das heißt (d. h.), das ist (d. i.), genauer, insbesondere, nämlich, sprich, und das, und zwar, vor allem, will heißen, zum Beispiel (z. B.)***.

Sie isst gern Obst, besonders/insbesondere/ausgenommen Äpfel und Kiwis. Obst, besonders Äpfel und Kiwis, isst sie gern. Es gibt vier Jahreszeiten, nämlich / und zwar / sprich Frühling, Sommer, Herbst und Winter. Für dieses Gericht braucht man frische Kräuter, vor allem / unter anderem / beispielsweise Dill und Basilikum. Der Sportler, immerhin Sieger auf Landesebene, war heute nicht erfolgreich. Das Kollegium, allen voran / darunter auch Herr Seidel, war dagegen. Weitere Personen, meist/großteils Freunde des Angeklagten, stehen unter Verdacht. Mit einem Scheck über 2000 €, in Worten: zweitausend Euro, hat sie die Rechnung bezahlt. Das Schiff fährt wöchentlich einmal, und zwar sonntags, nach Helgoland. Er hat einen Schwips, und das am frühen Morgen.

Die Erläuterung kann auch aus einem nachgetragenen Attribut bestehen (vgl. 68). Auch nach diesen nachgetragenen Attributen steht gewöhnlich ein Komma:

Wir planen für nächste Woche, das heißt vielleicht auch für übernächste, einen Gegenbesuch. Er hat alle Kinder, also auch die frechen, gern gehabt. Dieser Winzer hat hervorragende Weine, auch/sogar/darunter preisgekrönte, und verkauft ab Hof. Wir sahen viele Pilze, allerdings nur ungenießbare und giftige.

Nach ***das heißt, das ist, will heißen*** und ***sprich*** muss manchmal ein zusätzliches Komma gesetzt werden. **62**

- Folgt nur ein erläuternder Satzteil, dann steht kein Komma nach ***das heißt, das ist, will heißen*** und ***sprich:***

  Am frühen Abend, d. h. nach Büroschluss, ist der Verkehr besonders stark. Im Juni, d. i. nach meinem Examen, wollen wir heiraten. Wir werden den Vorfall nicht weitermelden, will heißen keine Strafanzeige erstatten. Viele Jugendliche brauchen eine Sehhilfe, sprich eine Brille oder Kontaktlinsen.

- Folgt ein bei- oder untergeordneter Satz, muss ein Komma nach ***das heißt, das ist, will heißen*** und ***sprich*** stehen (vgl. 121):

  Am frühen Abend, d. h., sobald die Büros geschlossen haben, ist der Verkehr besonders stark. Im Juni, d. i., wenn ich mein Examen hinter mir habe, wollen wir heiraten. Wir werden den Vorfall nicht weitermelden, will heißen, wir haben kein Interesse an einer Strafanzeige. Viele Jugendliche brauchen eine Sehhilfe, sprich, sie müssen eine Brille oder Kontaktlinsen tragen.

- Folgt eine Partizipgruppe, ist das Komma freigestellt (vgl. dazu 113 ff.):

  Nur gebückt, d. h.[,] auf allen vieren kriechend, konnten wir uns in der Höhle fortbewegen.

- Folgt eine Infinitivgruppe, ist das Komma zu setzen (vgl. dazu 95 ff.):

  Es gelang ihm, den Ball zu passen, d. h., ihn seinem Nebenmann zuzuspielen. Er ging fort, ohne sich nochmals umzusehen, d. h., ohne sie noch einmal anzusehen.

Nach ***sprich*** wird häufig ein Doppelpunkt gesetzt. Das gilt auch für Fälle, in denen kein Komma zu setzen wäre.

Im Oktober, sprich: zu Semesterbeginn, ziehe ich nach München.
Im Oktober, sprich: wenn das Semester beginnt, ziehe ich nach München.

63 Nachgestellte Erläuterungen können auch von einem entgegensetzenden oder einschränkenden Ausdruck eingeleitet werden.

Bald darauf kam er, allerdings ohne das Buch, zurück. Bald darauf kam er zurück, allerdings ohne das Buch, und stotterte eine Entschuldigung. Sie gelangte endlich, wenn auch/allerdings unter großen Mühen, in das Haus. Ich habe damals, freilich ohne Erfolg, auf diesen Widerspruch hingewiesen. Ich habe damals, zumindest/jedenfalls mündlich, auf diesen Widerspruch hingewiesen. Sie hatten meine Schwester eingeladen, jedoch nicht ihren Freund, und begründeten das nicht einmal. In Frankreich, aber auch in England, ist das bereits üblich.

Auch nachgestellte Erläuterungen ohne Einleitewort werden durch Komma abgetrennt bzw. in Kommas eingeschlossen. Im Gegensatz zur nachgestellten Apposition (zum nachgestellten Beisatz) liegt hier keine Gleichsetzung vor. Die Kommasetzung ist aber in beiden Fällen gleich. **64**

Von der Firma Koch und Söhne, Büroeinrichtungen, ist ein neuer Prospekt eingetroffen. In Augusta, Georgia, brannte eine Fabrik ab. Die Speditionsfirma »Globus«, Essen, wird die Möbel mitnehmen. Er hat damals in Bellheim, Kreis Germersheim, gewohnt. Die Feier findet in der Michaelskirche, Köln-Deutz, statt. Am Dienstag, nachmittags 5 Uhr, ist sie gewöhnlich zum Tee bei ihrer Freundin. Susanne Schröder, 36, Apothekerin, wurde verhaftet. August II., Kurfürst von Sachsen und König von Polen, hatte den Beinamen »der Starke«. Als er zurückkam, über einen Monat später, ging es ihm besser. Einer von ihnen, [und zwar] sein engster Mitarbeiter, hat ihn verraten. Ich bin nie in Paris gewesen, auch nicht auf der Durchreise.

Sonderfälle

Nachgestellte Erläuterungen mit ***wie*** erhalten nur dann ein Komma, wenn verdeutlicht werden soll, dass sie für das Verständnis des Satzes nicht unbedingt nötig sind (vgl. 185, 7 und 8). **65**

Die Auslagen[,] wie Kopierkosten, Eintrittsgelder, Fahrtkosten und dergleichen[,] ersetzen wir Ihnen. Heimische Wildtiere[,] wie z. B. Fuchs, Dachs und Marder[,] sind in Gehegen untergebracht.

Einige genauere Bestimmungen brauchen nicht in Kommas eingeschlossen zu werden, wenn sie an einer Stelle stehen, die sie auch als Satzglied einnehmen können. **66**

Dieser Fall kommt aber nicht vor bei ***und zwar, und das, das heißt (d. h.), das ist (d. i.), sprich, will heißen*** u. dgl. sowie bei entgegensetzenden und einschränkenden Konjunktionen[3]. Erläuterungen mit diesen Einleitungen können also nur mit Kommas stehen.

Sie hat[,] vor allem im Kriege und in der Nachkriegszeit[,] vielen Menschen tatkräftig geholfen. (Aber nachgestellt: *Sie hat vielen Menschen tatkräftig geholfen, vor allem im Kriege und in der Nachkriegszeit.*)

[3] Als Konjunktionen werden hier der Einfachheit halber auch die einem Satz oder Satzteil vorangestellten Adverbien (z. B. ***teils – teils***) bezeichnet (vgl. 137).

Sie hat[,] z. B. als Aida[,] beachtliche Erfolge errungen.
(Aber nachgestellt: *Sie hat beachtliche Erfolge errungen, z. B. als Aida.*
Ebenso direkt nach dem Bezugswort: *Ihre Erfolge, z. B. als Aida, sind unvergesslich. Unvergesslich sind ihre Erfolge, z. B. als Aida.*)

67 Das schließende Komma nach einer Erläuterung entfällt, wenn sie in eine substantivische oder verbale Fügung einbezogen ist (vgl. dagegen 233).

Die Erläuterung ist in eine substantivische Fügung einbezogen, wenn sie zwischen einem Attribut und seinem Bezugswort steht und das Attribut erläutert:

Auf der Ausstellung waren viele ausländische, insbesondere holländische Firmen vertreten. Das ist eine winterharte, d. h. nicht frostempfindliche Pflanze. Das alte Buch enthält viele farbige, und zwar mit der Hand kolorierte Holzschnitte. Wir planen für nächste, d. h. vielleicht auch für übernächste Woche einen Gegenbesuch. Das ist ein veraltetes, also ungebräuchliches Wort. Er war ein unentbehrlicher, weil sehr erfahrener Mitarbeiter. Daraus ist ein autoritäres, genauer[:] ein totalitäres System geworden. Daraus ist ein autoritäres, manche sagen auch[:] totalitäres System geworden. Daraus ist ein autoritäres, manche würden sagen[:] totalitäres System geworden. Das war eine unangemessene, ich würde sogar sagen[:] unanständige Äußerung.

Die Erläuterung ist in eine verbale Fügung einbezogen, wenn sie zwischen den Teilen des Prädikats steht und das Prädikat erläutert:

Ich wartete, bis er sein Herz ausgeschüttet, d. h. alles erzählt hatte und erschöpft schwieg. Ich danke dir herzlich, dass du mir helfen, insbesondere ein Zimmer für mich suchen willst. Der Konflikt eskalierte, weil er seinen Sohn stets kontrollieren, ich würde sogar sagen[:] ihm nachspionieren wollte.
(Aber: *Zur Ausstellung waren viele Firmen, insbesondere aus Holland, gekommen.* – Diese Erläuterung steht zwar zwischen den Teilen des Prädikats, aber sie erläutert nicht das Prädikat.)

Ähnlich:

Ist ein Mensch einem anderen ausgesprochen, das heißt in besonderer Weise sympathisch, dann kann es nur heißen: ...
Das war eine perfekt, wirklich unübertrefflich gut inszenierte Aufführung.

Nachgestellte Attribute

Adjektive und Partizipien (dekliniert oder nicht dekliniert), die ihrem Bezugswort nachgestellt sind, werden in Kommas eingeschlossen. 68

Da bricht der Abend, der frühe, herein. Ans Vaterland, ans teure, schließ dich an (Schiller). Dein Pullover, der blaue, liegt noch auf der Gartenbank. Der letzte November, eiskalt, war furchtbar. Deinen Wintermantel, den abgelegten, können wir zur Altkleidersammlung geben. Der Schuss, abgefälscht, war unhaltbar.

Es können auch mehrere Attribute aneinandergereiht sein.

Mehrere Mitarbeiter, teamfähig und belastbar, werden gesucht. Chiara, gesund, aufgeweckt und unbeschwert, war ganz anders als ihre Schwester. Max schaut zum Fenster hinaus, müde und gelangweilt. Ein brauner Wallach stand im Hof, gesattelt und gezäumt. Sie erzählte allerlei Geschichten, erlebte und erfundene.

Die Attribute können auch nähere Bestimmungen bei sich haben (vgl. 113):

Frau Giebel, früher bei Müller & Klein tätig, leitet seit November bei uns den Vertrieb. Gewehrkugeln, groß wie Taubeneier und klein wie Bienen (Brecht). Ein dreijähriger Schäferhund, gut erzogen, folgte ihm. Dieser Konzern, mit Abstand der bedeutendste in seiner Branche, geriet in die Schlagzeilen.

Auf Speisekarten, in Anzeigen, Warenlisten und Katalogen werden Attribute häufig nachgetragen, weil das Bezugswort zuerst gelesen werden soll und deshalb am Anfang steht (vgl. aber 69):

Kabeljau, gedünstet, 14,80 €; Seezungenfilet, gebacken, 17,80 €. – 2-Zimmer-Wohnung, möbliert, zu vermieten. – Schlafzimmerschrank, Birke, natur-mattiert. – Kerzenschaftlampen, mattiert, mit wachsgelbem Schaft. – Eine Radierung von Picasso, handsigniert.

Beim Druck in Spalten entfällt das letzte Komma:

Kabeljau, gedünstet	*14,80 €*
Seezungenfilet, gebacken	*17,80 €*

69 Wenn man ein nicht dekliniertes nachgestelltes Adjektiv oder Partizip (oder ein Pronomen) als Teil einer festen Fügung versteht, wird es nicht durch Komma abgetrennt. Das gilt auch für einige der in Abschnitt 68 genannten Fälle:

Aal blau / Forelle blau (Zubereitungsart); *800 Euro bar; Whisky pur; Schnitzel paniert; Kabeljau gedünstet; Seezungenfilet gebacken*

Solche festen Fügungen kommen häufig bei Markennamen vor:

Henkell trocken; Beck's alkoholfrei; Cola light

Auch in der Dichtung sind sie gebräuchlich:

Hänschen klein ... (Kinderlied). *Bei einem Wirte wundermild ...* (Uhland). *Röslein, Röslein, Röslein rot ...* (Goethe). *Joseph, lieber Joseph mein ...* (Weihnachtslied).

Bei Familiennamen erscheinen die lateinischen Adjektive *senior* (der Ältere) und *junior* (der Jüngere):

Haben Sie Herrn Becker junior gesehen? Moritz' Schwester ist mit Herrn Meier senior verheiratet. Philipp Reclam jun. (Verlagsname).

Als Sonderfall gehört auch folgender Satz hierher, in dem der nachgestellte Komparativ nicht wegfallen kann:

Bei einem Durchschnitt kleiner als 2,5 findet keine Wertung statt.

Appositionen (nachgestellte Beisätze)

70 Die Apposition (den nachgestellten Beisatz) trennt man durch Komma ab bzw. schließt sie in Kommas ein, wenn der Satz weitergeht.

Von einer Apposition spricht man, wenn ein Substantiv durch ein nachgestelltes anderes Substantiv näher bestimmt wird. Die Apposition bringt eine Gleichsetzung zum Ausdruck *(Johannes Gutenberg, [das ist] der Erfinder der Buchdruckerkunst, ...).* Eine Apposition kann man weglassen, ohne dass der Satz sinnlos wird:

Das Ziel unseres Ausflugs war ein schönes, altes Städtchen, das sogenannte Rothenburg Österreichs.
(Nach wie vor sinnvoll: *Das Ziel unseres Ausflugs war ein schönes, altes Städtchen.* Aber: *Mit Recht nennt man dieses schöne, alte Städtchen das Rothenburg*

Österreichs. – Hier ist die Wortgruppe am Schluss für die Satzkonstruktion unentbehrlich, es liegt also keine Apposition vor.)

Mein Onkel, ein großer Tierfreund, und seine Katzen leben in einer alten Mühle. Das Gebäude, ein ehemaliges Krankenhaus, war verfallen. Wir gingen in die Hütte, einen kalten Raum mit kleinen Fenstern, und zündeten ein Feuer im Kamin an. In Frankfurt, der bekannten Handelsstadt, befindet sich ein großes Messegelände. Die Röntgenstrahlen, eine Entdeckung Wilhelm Conrad Röntgens, hießen zuerst X-Strahlen. Noch am selben Tag, dem Dienstag vergangener Woche, rief ich sie an. Er summte wieder diese Melodie, ein Lied, das er im Radio gehört hatte. Sie unterrichtet meine Lieblingsfächer, Biologie und Chemie.
Sie unterrichtet Biologie und Chemie, meine Lieblingsfächer.

Eine Apposition liegt auch vor, wenn ein Wort oder eine Wortgruppe (z. B. ***die Gärtnerin***) durch ein hinweisendes Wort oder eine Wortgruppe (z. B. ***sie***) angekündigt wird. Das angekündigte Textstück wird dann in Kommas eingeschlossen. **71**

Sie, *die Gärtnerin, weiß das ganz genau. Wie sollte* ***er,*** *der kleine Angestellte Norbert Krause, das schaffen?* ***Wir beide,*** *du und ich, wissen es genau. Ich habe* ***ihn*** *gut gekannt, deinen Vater, und oft mit ihm Karten gespielt. Aber* ***dies,*** *ein Leben in Gefangenschaft, konnte er nicht ertragen. Ich habe zwei Brüder und* ***der eine,*** *Georg, wohnt gleich um die Ecke.* ***Es*** *ist sehr begabt, dieses Kind.*

Gelegentlich zeigt allein das Komma, ob eine Aufzählung oder eine Apposition vorliegt. In diesen Fällen kann also das Komma den Sinn eines Satzes verändern. **72**

Apposition, in Kommas eingeschlossen:

Tante Kerstin, die Schwester meiner Mutter, und Onkel Roland sind heute gekommen. (Die Kommas bringen eine Gleichsetzung zum Ausdruck. Also ist Tante Kerstin die Schwester der Mutter und es handelt sich nur um zwei Personen.)

Aufzählung:

Tante Kerstin, die Schwester meiner Mutter und Onkel Roland sind heute gekommen. (Es handelt sich um drei Personen.)

73 Eine vorangestellte genauere Bestimmung wird dagegen **nicht** durch Komma abgetrennt.

> ***die Kurstadt*** *Bad Liebenwerda,* ***Lutherstadt*** *Eisleben,* ***die Messestadt*** *Frankfurt,* ***das grüne Land*** *Thüringen,* ***unser größeres Vaterland*** *Europa;* ***der Automobilhersteller*** *Volkswagen,* ***der Begriff*** *»Schönheit«,* ***die Bezeichnung*** *»Kraftfahrzeug«.*

Besonderheiten bei Personennamen

Genauere Bestimmungen nach einem Namen

74 Als nachgestellte Appositionen bei Personennamen treten vor allem Berufs-, Standes-, Verwandtschafts- und Herkunftsbezeichnungen auf. Sie werden durch Komma abgetrennt bzw. in Kommas eingeschlossen.

> *Professorin Dr. med. Sarah Müller, Direktorin der Kinderklinik, war unsere Gesprächspartnerin. Alexander Meier, der Angeklagte, verweigerte die Aussage. Mainz ist die Geburtsstadt Johannes Gutenbergs, des Erfinders der Buchdruckerkunst. Nikolaus Kopernikus, der große Astronom, starb 1543. Unser Gast ist heute Nina Schröder, Bandleaderin, Computerfan und begeisterte Hobby-Astronomin.*

Mehrere Appositionen werden untereinander durch Komma getrennt:

> *Valerie war verheiratet mit Dr. Karl Brugmann, ordentlichem Professor an der Universität Leipzig, dem bekannten Sprachwissenschaftler.*

75 In alphabetisch geordneten Namenslisten, Literaturverzeichnissen u. dgl. wird oft der Familienname vorangestellt. Dann bilden die übrigen Angaben zur Person, also Vornamen, Titel und Berufsbezeichnungen, eine oder mehrere nachgestellte Appositionen, die untereinander durch Kommas getrennt werden.

Zwischen Wörter, deren normale Reihenfolge erhalten bleibt, setzt man dabei keine Kommas:

> *Schneider, Mila Florentine Mathilda*
> *Schulze, Luisa Marie, Informatikerin*
> *Schmitz, Max, Oberregierungsrat Dr. phil. Dr. jur. h. c.*
> *Generalintendant Wartberg*
> *Felicitas Julia Gräfin von, Dipl.-Ing.*

Der dem Familiennamen hinzugefügte Geburtsname ist eine nachgestellte Apposition. **76**

Frau Maria Schneider, geborene Kühn, wurde als Zeugin vernommen.

Er wird jedoch oft als Bestandteil des Namens aufgefasst und ohne Kommas angeschlossen. Dabei wird das Wort »geborene[r]« meist in der Form »geb.« abgekürzt.

Frau Maria Schneider[,] geb. Kühn[,] wurde als Zeugin vernommen.

In ähnlicher Weise können die mit »verh.« (= verheiratete[r]), »gesch.« (= geschiedene[r]) u. Ä. angeschlossenen Zusätze geschrieben werden:

Seine Tochter Elisabeth[,] verh. König[,] starb 1856.

Wo aber zwei oder mehrere Zusätze erscheinen, sollten sie alle mit Kommas untereinander und vom Familiennamen abgetrennt werden:

Die Zeugin Friederike Sänger, geb. Adam, gesch. Hansen, ist nicht erschienen.

Nachgestellte Abkürzungen von Titeln, akademischen Graden u. dgl. werden **nicht** durch Komma abgetrennt. **77**

Mechthild Lange M. A. (= Magister Artium, Master of Arts)
Claudia Meier B. Sc. (= Bachelor of Science)

Dasselbe gilt für die lateinischen Adjektive *senior* (der Ältere) und *junior* (der Jüngere):

Haben Sie Herrn Becker junior gesehen? Pauls Schwester ist mit Herrn Meier senior verheiratet.

Ein nachgestellter Beiname wird **nicht** durch Komma abgetrennt (vgl. aber 79 f.). **78**

Friedrich ***der Große*** *war der bedeutendste Hohenzollernfürst. Der französische König Ludwig* ***der Heilige*** *starb auf einem Kreuzzug. Herzog Heinrich* ***der Löwe*** *wurde im Dom zu Braunschweig beigesetzt. Das berühmte Bild Heinrichs VIII. (=* ***des Achten****) von England stammt von Hans Holbein* ***dem Jüngeren****. König Johann* ***ohne Land*** *folgte 1199 seinem Bruder Richard* ***Löwenherz*** *auf dem Thron.*

79 Besteht aber ein solcher Beiname aus einem Substantiv mit einer näheren Bestimmung, dann muss er in Kommas eingeschlossen werden.

Friedrich Wilhelm, der Große Kurfürst, schlug die Schweden bei Fehrbellin. Die frühere britische Premierministerin Margaret Thatcher, die »Eiserne Lady«, sah die Wiedervereinigung Deutschlands sehr kritisch. Man vergleicht ihn bereits mit Paul Hamilton, dem »König der Wallstreet«.

80 Hat eine Person zwei Beinamen, wird der zweite mit Komma abgetrennt, sofern er mit einem Artikel beginnt.

Der französische König Ludwig IX. (= der Neunte), ***der Heilige****, starb auf einem Kreuzzug.*
(Aber ohne Komma: *Kaiser Friedrich I.* [= der Erste] ***Barbarossa*** *ertrank 1190. Markgraf Friedrich I. von Meißen* ***mit der gebissenen Wange*** *lebte von 1257 bis 1323.*)

Genauere Bestimmungen vor einem Namen

81 Vorangestellte Vornamen dürfen **nicht** durch Komma vom Familiennamen abgetrennt werden. Auch werden mehrere Vornamen einer Person nicht durch Kommas getrennt.

Philipp Manuel Schulze; Ernst Theodor Amadeus Hoffmann; Wir freuen uns über die Geburt von Daniel Luca; Das Kind wurde auf den Namen Anne Marie Theresa getauft.

82 Vorangestellte Titel ohne Artikel dürfen **nicht** durch Komma vom Familiennamen abgetrennt werden. Auch werden mehrere Titel einer Person nicht durch Kommas getrennt.

Geheimer Regierungsrat Professor Dr. phil. Dr. jur. h. c. Alexander Schmitz
Herr Dipl.-Kfm. Dipl.-Phys. Oliver Meier
Frau Dipl.-Ing. Felicitas Julia Gräfin von Wartberg
Marie Sibylle Baronin von Strantz-Neumann
Ihre Majestät König Charles III.
Direktorin Professorin Dr. med. Sarah Müller führte uns durch die Klinik.
(Aber mit Artikel: *Die Direktorin[,] Professorin Dr. med. Sarah Müller[,] führte uns durch die Klinik.* Vgl. 83.)

Nach einer vorangestellten Berufsbezeichnung o. dgl. **83**

- mit bestimmtem Artikel ***(der, die, das)***,
- mit Demonstrativpronomen (z. B. ***dieser***),
- mit Possessivpronomen (z. B. ***mein, unser***)

wird meist kein Komma gesetzt. Oft liegt es im Ermessen der Schreibenden, ob sie mit dem Komma etwas als Zusatz bzw. Nachtrag kennzeichnen wollen oder nicht.

Hier die genaue Regelung:

- Ist der Name ein notwendiger Bestandteil des Satzes, schließt man ihn im Allgemeinen nicht in Kommas ein. Im Satz »Unsere Kundin Frau Anna Müller hat angerufen« kann man den Namen beispielsweise nicht weglassen, da man sonst in der Regel nicht weiß, welche Kundin gemeint ist.

  Der Zahnarzt Dr. Markus Meier hat geheiratet. Das Restaurant wird von dem Gastwirtsehepaar Sandra und Thomas Reining geleitet. Die Brüder Jacob und Wilhelm Grimm haben das Deutsche Wörterbuch geschaffen. Wenden Sie sich bitte an meine Kollegin Frau Studienrätin Dr. Beck. Der Dichter, Maler und Musiker E. T. A. Hoffmann (1776–1822) lebte zuletzt in Berlin.

- Könnte man dagegen den Namen weglassen, ohne dass eine notwendige Information verloren geht, hat man die Wahl: Man kann ihn wiederum ohne Kommas anfügen oder aber ihn als Apposition in Kommas einschließen. Dies ist beispielsweise im folgenden Satz der Fall: »Der Erfinder der Buchdruckerkunst[,] Johannes Gutenberg[,] wurde in Mainz geboren.« Da es nur einen Erfinder der Buchdruckerkunst gibt, kann nur Johannes Gutenberg gemeint sein.

  Die Direktorin der Kinderklinik[,] Professorin Dr. med. Sarah Müller[,] war die Gesprächspartnerin. Die leitende Hebamme[,] Petra Patzke[,] wurde 60 Jahre alt.

  Schließt man den Namen in Kommas ein, macht man also eine Aussage über die Person:

  Der Angeklagte, Alexander Meier, verweigerte die Aussage. (Es gibt nur einen Angeklagten und der heißt Alexander Meier. Sein Name ist nur ein Zusatz zu der ausreichend genauen Angabe »der Angeklagte«.)

  Der Angeklagte Alexander Meier verweigerte die Aussage. (Alexander Meier kann der einzige Angeklagte sein, er könnte aber auch einer unter mehreren sein.)

Würde man im Satz »Unsere Kundin Frau Anna Müller hat angerufen« den Namen in Kommas setzen, dann könnte das Missverständnis entstehen, die Firma habe nur eine Kundin!

- Nach einer vorangestellten Berufsbezeichnung o. dgl. mit unbestimmtem Artikel ***(einer, eine, ein)*** muss der folgende Name als Apposition in Kommas eingeschlossen werden.

  Eine Kundin von uns, Frau Anna Müller, hat angerufen. Ein großer Astronom, Max Wolff, hat hier gelebt.

Präpositionalgruppen

84 Gefüge mit Präpositionen sowie entsprechende Wortgruppen oder Wörter schreibt man in der Regel ohne Kommas. Fasst man sie als Zusätze oder nachgestellte genauere Bestimmungen auf, kann man sie in Kommas einschließen.

Die Fahrtkosten[,] einschließlich ICE-Zuschlag[,] betragen 130,80 €. Die Fahrtkosten betragen 130,80 € [,] einschließlich ICE-Zuschlag. Sie können mich[,] außer/ausgenommen in der Mittagszeit[,] im Büro erreichen. Alle[,] bis auf Laura[,] wollen mitfahren. Der Kunde hat 200,– € zu bezahlen[,] abzüglich Skonto. Das kostet 541,60 € [,] zuzüglich 19 % Mehrwertsteuer. Der Kranke hatte[,] entgegen ärztlichem Verbot[,] das Bett verlassen. Sie hat[,] trotz aller guten Vorsätze[,] wieder zu rauchen angefangen. Sie hat[,] bedauerlicherweise[,] wieder zu rauchen angefangen. Das war[,] nach allgemeinem Urteil[,] eine Fehlleistung. Er hatte sich[,] den ganzen Tag über[,] mit diesem Problem beschäftigt. Wir waren[,] abgesehen vom Frühstück[,] mit dem Hotel zufrieden.

Steht ein Gefüge mit Präposition am Satzanfang, darf es dagegen **nicht** abgetrennt werden:

Einschließlich ICE-Zuschlag betragen die Fahrtkosten 130,80 €. Bis auf Laura wollen alle mitfahren. Trotz aller guten Vorsätze hat sie wieder zu rauchen angefangen. Abgesehen vom Frühstück waren wir mit dem Hotel zufrieden. Frau Dr. Krämer zufolge ist dieses Produkt gesundheitsschädlich.

Mehrteilige Orts-, Wohnungs-, Zeit- und Literaturangaben

Mehrteilige Orts-, Wohnungs-, Zeit- und Literaturangaben ohne Präposition werden in Kommas eingeschlossen. **85**

Der Grund: Eine solche Angabe wird als mehrteilige nachgestellte Apposition (mit schließendem Komma, vgl. 70) aufgefasst.

Mehrteilige Orts- und Wohnungsangaben

Bei mehrteiligen Orts- und Wohnungsangaben werden die einzelnen Bezeichnungen durch Kommas abgetrennt (Name, Ort, Straße mit Hausnummer, Gebäudeteil usw.). Bezeichnungen, die enger zusammengehören, können auch ohne Komma nebeneinanderstehen. **86**

Mannheim, Theodor-Heuss-Str. 75, 6. Stock[,] rechts
Der Antragsteller ist Herr Florian Meier, Wiesbaden, Wilhelmstraße 24.

Sind aber Glieder einer mehrteiligen Orts- und Wohnungsangabe mit einer Präposition (***am, im*** u. a.) angeschlossen, dann steht vor der Präposition **kein** Komma.

Gabi Müller wohnt ***in*** *Potsdam, Kirchplatz 4, 3. Stock.*
Gabi Müller wohnt ***in*** *Potsdam* ***am*** *Kirchplatz 4, 3. Stock.*
Gabi Müller wohnt ***in*** *Potsdam* ***am*** *Kirchplatz 4* ***im*** *dritten Stock.*
Gabi Müller wohnt ***am*** *Kirchplatz 4* ***in*** *Potsdam.*

Geht der Satz nach der mehrteiligen Angabe weiter, muss nach dem letzten Bestandteil ein Komma gesetzt werden. **87**

Herr Florian Meier, Wiesbaden, Wilhelmstraße 24, 1. Stock, hat diesen Antrag gestellt.
Die Eltern meines Freundes besitzen in Weinheim a. d. Bergstraße, Kastanienweg 5, ein hübsches Haus.
Die Firma hat ihren Sitz in Hannover-Linden, Ringstraße 34–38, und stellt technische Textilien her.
Herr Brandt ist von Mannheim-Käfertal, Irisweg 24, nach Mannheim-Feudenheim, Eberbacher Platz 18, verzogen.

Gabi Müller hat lange in Potsdam, Kirchplatz 4, 3. Stock, gewohnt.
(Aber mit Präpositionen: *Gabi Müller hat lange in Potsdam am Kirchplatz 4 im dritten Stock gewohnt.*)

88 Bei zeilenweise abgesetzten Adressangaben, beispielsweise in Briefanschriften, steht an den Zeilenenden **kein** Komma (vgl. 34).

Schmidt & Müller GmbH
Personalabteilung
Frau Anne Hiltmann
Postfach 10 04 01
60004 Frankfurt am Main

Mehrteilige Zeitangaben

89 Bei mehrteiligen Zeitangaben werden die einzelnen Bezeichnungen durch Kommas abgetrennt (Wochentag, Monatsname, Uhrzeit). Eine voranstehende Ortsangabe wird in die Aufzählung einbezogen.

Nächstes Treffen: Mittwoch, 14. November, 9.00 Uhr
Augsburg, Hotel Zur Linde, Samstag, den 4. November, 16 Uhr

Sind aber Glieder einer mehrteiligen Zeitangabe mit einer Präposition (*am, gegen* u. a.) angeschlossen, dann steht vor der Präposition **kein** Komma.

Die Teilnehmer treffen sich ***am*** *Samstag, den 4. November, 16 Uhr. Wir treffen uns* ***am*** *30. Oktober* ***um*** *16:15 Uhr. Ich erwarte den Minister* ***am*** *3. 11.* ***gegen*** *14 Uhr. Der Unfall ereignete sich [****am****] Mittwoch kurz vor 18 Uhr in der Rudolfstraße.*

Eine Ausnahme stellt die Uhrzeit dar: Wenn sie in einer mehrteiligen Angabe von drei oder mehr Gliedern steht, wird sie gewöhnlich auch dann mit Komma abgetrennt, wenn sie eine Präposition bei sich hat.

Wir treffen uns am Montag, 30. Oktober, ***um*** *16:15 Uhr. Ich erwarte den Minister am Mittwoch, 3. 11.,* ***gegen*** *14 Uhr.*

Geht der Satz nach der mehrteiligen Angabe weiter, wird nach dem letzten Bestandteil ein Komma gesetzt. Bei Datumsangaben mit ***am*** kann der Kalendertag im Dativ oder im Akkusativ stehen. 90

Beispiele für Tagesangaben ohne Uhrzeit:

Die Familie kommt am Montag, dem 5. September (= Dativ), *vorbei.*
Die Familie kommt am Montag, den 5. September (= Akkusativ), *vorbei.*
Die Familie kommt Montag, den 5. September, an.
Die Familie kommt Montag, 5. September, an.
Nächsten Samstag, den 7. 8., fahren wir in Urlaub.
Der Tapezierer ist für Dienstag, 20. Mai, bestellt.
Die Verhandlung wurde auf Montag, den 5. 11., vertagt.
Wir müssen bis Freitag, 18. März, fertig werden.
Wir müssen bis zum Freitag, dem 18. 3., fertig werden.
Wir müssen bis zum Freitag, den 18. 3., fertig werden.
Er ist seit Montag, dem 1. Juli, verreist.
Er ist seit Montag, den 1. Juli, verreist.

Wenn die Uhrzeit ohne Präposition angeschlossen wird, gilt sie als eigenständiger Zusatz, es steht also davor und danach ein Komma. Bei Anschluss mit einer Präposition wie ***um, gegen*** steht nur das schließende Komma des Kalendertages.

Beispiele für Tagesangaben mit Uhrzeit:

Am Montag, dem 11. 12. 2023, 15 Uhr, wurde auf dem Kaiserring ein Kind von einer Straßenbahn erfasst.
Am Montag, dem 11. 12. 2023, gegen 15 Uhr wurde auf dem Kaiserring ein Kind von einer Straßenbahn erfasst. (= Am Montag, dem 11. 12. 2023, wurde gegen 15 Uhr auf dem Kaiserring …)
Die Tagung soll am Mittwoch, dem 14. November, 9.00 Uhr, im Hotel Krone beginnen.
Die Tagung soll am Mittwoch, dem 14. November, um 9.00 Uhr im Hotel Krone beginnen.
Sonntag, den 25. Juli, kurz nach 11 Uhr fuhr ich zum Flughafen.
Wir kommen am 30. Oktober, 16:15 Uhr, in der Kantine zusammen.

91 Für die Angabe von Ort und Datum bzw. Wochentag und Datum stehen verschiedene Formen zur Auswahl. Hier einige Beispiele:

Berlin, den (oder: *am*) *13. Februar 2024*
Berlin, den (oder: *am*) *13. Febr. 2024*
Berlin, 13. Februar 2024
Berlin, im Februar 2024
Berlin, den (oder: *am*) *13. 02. 2024*
Dienstag, den 13. Februar 2024
Dienstag, den 13. Febr. 2024
Dienstag, 13. Februar 2024
Dienstag, den 13. 02. 2024

Nach DIN 5008 wird (nach internationaler Norm) das Datum bei Ziffernschreibung durch Kurzstrich (Bindestrich) gegliedert; die Reihenfolge ist dann: Jahr, Monat, Tag.

2024-02-13

Die Reihenfolge Tag, Monat, Jahr (bei Gliederung mit Punkten) ist laut DIN 5008 bei Schreiben an inländische Empfängerinnen und Empfänger eine gängige Variante.

Berlin, 13. 02. 2024

Mehrteilige Literaturangaben

92 Stehen mehrteilige Literaturangaben zu Büchern, Aufsätzen, Schriftstücken u. dgl. im Satzzusammenhang, werden die einzelnen Angaben durch Kommas abgetrennt.

Über dieses Thema schreiben Greule/Reimann in ihrem Basiswissen Textgrammatik, 1. Auflage, Narr Francke Attempto, Tübingen 2015, Kapitel II. 2.2.
Der Redner berief sich auf einen Artikel im »Spiegel«, 71. Jahrgang, 2018, Heft 8, S. 104.

Sind aber Glieder einer mehrteiligen Literaturangabe mit einer Präposition (***im, auf*** u. a.) angeschlossen, dann steht vor der Präposition **kein** Komma.

Das steht im neuen »Spiegel« ***auf*** *S. 108.*

Geht der Satz nach der mehrteiligen Angabe weiter, steht nach dem letzten Bestandteil ein Komma. 93

Diese Regel ist im Duden, Rechtschreibung, 29. Auflage, 2024, S. 83, D 97, zu finden.
Nanna Fuhrhop, Zwischen Wort und Syntagma (Linguistische Arbeiten 513), S. 19 ff., geht auf im Deutschen untypische Wortbildungsprozesse ausführlich ein.
In der Zeitschrift Spektrum der Wissenschaft, Jahrgang 2024, Heft 2, S. 36, findet sich ein entsprechendes Zitat.

Bei Hinweisen auf Gesetze, Verordnungen usw. setzt man **kein** Komma:

Maßgebend ist § 6 Abs. 2 Satz 2 der Personalverordnung. Den Erfordernissen des Artikels 103 Absatz 1 des Grundgesetzes (auch: *des Art. 103 Abs. 1 GG*) *muss Rechnung getragen werden.*

Wenn Sie auf einen Buchtitel verweisen, sollte Ihre Angabe immer den Ort und das Jahr des Erscheinens enthalten. Geben Sie bei Büchern, die noch lieferbar sind, möglichst auch den Verlag an. Bei Zeitschriften genügt im Allgemeinen die Angabe von Heft oder Band, Jahrgang und Seite. 94

Für die Angaben in einem Literaturverzeichnis gibt es keine allgemein verbindlichen Vorschriften, aber die folgenden Beispiele zeigen übliche Formen und können als Orientierung dienen.

Selbstständige Schriften:

Adelung, Johann Christoph: Vollständige Anweisung zur Deutschen Orthographie, nebst einem kleinen Wörterbuche für die Aussprache, Orthographie, Biegung und Ableitung. Leipzig 1790.
Greule, Albrecht/Reimann, Sandra (2015): Basiswissen Textgrammatik. Tübingen: Narr Francke Attempto.
Hacke, Werner (Hrsg.): Neurologie. 14. Auflage. Berlin/Heidelberg: Springer[,] 2015.
Brecht, Bertolt: Geschichten (Gesammelte Prosa in 4 Bden., Bd. 1). Frankfurt am Main[,] 1980 (Edition Suhrkamp, Nr. 182).

Nicht selbstständige Schriften:

Beiträge in Sammelwerken

Claus, Berry / Willy, Aline (2022): Inkongruenz von Genus und Geschlecht in Nominalellipsen: Akzeptabilität und Asymmetrie. In: Diewald, Gabriele / Nübling, Damaris (Hrsg.): Genus – Sexus – Gender. Berlin: De Gruyter [LIT 95]. S. 219–240. https://doi.org/10.1515/9783110746396-007[.]

Zeitschriftenaufsätze

*Wissik, Tanja / Lušicky, Vesna / Chiocchetti, Elena (2024): »Terminologiearbeit für das Gerichtsdolmetschen: Eine Umfrage unter österreichischen Gerichts-dolmetscher*innen.« Fachsprache. Journal of Professional and Scientific Communication 46.1–2: 20–39. https://doi.org/10.24989/fs.v46i1-2.2247[.]*

Das Komma bei Infinitivgruppen, Partizipgruppen und ähnlichen Wortgruppen

Infinitivgruppen, Partizipgruppen und ähnliche Wortgruppen nehmen eine Mittelstellung zwischen Satzteilen und Sätzen ein. Daher ist es in einigen Fällen den Schreibenden überlassen, ob sie die Wortgruppe mit Komma vom übrigen Satz abtrennen möchten oder nicht.

Infinitivgruppen

→ Eine Infinitivgruppe als Bestandteil einer Aufzählung von Satzteilen (z. B. *mit erhöhter Geschwindigkeit und ohne anzuhalten*): *46*
→ Eine Infinitivgruppe zu Beginn eines angeschlossenen Satzgefüges (z. B. *Es waren schlechte Zeiten, und um zu überleben, nahm man es mit vielen Dingen nicht so genau*): *126, 128*

Was sind Infinitivgruppen?

95 Als Infinitivgruppen bezeichnet man Infinitive (Grundformen), die mindestens ein ***zu*** bei sich haben (z. B. ***zu schwimmen, gearbeitet zu haben, gelobt zu werden, ins Kino zu gehen, anstatt zu lernen, um nicht verreisen zu müssen***).

Infinitivgruppen treten in zwei Gebrauchsweisen auf:

1. Im Normalfall bilden Infinitivgruppen eine besondere Art von Nebensatz. Man spricht dann auch von einer satzwertigen Infinitivgruppe oder einem infiniten Nebensatz.
   - Wenn solche Infinitivgruppen die Form eines »erweiterten Infinitivs« haben, werden sie immer mit Komma abgetrennt (vgl. 96–101).
   - Bei »einfachen« (= »nicht erweiterten«) Infinitiven mit **zu** kann teilweise auf die Abtrennung mit Komma verzichtet werden (vgl. 102–105).
2. In bestimmten Konstruktionen bildet der Infinitiv keine satzwertige Infinitivgruppe. Er wird dann nicht mit Komma abgetrennt (vgl. 106–112).

Infinitive **ohne zu** gehören dagegen nicht zu den Infinitivgruppen. Sie werden nie mit Komma abgetrennt, auch dann nicht, wenn sie mit Ergänzungen verbunden sind:

> *Nils kann über den Rhein* ***schwimmen****. Nils soll über den Rhein* ***geschwommen sein****. Ein guter Christ* ***sein*** *heißt allen Menschen ein stets bereiter Helfer* ***sein****. Ich will mir lieber die Zunge* ***abbeißen*** *als ausgerechnet ihm etwas* ***verraten****. Ich sehe dich immer* ***lesen*** *statt* ***arbeiten****.*

Erweiterte Infinitive

Infinitivgruppen haben im Normalfall die Form eines »erweiterten Infinitivs«. Diese Form liegt vor, wenn die Infinitivgruppe außer dem Infinitiv mit **zu** noch mindestens ein Satzglied und/oder eine unterordnende Konjunktion bei sich hat. Andernfalls liegt ein einfacher Infinitiv mit **zu** vor (vgl. dazu auch 102). Erweiterte Infinitive werden wie Nebensätze mit Komma abgetrennt (vgl. 95): **96**

> *Iris versprach, beim Projekt mitzumachen. Bist du bereit, beim Projekt mitzumachen? Sich selbst zu besiegen, ist der schönste Sieg. Den Betrag zurückzuzahlen, hatte er nicht vor.*

Wenn der erweiterte Infinitiv in den übergeordneten Satz eingeschoben ist, steht am Anfang und am Schluss des erweiterten Infinitivs ein Komma (= paariges Komma):

> *Wir haben uns bemüht, verständlich zu schreiben, und hoffen, dies auch erreicht zu haben.* (Falsch: *Wir haben uns bemüht, verständlich zu schreiben und hoffen, dies auch erreicht zu haben.*)

Die Abschnitte 97 bis 101 zeigen typische Gebrauchsweisen, in denen der erweiterte Infinitiv mit Komma abzutrennen ist.

97 Infinitive, die mit den unterordnenden Konjunktionen ***als, anstatt, außer, ohne, statt*** oder ***um*** eingeleitet sind, gelten als erweitert (vgl. 96), man trennt sie mit Komma ab. Dies ist auch der Fall, wenn der Infinitiv kein Satzglied bei sich hat (vgl. auch 103):

Es blieb ihr nichts anderes übrig, als tatenlos zuzusehen. Sie bot mir, ohne einen Augenblick zu zögern, ihre Hilfe an. Statt die Hausarbeit zu schreiben, surfte er im Internet. Er öffnete das Fenster, um zu lüften.

98 Erweiterte Infinitive, die von einem Verb, einem Substantiv, einem Adjektiv oder Partizip im übergeordneten Satz abhängen, trennt man mit Komma ab:

*Die Ministerin **beschloss,** mehr Geld für Entwicklungshilfe zur Verfügung zu stellen. Er **bemühte** sich erfolglos, eine Lösung zu finden, und kündigte. Mich um Geld zu bitten, **fiel** ihm offenbar nicht **leicht.***

*Sie besitzt die **Fähigkeit,** aufmerksam zuzuhören. Er war in der **Lage,** die Reise anzutreten, und buchte den Flug. Den Weg zu verlassen, bestand kein **Anlass.** Nach Lissabon zu reisen, der **Gedanke** war verlockend.*

*Sie war **froh,** endlich dazuzugehören. Im Wald zu übernachten, sind wir nicht mehr **gewohnt.** Sie ist **ermächtigt,** den Vertrag zu unterzeichnen, und wird mich in dieser Sache vertreten.*

99 Erweiterte Infinitive, die durch ein hinweisendes Wort angekündigt oder wieder aufgenommen werden, trennt man mit Komma ab. Das hinweisende Wort kann ***es, das, dies*** o. dgl. oder ***daran, darum, darauf*** o. dgl. sein.

Oft steht der erweiterte Infinitiv nach dem übergeordneten Satz:

***Es** ist sein größter Wunsch, eine Familie zu gründen.*
*Ich denke nicht **daran,** nach Hause zu kommen.*
*Sie freute sich **darauf,** ihren Cousin zu besuchen, und kaufte ein Geschenk.*

Das hinweisende Wort kann auch auf den erweiterten Infinitiv folgen. Dann wird er mit Komma abgetrennt (vgl. 42):

*Eine Familie zu gründen, **das** ist sein größter Wunsch.*
*Jemanden anzutreffen, **damit** rechnete sie nicht.*

Seine Mitmenschen hinters Licht zu führen, **so etwas** *macht ihm diebische Freude, und er tat es oft.*

Seltener gehen das hinweisende Wort und der erweiterte Infinitiv voraus. Der erweiterte Infinitiv wird dann in Kommas eingeschlossen:

Dies, *eine Familie zu gründen, ist sein größter Wunsch.*
Damit, *jemanden anzutreffen, rechnete sie nicht.*
Daran, *den Job länger zu behalten, dachte sie nicht.*

Vor den in 97 genannten unterordnenden Konjunktionen können noch andere Wörter **100** stehen, die zur Konjunktion gehören. Das Komma steht dann vor diesen Ausdrücken:

Er verbreitete Unwahrheiten, **nur um** *dem politischen Gegner zu schaden.*
Für den Wettkampf trainierte er ununterbrochen, **jedoch ohne** *Erfolge zu erzielen.*

Der Gebrauch des Kommas kann verdeutlichen, welche Wörter zum Infinitiv gehören **101** (Vermeidung von Missverständnissen).

Im folgenden Satz stellt erst die Position des Kommas klar, was gemeint ist:

Wir empfehlen, ihm nichts zu sagen. (Oder:) *Wir empfehlen ihm, nichts zu sagen.*

Weitere Beispiele:

Er plant, nicht zu verreisen. (Oder:) *Er plant nicht, zu verreisen.*

Mira versprach, ihrem Vater eine E-Mail zu schreiben, und verabschiedete sich. (Oder:) *Mira versprach ihrem Vater, eine E-Mail zu schreiben, und verabschiedete sich.*

Einfache Infinitive mit »zu«

Die Abtrennung mit Komma kann in bestimmten Fällen unterbleiben, wenn ein **102** »einfacher« (»nicht erweiterter«) Infinitiv mit **zu** vorliegt.

Dies gilt erstens für einfache Infinitive mit **zu,** die von einem Verb, einem Substantiv, einem Adjektiv oder Partizip im übergeordneten Satz abhängen (vgl. 98):

Er **beschloss[,]** *zu kommen.*
Sie besitzt die **Fähigkeit[,]** *zuzuhören.*
Sie war **froh[,]** *dazuzugehören.*

Zu siegen[,] ***hoffte*** *sie sehr.*
Sie ***hoffte*** *sehr[,] zu siegen.*
Zuzusehen[,] ***war*** *alles, was ihr übrig blieb.*
(Aber mit Satzglied nur: *Endlich zu siegen,* ***hoffte*** *sie sehr.*)

Zweitens kann das Komma entfallen, wenn der einfache Infinitiv mit ***zu*** nach dem übergeordneten Verb steht und mit einem Verweiswort angekündigt wird (vgl. 99):

Sie liebt ***es[,]*** *auszuschlafen.*
Ich denke nicht ***daran[,]*** *zu kommen.*
Ich habe nicht ***daran*** *gedacht[,] zu kommen.*
Ich bin ***dafür[,]*** *abzustimmen.*
(Aber vor dem übergeordneten Verb nur: ***Darüber,*** *zu kommen, denke ich nicht nach.*)

Wenn ein einfacher Infinitiv mit ***zu*** in den übergeordneten Satz eingeschoben ist, steht entweder vor und nach dem Infinitiv je ein Komma (= paariges Komma) oder gar kein Komma:

Er glaubte, zu siegen, und hielt durch.
(Oder:) *Er glaubte zu siegen und hielt durch.*
(Falsch: *Er glaubte zu siegen, und hielt durch.*
Auch falsch: *Er glaubte, zu siegen und hielt durch.*)
Sie hatte nicht damit gerechnet, einzuschlafen, und verpasste den Termin.
(Oder:) *Sie hatte nicht damit gerechnet einzuschlafen und verpasste den Termin.*
(Falsch: *Sie hatte nicht damit gerechnet einzuschlafen, und verpasste den Termin.*
Auch falsch: *Sie hatte nicht damit gerechnet, einzuschlafen und verpasste den Termin.*)

103 Die Bedingung »einfach« in 102 ist wörtlich zu nehmen. In den folgenden Fällen liegen keine »einfachen« Infinitive mit ***zu*** in diesem Sinn vor. Die Infinitive sind also mit Komma abzutrennen.

Wenn dem Infinitiv mit ***zu*** eine der unterordnenden Konjunktionen ***als, anstatt, außer, ohne, statt*** oder ***um*** vorausgeht (vgl. 97), müssen Kommas stehen:

Sie bot mir, ***ohne*** *zu zögern, ihre Hilfe an.*
Er tat alles, ***um*** *mitzufahren.*

Wenn ein Infinitiv mit anderen Verbformen verbunden ist, liegt kein einfacher Infinitiv mit **zu** vor. Solche Verbindungen sind mit Komma abzutrennen. Das gilt auch für Kombinationen von Voll- und Hilfsverben:

Sie behauptete, ***schwimmen*** *zu können.*
Er wünschte sich, ***schwimmen*** *zu lernen.*
Ich hatte vor, ***einkaufen*** *zu gehen.*
Ich freute mich, ***gesiegt*** *zu haben.*
Er war begierig, ***gelobt*** *zu werden.*
Ich bin der festen Überzeugung, ***betrogen worden*** *zu sein.*

Das Reflexivpronomen ist ebenfalls eine Erweiterung des Infinitivs:

Ich hatte keine Zeit, ***mich*** *zu rasieren.*
Sich *zu beeilen, hat er nie gelernt.*
Mit der Absicht, ***uns*** *zu erholen, waren wir an die See gefahren.*

Wenn der einfache Infinitiv mit **zu** durch ein hinweisendes Wort wieder aufgenommen wird (vgl. 99), wird er mit Komma abgetrennt:

Mitzumachen, ***daran*** *dachte Iris nicht.*
Zu verlieren, ***das*** *wünschte sich Iris nicht.*

Wenn einfache Infinitive mit **zu** gereiht werden, liegt gesamthaft kein einfacher Infinitiv vor. Solche Reihungen werden mit Komma abgetrennt:

Er war immer bereit, zu raten und zu helfen.
(Aber: *Die Möhren sind zu putzen und klein zu schneiden.* Vgl. 110.)

Wenn von einem einfachen Infinitiv mit **zu** ein nachgestellter Nebensatz abhängt, **104**
empfiehlt es sich, den Infinitiv mit Komma abzutrennen:

Hanna hatte nicht vor, abzuwarten, ob sich Lea doch noch dafür entscheidet.
Es war nicht möglich, herauszufinden, wer den Text verfasst hat.

Falls es ansonsten zu Missverständnissen kommen könnte, sind auch einfache **105**
Infinitive mit **zu** mit Komma abzutrennen (vgl. 101):

Wir empfehlen ihm, zu folgen. (Vgl.: *Wir empfehlen, ihm zu folgen.*)
Seine Absicht war, zu gewinnen. (Vgl.: *Das Spiel war zu gewinnen.*)

Ich bat ihn sofort, zu suchen.
(Vgl.: *Ich bat, ihn sofort zu suchen. Oder: Ich bat ihn, sofort zu suchen.*)

Kommasetzung bei Infinitivgruppen im Überblick, Teil 1:
Erweiterte Infinitive und einfache Infinitive mit zu (vgl. 96–105)

Komma freigestellt	mit Komma
Zu siegen[,] hoffte sie sehr.	*Endlich zu siegen, hoffte sie sehr.*
Iris versprach[,] mitzumachen.	*Iris versprach, beim Projekt mitzumachen.*
Iris versprach[,] mitzumachen[,] und meldete sich an.	*Iris versprach, beim Projekt mitzumachen, und meldete sich an.*
Sie besitzt die Fähigkeit[,] zuzuhören.	*Sie besitzt die Fähigkeit, aufmerksam zuzuhören.*
Sie war froh[,] dazuzugehören.	*Sie war froh, endlich dazuzugehören.*
Ich denke nicht daran[,] zu kommen.	*Ich denke nicht daran, nach Hause zu kommen.*
Zuzusehen[,] war alles, was ihr übrig blieb.	*Tatenlos zuzusehen, war alles, was ihr übrig blieb.*
Zu siegen[,] ist Nebensache.	*Sich selbst zu besiegen, ist der schönste Sieg.*
	Sich selbst zu besiegen, das ist der schönste Sieg.
	Es blieb ihr nichts anderes übrig, als zuzusehen.
	Es blieb ihr nichts anderes übrig, als tatenlos zuzusehen.
	Ich freute mich, gesiegt zu haben.
	Ich freute mich, endlich gesiegt zu haben.
	Ich hatte keine Zeit, mich zu rasieren.

Komma freigestellt	mit Komma
	Ich hatte keine Zeit, mich lange zu rasieren.
	Mitzumachen, daran dachte Iris nicht.
	Beim Projekt mitzumachen, daran dachte Iris nicht.
	Er war immer bereit, zu raten und zu helfen.
	Er war immer bereit, seine Freunde zu beraten und ihnen zu helfen.

Infinitivgruppen, die nicht mit Komma abgetrennt werden

In bestimmten Konstruktionen ist die Infinitivgruppe nicht satzwertig. Das heißt, sie bildet keinen infiniten Nebensatz und wird daher vom übergeordneten Satz nicht mit Komma abgetrennt. Dies kann die folgenden Gründe haben: **106**

- Es liegt eine besondere Wortstellung vor (vgl. 107–109).
- Der Infinitiv bildet zusammen mit einem Modalitätsverb das Prädikat des übergeordneten Satzes (vgl. 110–111).

Es gibt auch Grenzfälle (vgl. 112).

Das Komma darf **nicht** gesetzt werden, wenn die Infinitivgruppe in die Satzklammer des Begleitsatzes einbezogen ist. (Vgl. die Erläuterung zur Satzklammer im Abschnitt »Grammatische Begriffe«, S. 257.) Das ist der Fall, wenn der Infinitiv zwischen den Bestandteilen eines mehrteiligen Prädikats steht. Dies kommt besonders bei den folgenden Verben vor: ***anfangen, aufhören, beabsichtigen, beginnen, beschließen, bitten, denken, erlauben, fürchten, gedenken, gestatten, glauben, helfen, hoffen, probieren, verdienen, verlangen, versprechen, versuchen, wagen, wünschen*** **107**

Du musst ***zu lügen*** *versuchen.* (Satzklammer: *musst – versuchen*)
Wir wollen ***diesen Vorgang zu erklären*** *versuchen.*
(Satzklammer: *wollen – versuchen*)
Er hat nicht ***zu protestieren*** *gewagt.* (Satzklammer: *hat – gewagt*)
Es fing ***zu regnen*** *an.* (Satzklammer: *fing – an*)

Wir hatten ***den Betrag zu überweisen*** *beschlossen.*
(Satzklammer: *hatten – beschlossen*)

Das Komma darf gleichfalls nicht gesetzt werden, wenn die Infinitivgruppe als Subjekt in einen eingeleiteten Nebensatz eingebettet ist:

Er sagte, dass ***Kinder zu haben*** *oft mit vielen Schwierigkeiten verbunden sei.*
(Aber uneingeleiteter Nebensatz: *Er sagte,* ***Kinder zu haben,*** *sei das Schönste im Leben.*)

108 Das Komma darf **nicht** gesetzt werden, wenn die Infinitivgruppe einen Hauptsatz umschließt. Zu dieser Wortstellung kommt es, wenn man ein Glied der Infinitivgruppe nach vorn zieht, um es hervorzuheben (sogenannte Spitzenstellung) oder wieder aufzunehmen. Sätze dieser Art sind besonders in der Geschäftskorrespondenz anzutreffen.

Normale Stellung (Hauptsatz und Infinitivgruppe getrennt):

Der Vorstand beschloss, dieses Darlehen sofort aufzunehmen.

Hauptsatz — erweiterter Infinitiv mit ***zu***

Wenn ein Bestandteil der Infinitivgruppe getrennt vom Infinitiv an der Spitze steht, darf das Komma nicht gesetzt werden:

Dieses Darlehen *beschloss der Vorstand* ***sofort aufzunehmen****.*

Die möglichen Formen der Spitzenstellung zeigen folgende Beispielsätze:

Den Betrag *bitten wir [Sie]* ***auf unser Girokonto zu überweisen****.*[4]
Zu überweisen *bitten wir* ***den Betrag auf unser Girokonto****.*
Auf unser Girokonto *bitten wir* ***den Betrag zu überweisen****, weil ...*

Weitere Beispiele:

Das Zimmer aber *wagte er* ***nicht zu betreten****.* ***Aus ihrer E-Mail*** *glaubte ich* ***schließen zu dürfen****, dass ...* ***Mit diesem Wagen*** *verlangte er* ***abgeholt zu werden****.* ***Eine Schätzung der Gesamtkosten*** *hoffen wir* ***Ihnen in Kürze vorlegen zu können****.* ***Auf Ihren Vorschlag*** *erlaube ich mir* ***demnächst zurückzukommen****.* ***Von Beileidsbesuchen*** *bitten wir* ***abzusehen****.*

[4] Die Einfügung eines »Sie« nach »bitten wir« ist stilistisch unschön und überflüssig, hat aber keinen Einfluss auf die Zeichensetzung.

In Sätzen dieser Art wird oft nach dem Hauptsatz ein falsches Komma gesetzt:

(Richtig:) *Den Vertrag bitten wir innerhalb 14 Tagen zurückzusenden.*
(Falsch:) *Den Vertrag bitten wir, innerhalb 14 Tagen zurückzusenden.*

Wer so schreibt, bittet nicht die andere Vertragspartei, sondern den Vertrag um Rücksendung, denn er macht das Wort *Vertrag* fälschlich zum Objekt des Hauptsatzes.

Das Komma darf **nicht** gesetzt werden, wenn die Infinitivgruppe mit dem über- 109
geordneten Satz verschränkt ist. Dieser Fall liegt vor, wenn die zum Infinitiv gehörenden Wörter auseinandergerissen sind und mit denen des Hauptsatzes vermischt stehen. Kommas würden hier den Zusammenhang stören.

Normale Stellung (Hauptsatz und Infinitivgruppe getrennt):

Wir wollen versuchen, ***diesen Vorgang zu erklären.***
Hauptsatz — erweiterter Infinitiv mit ***zu***

Diesen Vorgang zu erklären, *wollen wir versuchen.*
erweiterter Infinitiv mit ***zu*** — Hauptsatz

Verschränkung:

Diesen Vorgang *wollen wir* ***zu erklären*** *versuchen.*

Weitere Beispiele:

Er wagte ***das Zimmer*** *nicht* ***zu betreten.***
Er hat ***die Zeugin*** *vergeblich* ***anzusprechen*** *versucht.*
Die Wahrheit *wird er erst morgen* ***zu begreifen*** *beginnen.*
Glücklicherweise wird er ***die Wahrheit*** *erst morgen* ***zu begreifen*** *beginnen.*

Die Regel gilt auch für Nebensätze:

Dass ***dieses Zimmer*** *niemand* ***zu betreten*** *wagt, kann ich verstehen.*
Es handelt sich um einen Vorgang, ***den zu erklären*** *nicht einfach ist.*
Das ist das, ***was*** *ich vorhin* ***zu erläutern*** *versucht habe.*
Das ist das, ***was*** *ich vorhin versucht habe* ***zu erläutern.*** (= regionale Variante)
Alina hat gehandelt, ***wie*** *sie glaubte* ***handeln zu müssen.***
Alina ging, ***wohin*** *sie glaubte* ***gehen zu müssen.***

110 Das Komma darf nicht gesetzt werden, wenn die Infinitivgruppe von einem Modalitätsverb abhängt: Da Infinitiv und Modalitätsverb zusammen das Prädikat des übergeordneten Satzes bilden, dürfen sie nicht auseinandergerissen werden.

- Das betrifft vor allem die Verben ***sein, haben, brauchen, pflegen, bleiben*** und ***scheinen*** sowie die Wendung ***es gibt***.

Beispiele mit *sein*:
Er war nicht aus der Fassung zu bringen. Dazu wäre Folgendes zu sagen. Heute ist mit ihm nicht zu reden. Dir ist nicht zu helfen. Damit ist nicht zu spaßen. Da ist nichts zu machen. Die Spur war deutlich zu sehen. Die Tropfen sind auf Zucker einzunehmen. Die Möhren sind zu putzen und klein zu schneiden.

Beispiele mit *haben*:
Er hat zu lernen und zu arbeiten. Wir haben keine Zeit zu verlieren. Sie haben hier den Mund zu halten! Er hatte nichts dazu zu bemerken. Sie hat nichts zu lachen. Er hat nichts zu verlieren. Du hast zu gehorchen.

Beispiele mit *brauchen, pflegen, bleiben, scheinen, es gibt*:
Du brauchst mir nicht zu antworten. Du brauchst nur zu klopfen und einzutreten. Das Buch braucht nicht gebunden zu werden. Er pflegt erst abends seine E-Mails zu lesen. Sie pflegte zu segeln oder Tennis zu spielen. Sie scheint heute schlecht gelaunt zu sein. Das scheint nicht zu genügen. Er scheint verraten worden zu sein. Es bleibt zu entscheiden, wo die Firma ihren Hauptsitz hat. Es bleibt abzuwarten, ob es klappt. Das bleibt zu hoffen. Was gibt es zu essen? Hier gibt es tolle Preise zu gewinnen.

111 - Es betrifft aber auch die Verben ***drohen*** in der Bedeutung »Gefahr laufen« und ***versprechen*** in der Bedeutung »den Anschein haben, erwarten lassen« sowie die Verben ***vermögen, verstehen*** und ***wissen*** (jeweils im Sinne von »können«) sowie ***suchen*** (im Sinne von »versuchen«).

Der Bergsteiger drohte in die Gletscherspalte zu stürzen.
Die Mauer drohte einzustürzen und die Arbeiter unter sich zu begraben.
(Aber in der Bedeutung »eine Drohung aussprechen« mit Komma: *Der Bankräuber drohte, die Geiseln zu erschießen.*)

Sie verspricht eine gute Programmiererin zu werden.
Das Bäumchen versprach zu wachsen und zu gedeihen.
(Aber in der Bedeutung »ein Versprechen geben« mit Komma: *Er versprach, mir den Korb zu bringen.*)

Wenn diese Verben allerdings eine Umstandsangabe bei sich haben, trennt man den Infinitiv mit einem Komma ab:

Er vermochte kein Wort zu sagen. (Aber: *Er vermochte kaum, ein Wort zu sagen.*)
Er versteht einen Rehbraten zuzubereiten. (Aber: *Er versteht ausgezeichnet, einen Rehbraten zuzubereiten.*)
Er weiß sich zu beherrschen. (Aber: *Er weiß sehr wohl, sich zu beherrschen.*)
Sie suchten ihm zu schaden. (Aber: *Sie suchten vergeblich, ihm zu schaden.*)

Grenzfälle

Bei einer ganzen Reihe von Verben, die eine Infinitivgruppe anschließen können, ist nicht eindeutig zu entscheiden, ob sie in dieser Verbindung als Modalitätsverb oder als Vollverb aufzufassen sind. Dazu gehören unter anderem: ***beabsichtigen, beginnen, beschließen, bitten, denken, erlauben, fürchten, gedenken, gestatten, glauben, helfen, hoffen, probieren, verdienen, verlangen, versprechen, versuchen, wagen, wünschen.*** 112

Wenn die Infinitivgruppe satzwertig gebraucht wird, muss sie durch ein Komma abgetrennt werden. Dies ist der Fall, wenn sie nach der rechten Satzklammer steht:

*Sie **hat versucht,** die Tür zu öffnen.*
*Sie **will versuchen,** die Tür zu öffnen.*
*... **weil** sie **versucht hat,** die Tür zu öffnen.*
*... **weil** sie **versuchte,** die Tür zu öffnen.*
*... **weil** sie **versuchen wollte,** die Tür zu öffnen.*

Wenn die Infinitivgruppe nicht satzwertig gebraucht wird, darf sie **nicht** durch Komma abgetrennt werden. Dies ist der Fall, wenn sie innerhalb der Satzklammer steht (vgl. 107):

*Sie **hat** die Tür zu öffnen **versucht.***
*... **weil** sie die Tür zu öffnen **versucht hat.***

Wenn der Gebrauch der Infinitivgruppe nicht eindeutig ist, ist das Komma fakultativ. Dies ist der Fall, wenn nur die linke Satzklammer besetzt ist:

Sie ***versucht[,]*** *die Tür zu öffnen.*
Sie ***versuchte[,]*** *die Tür zu öffnen.*

Wenn zu einem dieser Verben eine Umstandsangabe (auch eine Verneinung) oder ein Objekt tritt, ist das Komma obligatorisch (vgl. 111):

Die Ärztin glaubt ***fest,*** *den Kranken durch diese Operation retten zu können.*
Sie bat ***mich,*** *morgen wiederzukommen.*

Auch bei Sätzen mit »es gilt« ist zwischen satzwertigem und nicht satzwertigem Gebrauch der Infinitivgruppe zu unterscheiden:

Es gilt, dieses Phänomen weiterhin zu beobachten.
Es gilt[,] zu differenzieren.
(Aber, weil mit dem übergeordneten Satz verschränkt: *Dieses Phänomen gilt es weiterhin zu beobachten.*)

Im folgenden Satz ist das Komma fakultativ, da der Bezug des einleitenden Adverbs nicht eindeutig ist:

Jetzt gilt es[,] dieses Phänomen weiterhin zu beobachten.
(Aber nur: *Es gilt jetzt, dieses Phänomen weiterhin zu beobachten. Es gilt, jetzt dieses Phänomen weiterhin zu beobachten.*)

Kommasetzung bei Infinitivgruppen im Überblick, Teil 2: Infinitive, die nicht mit Komma abgetrennt werden (vgl. 106–112)

ohne Komma	mit Komma
Wir wollen diesen Vorgang zu erklären versuchen.	*Wir wollen versuchen, diesen Vorgang zu erklären.*
Diesen Vorgang wollen wir zu erklären versuchen.	*Diesen Vorgang zu erklären, wollen wir versuchen.*

ohne Komma	mit Komma
Dieses Darlehen beschloss der Vorstand sofort aufzunehmen.	*Der Vorstand beschloss, dieses Darlehen sofort aufzunehmen.*
Es handelt sich um einen Vorgang, den zu erklären nicht einfach ist.	*Diesen Vorgang zu erklären, ist nicht einfach.*
Er war nicht aus der Fassung zu bringen.	
Wir haben keine Zeit zu verlieren.	
Du brauchst mir nicht zu antworten.	
Der Bergsteiger drohte in die Gletscherspalte zu stürzen.	*Der Bankräuber drohte, die Geiseln zu erschießen.*
Sie verspricht eine gute Programmiererin zu werden.	*Er versprach, mir den Korb zu bringen.*
Er versteht einen Rehbraten zuzubereiten.	*Er versteht ausgezeichnet, einen Rehbraten zuzubereiten.*
Dieses Phänomen gilt es weiterhin zu beachten.	*Es gilt, dieses Phänomen weiterhin zu beachten.*

Partizipgruppen und ähnliche Wortgruppen

Was sind Partizipgruppen und ähnliche Wortgruppen? 113

Als Partizipgruppen bezeichnet man Partizipien (z. B. ***lachend, rennend, entsprechend; verpackt, gefunden, zerstört***), die mit einer näheren Bestimmung verbunden sind (z. B. ***herzlich lachend; aus vollem Halse lachend; warm verpackt; in warme Decken verpackt***).

Steht ein Partizip ohne nähere Bestimmung mit einer Partizipgruppe zusammen, behandelt man die gesamte Wortgruppe als Partizipgruppe (z. B. *herzlich lachend und winkend*).

Partizipien ohne nähere Bestimmung sind keine Partizipgruppen. Sie stehen in der Regel ohne Komma im Satz (vgl. aber 68):

> ***Lachend*** *kam sie auf mich zu.* ***Gelangweilt*** *sah er zum Fenster hinaus.*
> ***Beleidigt*** *ging er hinaus.* ***Angebrochen*** *hält sich der Aufstrich nur wenige Tage.*
> ***Schreiend, pfeifend und johlend*** *drängte die Menge auf das Spielfeld.*
> ***Sich reckend*** *trat er ans Fenster.*

Eine Partizipgruppe liegt nicht vor, wenn ein Partizip (mit oder ohne nähere Bestimmung) seinem Bezugswort als Attribut vorangestellt oder wenn es als Prädikativ zum Verb ***sein*** gebraucht ist. So verwendete Partizipien stehen ohne Komma im Satz:

> *ein lachendes Mädchen; ein aus vollem Halse lachendes Mädchen;*
> *der entflogene Vogel; der früh am Morgen entflogene Vogel; der trotz aller Vorsichtsmaßnahmen entflogene Vogel*
> *Der Vogel ist früh am Morgen entflogen. Die Gläser sind in Seidenpapier verpackt. Ausschlaggebend für unsere Entscheidung ist allein der Preis.*

Wie die Partizipgruppen werden auch bestimmte Wortgruppen behandelt, die keine Verbform enthalten. Sie drücken bestimmte Verhaltensweisen oder Zustände des im Hauptsatz genannten Subjekts aus, man kann sie daher in Gedanken durch Partizipien wie *habend, seiend, werdend, geworden* ergänzen. Man kann sie mit oder ohne Komma voranstellen bzw. sie mit oder ohne Kommas in den Satz integrieren (vgl. 116).

- Wenn sie ein Adjektiv enthalten, nennt man sie Adjektivgruppen:
  Seit mehreren Jahren kränklich [seiend][,] hatte er sich in ein Seniorenheim zurückgezogen.
  Er zog[,] vom Alter blind [geworden][,] bettelnd durch das Land. Allmählich kühner [werdend][,] begann er zu pfeifen.
- Es gibt aber auch entsprechende Wortgruppen ohne Adjektiv:
  Stets gerne zu Ihren Diensten [stehend][,] verbleiben wir ...
  Das Handy in der Hand [haltend][,] standen die Schüler im Hof.
  Ganz Kavalier [seiend][,] hielt er ihr die Tür auf.

Partizipgruppen und ähnliche Wortgruppen, die durch Komma abgetrennt werden müssen

Die Wortgruppe ist mit einem hinweisenden Wort verbunden

Wird die Wortgruppe durch ein hinweisendes **so** o.Ä. angekündigt oder wieder aufgenommen, wird sie mit Komma abgetrennt. **114**

Meist folgt das hinweisende Wort auf die Wortgruppe. Dann wird diese durch ein einfaches Komma abgetrennt:

> *Aus vollem Halse lachend,* ***so*** *kam sie auf mich zu. Mit viel Salami belegt,* ***genau so*** *hat er die Pizza am liebsten. Den Rucksack auf dem Rücken,* ***derart*** *bepackt standen wir vor dem Tor. Ruhig mit ihm sprechend,* ***auf diese Weise*** *erreichen Sie mehr als mit ständigen Vorwürfen.*

Seltener geht das hinweisende Wort voraus. Dann schließt man die Wortgruppe in Kommas ein:

> ***So****, aus vollem Halse lachend, kam sie auf mich zu.* ***Genau so,*** *mit viel Salami belegt, hat er die Pizza am liebsten.* ***Derart*** *bepackt, den Rucksack auf dem Rücken, standen wir vor dem Tor.* ***Auf diese Weise,*** *ruhig mit ihm sprechend, erreichen Sie mehr als mit ständigen Vorwürfen.*

Die Wortgruppe ist nachgetragen

Partizipgruppen und ähnliche Wortgruppen können so in einen Satz eingeschoben sein, dass sie seinen normalen Satzfluss unterbrechen, nämlich wenn sie ihrem Bezugswort direkt nachgestellt sind. Sie können aber auch aus der Satzkonstruktion herausfallen, weil sie am Satzende stehen. Diese nachgetragenen Wortgruppen grenzt man als Zusätze oder Erläuterungen (vgl. 60 f.) mit Komma ab bzw. schließt sie in Kommas ein, wenn der übergeordnete Satz weitergeht. **115**

> **Beispiele für Partizipgruppen:**
> *Meine Schwester, herzlich lachend, kam auf mich zu. Meine Schwester kam auf mich zu, herzlich lachend. Das Kind, ganz in Decken verpackt, saß auf der Terrasse. Das Kind saß auf der Terrasse, ganz in Decken verpackt. Er ging hinaus, tödlich beleidigt. Diese Wandmalereien, entstanden um 1180, wurden erst kürzlich entdeckt. Diese Wandmalereien, entstanden um 1180 und erst*

kürzlich entdeckt, sind eine kunsthistorische Sensation. Meine Freundin Cornelia, genannt Nele, kommt mit. Keine Gruppe, die Lehrer eingeschlossen, ist damit zufrieden. Der Cocktail, selbstverständlich gerührt und nicht geschüttelt, sagte den Gästen zu.

Beispiele für ähnliche Wortgruppen:
Die Kirschen, knackig und süß, schmeckten den Kindern. Frau Giebel, früher bei Müller & Klein tätig, leitet seit November bei uns den Vertrieb. Herr Köhler, mal wieder schlecht gelaunt, gab eine unfreundliche Antwort. Herr Köhler, um eine vorlaute Antwort selten verlegen, wusste diesmal nichts zu erwidern. Wir, nicht wenig erschrocken, rannten aus dem Zimmer. Der Vater, außer sich vor Freude, lief auf sie zu. Der Vater lief auf sie zu, außer sich vor Freude. Neben ihm saß seine Freundin, den Kopf im Nacken, und hörte der Unterhaltung zu. Die Schüler warteten vor dem Tor, das Handy in der Hand. Sie, ein Glas in der Hand [haltend], stand an der Theke. Sie stand an der Theke, ein Glas in der Hand [haltend].

Partizipgruppen und ähnliche Wortgruppen, bei denen das Komma freigestellt ist

116 Partizipgruppen und ähnliche Wortgruppen können ohne Kommas im Satz stehen, wenn keiner der im letzten Abschnitt genannten Fälle vorliegt. Man kann jedoch ein Komma setzen bzw. sie in Kommas einschließen, um die Gliederung des Satzes deutlich zu machen, um Missverständnisse auszuschließen oder um sie als Nachtrag oder Zusatz zu kennzeichnen. Besonders Letzteres liegt häufig im Ermessen der Schreibenden.

Beispiele für Partizipgruppen mit dem Partizip Präsens (erstes Partizip):
Herzlich lachend[,] kam sie auf mich zu. Sie kam[,] herzlich lachend[,] auf mich zu. Herzlich lachend und winkend[,] kam sie auf mich zu. Aus vollem Halse lachend[,] kam sie auf mich zu. Sie kam[,] aus vollem Halse lachend[,] auf mich zu. Eine Bemerkung des Ministers aufgreifend[,] meinte die Abgeordnete ... Sie zogen[,] Beschimpfungen grölend[,] durch die Straßen. Nachts sieht man hier viele Betrunkene, die[,] Beschimpfungen grölend[,] durch die Straßen ziehen.

Besonders häufig sind Wendungen mit ***entsprechend*** und ***betreffend***:
Seinem Vorschlag entsprechend / Entsprechend seinem Vorschlag[,] ist das Haus verkauft worden. Das Haus ist[,] seinem Vorschlag entsprechend / entsprechend

seinem Vorschlag[,] verkauft worden. Ihre Wohnung betreffend[,] möchte ich Ihnen folgenden Vorschlag machen. Ich möchte[,] Ihre Wohnung betreffend[,] folgenden Vorschlag machen.

In Briefen und E-Mails sollten Sie Wortgruppen mit dem Partizip Präsens vermeiden, denn sie wirken umständlich und steif.

(Also nicht:) *Bezug nehmend auf Ihr Schreiben vom 3. 5.[,] möchten wir Sie daran erinnern ...*
(Sondern:) *Wir nehmen auf Ihr Schreiben vom 3. 5. Bezug und möchten Sie daran erinnern ...*
(Also nicht:) *Ihr Einverständnis voraussetzend[,] haben wir den Betrag überwiesen.*
(Sondern:) *Wir haben den Betrag überwiesen, da wir Ihr Einverständnis voraussetzen.*

Beispiele für Partizipgruppen mit dem Partizip Perfekt (zweites Partizip):
Darauf aufmerksam gemacht[,] haben wir den Fehler beseitigt. Über diesen Zwischenfall sehr verärgert[,] blieb die Gastgeberin doch äußerlich gelassen. Eigentlich für Schülerinnen und Schüler gedacht[,] wird dieses Handbuch auch von Lehrerinnen und Lehrern gern verwendet. Von diesem Standpunkt aus betrachtet[,] sieht die Situation schon anders aus. Auf die Zahl der Mitglieder bezogen[,] ist das nur ein kleiner Anteil. Anders als ursprünglich geplant[,] kommt das Produkt erst im Herbst auf den Markt. Gemessen an seinen früheren Leistungen[,] war diese Kür eine Enttäuschung. Einmal angebrochen[,] hält sich der Aufstrich nur wenige Tage. Das sind[,] grob gerechnet[,] 20 % der Einnahmen. Das Kind saß[,] ganz in Decken verpackt[,] auf der Terrasse. Die Schüler[,] gefolgt von ihren Eltern[,] kamen herein.

Beispiele für ähnliche Wortgruppen:
Noch im Schlafanzug[,] machte er das Frühstück. Den Kopf im Nacken[,] saß seine Freundin neben ihm. Seine Freundin saß[,] den Kopf im Nacken[,] neben ihm. Wie immer kurz entschlossen[,] reiste er ab. Er lief[,] außer sich vor Freude[,] auf sie zu und umarmte sie. Tödlich beleidigt[,] ging er hinaus. Er ging[,] tödlich beleidigt[,] hinaus. Etwa 10 km von hier entfernt[,] gibt es ein gutes Restaurant. Vielseitig interessiert und hochbegabt[,] war sie schon als junges Mädchen für diese Laufbahn prädestiniert.

117 Formelhafte Partizipgruppen stehen in der Regel **ohne** Kommas im Satz:

*Er hat **genau genommen / genau betrachtet / streng genommen / im Grunde genommen** ganz recht. **So gesehen** hat er richtig gehandelt. Ich habe **wie gesagt / offen gesagt** keine Zeit dafür. **Davon abgesehen / Abgesehen davon** waren wir mit dem Hotel zufrieden.*

Partizipgruppen, die in einem Satz das Subjekt bilden, kommen vor allem in sprichwörtlichen Wendungen vor und werden im Allgemeinen **ohne** Komma geschrieben:

Doppelt genäht hält besser. Allen Menschen recht getan ist eine Kunst, die niemand kann. Gut gekaut ist halb verdaut. Schlecht gefahren ist besser als gut gelaufen (auch in der Form: *Besser schlecht gefahren als gut gelaufen*). *Dreimal umgezogen ist [so gut wie] einmal abgebrannt.*

118 Partizipgruppen und ähnliche Wortgruppen sollte man durch Komma abtrennen, um Missverständnisse auszuschließen. In der Praxis kommt es nicht allzu häufig vor, dass ein Satz mehrdeutig ist, aber auch ein vorübergehendes Missverständnis macht den Lesenden Mühe und sollte vermieden werden.

Ohne Kommas sind beispielsweise die folgenden Sätze missverständlich oder schwer lesbar:

Er ging gestern von allen wütend beschimpft zur Polizei.
Er drehte sich schnäuzend den Kopf zur Seite.

Hier sollte man mit einem Komma deutlich machen, welcher Sinn gemeint ist:

Er ging gestern, von allen wütend beschimpft, zur Polizei.
(Oder:) *Er ging, gestern von allen wütend beschimpft, zur Polizei.*
Er drehte, sich schnäuzend, den Kopf zur Seite.

119 Von missverständlichen Sätzen abgesehen ist der Umfang der Wortgruppe ein wichtiges Kriterium bei der Frage »Mit oder ohne Komma?«.

So wird man ein Partizip mit nur einer näheren Bestimmung meist nicht abtrennen:

Herzlich lachend kam sie auf mich zu.

Bei einer größeren Wortgruppe dagegen ist das Komma sinnvoll:

Herzlich lachend und schon von Weitem winkend, kam sie auf mich zu.

Wenn Sie Kommas setzen möchten, dann achten Sie besonders auf eingeschobene Wortgruppen: Hier muss vor ***und*** nach der Wortgruppe ein Komma stehen! Man setzt also entweder zwei Kommas oder gar keine:

Das Haus ist, seinem Vorschlag entsprechend, verkauft worden.
(Oder:) *Das Haus ist seinem Vorschlag entsprechend verkauft worden.*
(Falsch: *Das Haus ist seinem Vorschlag entsprechend, verkauft worden.*
Auch falsch: *Das Haus ist, seinem Vorschlag entsprechend verkauft worden.*)
Sie suchte, den etwas ungenauen Stadtplan in der Hand, ein Straßenschild.
(Oder:) *Sie suchte den etwas ungenauen Stadtplan in der Hand ein Straßenschild.* (Falsch: *Sie suchte den etwas ungenauen Stadtplan in der Hand, ein Straßenschild.* Auch falsch: *Sie suchte, den etwas ungenauen Stadtplan in der Hand ein Straßenschild.*)

Kommasetzung bei Partizip- und Adjektivgruppen im Überblick

ohne Komma	Komma freigestellt	mit Komma
Lachend kam sie auf mich zu.	*Herzlich lachend[,] kam sie auf mich zu.*	*Herzlich lachend, so kam sie auf mich zu.*
	Sie kam[,] herzlich lachend[,] auf mich zu.	*Sie kam auf mich zu, herzlich lachend.*
		Sie, herzlich lachend, kam auf mich zu.
Eingemummelt saß das Kind auf der Terrasse.	*Ganz in Decken eingemummelt[,] saß das Kind auf der Terrasse.*	*Das Kind saß auf der Terrasse, ganz in Decken eingemummelt.*
	Das Kind saß[,] ganz in Decken eingemummelt[,] auf der Terrasse.	*Das Kind, ganz in Decken eingemummelt, saß auf der Terrasse.*

ohne Komma	Komma freigestellt	mit Komma
Verwirrt blieb er zurück.	*Derart verwirrt[,] blieb er zurück.*	*Derart verwirrt, so blieb er zurück.*
Er zog blind durch das Land.	*Er zog[,] vom Alter blind[,] durch das Land.*	*Er zog durch das Land, vom Alter blind.*
Gelangweilt sah er zum Fenster hinaus.	*Von den vielen Erzählungen gelangweilt[,] sah er zum Fenster hinaus.*	*Von den vielen Erzählungen gelangweilt, so sah er zum Fenster hinaus.*
Enttäuscht wandte sie sich ab.	*Total enttäuscht[,] wandte sie sich ab.*	*Sie wandte sich ab, total enttäuscht.*
	Sie wandte sich[,] total enttäuscht[,] ab.	*Sie, total enttäuscht, wandte sich ab.*

Das Komma zwischen Sätzen

→ Das Komma bei der wörtlichen Wiedergabe: *270 ff., 279–282, 284, 287*
→ Zusammengezogene Hauptsätze (z. B. *Tobias fliegt nach Spanien und Ulrike nach Mallorca*): *45*
→ Ein Nebensatz als Bestandteil einer Aufzählung (z. B. *Wenn es kalt ist oder bei Regen ziehe ich den Mantel an*): *46*

Das Komma zwischen gleichrangigen Teilsätzen

120 Gleichrangige Teilsätze grenzt man mit Komma voneinander ab.

Hauptsätze sind untereinander immer gleichrangig. Nebensätze sind gleichrangig, wenn sie vom gleichen übergeordneten Satz abhängen.

Ob Nebensätze gleichrangig sind, können Sie auch herausfinden, indem Sie probeweise erst den einen, dann den anderen Nebensatz weglassen. Ist das möglich, ohne dass der Satz unvollständig wird, sind die Nebensätze gleichrangig:

> *Wenn das wahr ist, wenn du ihn wirklich nicht gesehen hast, brauchst du dir keine Vorwürfe zu machen.* (Die Nebensätze sind gleichrangig, da man sie einzeln weglassen kann.)
> *Die Genehmigung ist zu versagen, wenn die Gefahr besteht, dass sie missbraucht wird.* (Die Nebensätze sind nicht gleichrangig, weil man nicht sagen kann: *Die Genehmigung ist zu versagen, dass sie missbraucht wird.*)

Das Komma steht also zwischen Hauptsätzen. **121**

> *Im Hausflur war es still, ich drückte erwartungsvoll auf die Klingel. Die Musik wird leiser, der Vorhang hebt sich, das Spiel beginnt. Er dachte angestrengt nach, aber ihr Name fiel ihm nicht ein. Ich wollte ihm helfen, doch er ließ es nicht zu. Ich wollte ihm helfen, er ließ es jedoch nicht zu. Schreib die E-Mail sofort, beeil dich! Das ist ja großartig, was für ein Glück! Ist das nicht großartig, ist das nicht ein Glück?* (Auch die Wendung »das heißt« ist ein kurzer Hauptsatz, vgl. 62:) *Wir werden den Vorfall nicht weitermelden, d.h., wir haben kein Interesse an einer Strafanzeige.*

Eingeschobene Hauptsätze (Schaltsätze) werden in Kommas eingeschlossen. **122**
(Statt der Kommas können, je nach Betonung des eingeschobenen Satzes, auch Gedankenstriche oder Klammern stehen; vgl. dazu 233 bzw. 242.)

> *Eines Tages, es war mitten im Winter, stand ein Reh im Garten. Ich ging in den Garten, es war mitten im Winter, und sah mich um. Ich ging in den Garten, es war mitten im Winter, und da stand ein Reh. Er verachtete, zu seiner Ehre sei es gesagt, jede Ausrede. Sie hat, das weiß ich, lange für diese Reise gespart. Diese Kinder, hat sie herausgefunden, lernen nicht so schnell sprechen wie andere. Hochmut, so heißt es, kommt vor dem Fall. Das entspricht einem Umsatz von, sagen wir einmal, 5 Millionen. An dieser Schule, erzählt man sich, wird viel gestohlen. Dieses Museum, und das ist kaum bekannt, hat eine wertvolle Fossiliensammlung. Deshalb müssen wir, so [schreibt] der Autor weiter, mehr Geld ausgeben.*

Formelhaft gebrauchte Schaltsätze werden aber oft ohne Kommas geschrieben (= linke Spalte der folgenden Tabelle), vgl. 66. Handelt es sich bei den formelhaft gebrauchten Schaltsätzen dagegen um **nicht** weglassbare Satzglieder, darf kein Komma gesetzt werden (= rechte Spalte der folgenden Tabelle).

Komma freigestellt	ohne Komma
Ich habe ihn[,] wer weiß wie lange[,] nicht mehr gesehen	*Er hat in Köln was weiß ich wen getroffen.*
Er reist gerade[,] was weiß ich wo[,] herum.	*Er hat in Köln was weiß ich was gemacht.*
	Sie hat ich weiß nicht wen zu ihrer Feier eingeladen.
Ich bin[,] weiß Gott[,] nicht kleinlich.	*Ich hätte Gott weiß was dafür gegeben.*
Er blieb[,] Gott sei Dank[,] unverletzt.	*Sie hat Gott weiß wen zu ihrer Feier eingeladen.*
	Sie hat es Gott weiß wem erzählt.

123 Das Komma steht auch zwischen gleichrangigen Nebensätzen, die beispielsweise bei der indirekten Rede häufig vorkommen.

Er sagte immer wieder, er wisse von nichts, er sei es nicht gewesen. Wenn das wahr ist, wenn du ihn wirklich nicht gesehen hast, brauchst du dir keine Vorwürfe zu machen. Er erkundigte sich, was es Neues gebe, ob Post gekommen sei. Dass sie ihn nicht nur übersah, sondern dass sie auch noch mit anderen flirtete, kränkte ihn sehr.

Eine längere Aufzählung von gleichrangigen Nebensätzen kann man zur besseren Übersicht auch listenartig gestalten (vgl. 302 f.).

Sind die gleichrangigen Teilsätze durch ***und, oder, beziehungsweise (bzw.), entweder – oder, weder – noch, nicht – noch, sowohl – als [auch]/wie [auch]*** verbunden, setzt man kein Komma (vgl. aber 125 f.). Zwischen Nebensätzen kommen gelegentlich auch ***wie*** und ***sowie*** im Sinne von ***und*** vor. 124

Für aufgezählte gleichrangige Teilsätze gelten also die gleichen Grundregeln wie für Satzteile in Aufzählungen (vgl. 39 f.). Es ist demnach gleichgültig, ob nach ***und*** usw. ein vollständiger Hauptsatz folgt oder nicht:

Herr Meier kümmert sich um die Abrechnung und die Anlieferung.
Herr Meier kümmert sich um die Abrechnung und überwacht die Anlieferung.
Herr Meier kümmert sich um die Abrechnung und er überwacht die Anlieferung.

Beispiele für verbundene Hauptsätze:
Die Musik wird leiser und der Vorhang hebt sich und das Spiel beginnt. Ich habe sie oft besucht und wir saßen bis spät in die Nacht zusammen. Paul versuchte uns zu helfen und das wollen wir ihm hoch anrechnen. Das ist ungerecht und außerdem geht dich die Sache nichts an. Schreib die Mail sofort und schick sie ab! Überzeugen Sie sich von unserem Angebot und bestellen Sie noch heute! Marie hilft Julia im Garten oder sie ist im Stall. Willst du mitkommen oder hast du etwas anderes vor? Ich leihe dir das Buch beziehungsweise du kannst es behalten. Du bist jetzt entweder lieb oder du gehst sofort nach Hause. Wir haben weder/nicht genug Geld für eine zusätzliche Testreihe noch können wir uns eine weitere Verzögerung erlauben.

Hierher gehören auch formelhafte Aufforderungssätze, an die die eigentliche Aufforderung mit ***und*** angeschlossen ist:

Sei so gut und gib mir das Buch. Seien Sie bitte so freundlich und schließen Sie die Tür. Seid vernünftig und geht nach Hause!

Beispiele für verbundene Nebensätze:
Sie wisse Bescheid und der Vorgang sei ihr völlig klar, sagte sie. Wollen Sie mit Menschen arbeiten und können Sie gut organisieren, dann sind Sie bei uns richtig. Entweder habe sich das Kind verlaufen oder man müsse mit Schlimmerem rechnen, erklärte der Polizist den Eltern. Julia kann nur mitkommen, wenn sie eingeladen wird oder [wenn] Hartmanns ihr wenigstens die Reise bezahlen.

Er erkundigte sich, was es Neues gebe und ob Post gekommen sei. Sie fragte mich, ob ich mitfahren wolle und wann sie mich abholen könne. Alle wollten wissen, wie es gewesen sei und warum es so lange gedauert habe. Ich hoffe, dass es dir gefällt und [dass] du zufrieden bist. Wir erwarten, dass er die Ware liefert oder [dass er] das Geld zurückzahlt. Er hat geschrieben, dass er bald heiraten will bzw. dass er verlobt ist. Diese Bestimmung gilt, wenn Kleingärten neu angelegt sowie wenn vorhandene Kleingärten erweitert werden. Wenn es morgens hektisch wird und [wenn] ich noch nicht richtig wach bin, brauche ich erst mal einen Kaffee. (Mit nicht standardsprachlicher Satzstellung:) *Wenn es morgens hektisch wird und ich bin noch nicht richtig wach, brauche ich erst mal einen Kaffee.*

(Aber wenn Nebensätze nicht vom gleichen übergeordneten Satz abhängen: *Ich war bei Verwandten zu Besuch, die in München wohnen, und weil es spät wurde, habe ich dort übernachtet.*)

125 Ein Komma vor ***und, oder*** usw. kann allerdings nötig sein, etwa wenn mit ihm ein Nebensatz, Zusatz o. dgl. abgeschlossen wird (vgl. 180, 1–3).

Er sagte, dass er morgen komme, und seine Frau wünschte mir Glück. Er sagte: »Ich komme morgen«, und seine Frau wünschte mir Glück. Gestern war ich bei Frau Schneider, meiner alten Lehrerin, und wir haben zusammen Fotos angesehen. Willst du die rote Tasche, die du in London dabei hattest, oder brauchst du einen Koffer? Das Projekt war ein Misserfolg, sei es, weil die Zeit knapp war, oder [sei es], weil nicht sorgfältig geplant wurde.

126 Sind gleichrangige Hauptsätze durch ***und*** usw. verbunden, kann man ein Komma setzen, um die Gliederung des gesamten Satzes deutlich zu machen.

Von dieser Regel sollte man Gebrauch machen, wenn ein Satz sonst schwer lesbar ist. Das betrifft vor allem die folgenden Fälle:

- Das Komma sollte gesetzt werden, wenn es beim Lesen zu vorübergehenden Missverständnissen kommen kann:
  Er traf sich mit meiner Schwester[,] und deren Freundin war auch mitgekommen. Wir warten auf euch[,] oder die Kinder gehen schon voraus. Ich fotografierte die Berge[,] und meine Frau lag in der Sonne. Er schimpfte auf die Regierung[,]

und sein Publikum, das auf seiner Seite war, applaudierte. Das Thema meiner Arbeit ist der ökologische Gemüseanbau[,] und die Anzucht von Zierpflanzen brauche ich nicht zu behandeln.

- Das Komma sollte gesetzt werden, wenn einer der gleichrangigen Sätze weiter ausgebaut ist:

  Wir stiegen in den Bus[,] und die Kinder weinten, weil sie gern noch geblieben wären. Weil sie gern noch geblieben wären, weinten die Kinder[,] und wir mussten sie trösten. Ich habe sie oft besucht[,] und wir saßen bis spät in die Nacht zusammen, wenn sie in guter Stimmung war.

Alle in den Beispielen dieses Abschnitts eingeklammerten Kommas sollten also besser gesetzt werden.

Dagegen muss ein Komma stehen, wenn ein Satzgefüge mit ***und*** usw. anschließt, in dem ein Nebensatz oder eine Infinitivgruppe dem Hauptsatz vorangeht (vgl. 128).

Ich habe sie oft besucht, und wenn sie in guter Stimmung war, saßen wir bis spät in die Nacht zusammen. Es waren schlechte Zeiten, und um zu überleben, nahm man es mit vielen Dingen nicht so genau.

Das Komma bei Nebensätzen

Nebensätze grenzt man mit Komma ab. Sind sie eingeschoben, so schließt man sie in Kommas ein. **127**

Diese Regel deckt die Fälle ab, in denen nicht gleichrangige Sätze aufeinandertreffen: das Zusammentreffen von Haupt- und Nebensatz sowie das Zusammentreffen nicht gleichrangiger Nebensätze.

Man erkennt einen Nebensatz an folgenden Merkmalen:

1. Die finite (in Person und Zahl bestimmte) Verbform steht am Ende des Nebensatzes *(... weil ich müde **bin**)*.
2. Nebensätze sind auf eine bestimmte Art mit dem Hauptsatz verknüpft, z. B.
   – mit einem Relativpronomen *(der, die, das, welcher, welche, welches, wo, wie, wodurch ...)*,
   – mit einer unterordnenden Konjunktion *(als, dass, ob, wenn ...)*,
   – mit einem Interrogativpronomen *(was, wann, wer, wie, wo, warum ...)*.

3. Nebensätze können Satzteile vertreten, sie heißen dann
   - Subjektsätze (*Wer zu spät kommt,* ist selbst schuld. *Dass ich zu spät kommen würde,* war allen bekannt.),
   - Gleichsetzungssätze (Sie ist so, *wie sie immer war.*),
   - Objektsätze (Sie möchte nicht, *dass wir sie zum Schulbus bringen.*),
   - Adverbialsätze, also Final-, Kausal-, Lokal-, Modal- und Temporalsätze (*Damit du zufrieden bist,* komme ich morgen. *Weil ich müde bin,* komme ich heute nicht mehr.) oder
   - Attributsätze (Endlich habe ich das Buch gefunden, *das ich so lange gesucht habe.*).

Nebensätze können am Anfang des Satzes stehen:

Was ich anfangen soll, weiß ich nicht. Als wir nach Hause kamen, war es schon spät. Dass es dir wieder besser geht, freut mich sehr. Obwohl schlechtes Wetter war, suchten wir die Ostereier im Garten. Ist dir der Weg zu weit, kannst du mit dem Bus fahren. Er komme morgen, sagte er. Als er sich bückte, weil er ihre Tasche aufheben wollte, stießen sie mit den Köpfen zusammen.

Nebensätze können am Ende des Satzes stehen:

Ich weiß nicht, was ich anfangen soll. Sie beobachtete die Kinder, die auf der Wiese ihre Drachen steigen ließen. Gestern traf ich eine Freundin, von der ich lange nichts mehr gehört hatte. Das Kind weinte, weil es seinen Schlüssel verloren hatte. Ich hätte nie gedacht, dass du mich so enttäuschen würdest. Seine Tochter war ebenso rothaarig, wie er es als Kind gewesen war. Sie sagte, sie komme morgen. Er war zu klug, als dass er in die Falle gegangen wäre, die man ihm gestellt hatte. Die Genehmigung ist zu versagen, wenn die Gefahr besteht, dass sie missbraucht wird.

Nebensätze können in Hauptsätze oder andere Nebensätze eingeschoben sein:

Das Buch, das ich dir mitgebracht habe, liegt auf dem Tisch. Seine Annahme, dass Daniel käme, erfüllte sich nicht. Sie konnte, wenn sie wollte, äußerst liebenswürdig sein. Die Frage ist, ob das, was ich tue, richtig ist. Sie begriff, dass, was für sie gut war, nicht unbedingt für ihren Vater gut sein musste. Es kann nicht sein, dass, wer arm ist, früher stirbt. Er sagte aus, dass er nicht gewusst habe, was vor sich ging, dass er unschuldig sei.

Ein Nebensatz muss auch in Kommas eingeschlossen werden, wenn der übergeordnete Satz danach mit einer Konjunktion wie ***und*** weitergeführt wird:

Er sagte, dass er morgen komme, und verabschiedete sich. Er sagte, er komme morgen, und verabschiedete sich. Ich nehme ein Taxi, wenn es spät wird, oder übernachte dort. Ich nehme ein Taxi, wenn es spät wird, oder ich übernachte dort. Weil er keine Kinder hatte, die ihn hätten beerben können, und weil er mit seinen Verwandten zerstritten war, stiftete er sein Vermögen der Universität. Die Genehmigung ist zu versagen, wenn die Gefahr besteht, dass sie missbraucht wird, oder wenn der Bewerber einschlägig vorbestraft ist.

Wenn eine Konjunktion wie ***und*** oder ***oder*** ein Satzgefüge anschließt, in dem ein **128** Nebensatz oder eine Infinitivgruppe dem Hauptsatz vorangeht, steht das Komma vor der Konjunktion ***und*** bzw. ***oder,*** um den Satz eindeutiger zu gliedern (vgl. 126 und 133).

Ich habe sie oft besucht, und wenn sie in guter Stimmung war, saßen wir bis spät in die Nacht zusammen. Ich war bei Verwandten zu Besuch, und weil es spät wurde, habe ich dort übernachtet. Es waren schlechte Zeiten, und um zu überleben, nahm man es mit vielen Dingen nicht so genau. (Mit Auslassungen im Hauptsatz:) *Wenn dies geschieht, kommt § 114, und wenn das andere geschieht, § 116 zur Anwendung.*

Auslassungssätze

Auslassungssätze werden bei der Kommasetzung in der Regel wie vollständige Sätze **129** behandelt (vgl. aber 33 und 130).

Ein Blick in ihre Augen [genügte] und es war um ihn geschehen. Wir müssen, so [schreibt] der Autor weiter, mehr Geld für Entwicklungshilfe ausgeben. Ich weiß nicht, was [ich] anfangen [soll]. Dieses Modell wurde, weil [es] veraltet [ist], ausrangiert.

Weitere Beispiele:

Kann sein, dass er noch kommt. Und wie, wenn er nicht kommt? Heute rot, morgen tot. Wie du mir, so ich dir. Ehre verloren, alles verloren. Aber wenn, dann jetzt. Wie gestern telefonisch besprochen, hier das Sitzungsprotokoll. Jetzt grüne Taste drücken, bis Anzeige aufleuchtet. Der junge Mann, obwohl angetrunken, benahm sich unauffällig. Hand aufs Herz, hast du gelogen? Halb so schlimm, das kriegen wir hin. Toll, was du alles kannst. Erstaunlich, wie schnell sie laufen gelernt hat. Schwer zu sagen, wie das funktioniert. Kaum zu glauben, dass er unverletzt ist. Gut, dass du Zeit hast. Plant die Bundesregierung eine Neuregelung und, wenn ja, sieht diese ein generelles Verbot vor? Haben Sie mit ihm gesprochen und, wenn ja, wann? Wer, wenn nicht die Europäische Union, soll dabei der entscheidende Antreiber sein? Wann, wenn nicht jetzt, sollten wir zusammenhalten?

Einige Auslassungssätze können auch als kommentierende Äußerungen (vgl. 59) aufgefasst werden, was aber für die Kommasetzung keinen Unterschied macht:

Hauptsache, du kommst pünktlich. Übrigens, meine Schwester zieht um. Kurz, es war ein herrlicher Tag. Unmöglich, das glaube ich nicht! Hauptsache, gesund.

Auslassungssätze hängen oft von einem vorangehenden Satz ab:

Manchmal hat er Glück. ***Wie vor einer Woche,*** *als er Ina kennenlernte.*
Wir essen pünktlich um acht. ***Auch ohne dich,*** *merk dir das.*
Schuld an dem Unfall war eine Ölpfütze. Ich dachte, ***überhöhte Geschwindigkeit****.*
Wann wird der Rohbau fertig sein? Der Architekt sagt, ***Mitte Juni****.*

Ist ein Fragesatz zu einem einzelnen Fragewort verkürzt, kann dieses auch ohne Komma angeschlossen werden:

Wenn ich nur wüsste[,] wo! Ich weiß nicht[,] warum, aber er hat abgesagt. Wohin[,] ist mir egal.

130 Formelhafte Auslassungssätze brauchen nicht mit Komma abgetrennt zu werden.

Das betrifft vor allem unvollständige Nebensätze, die mit ***wie*** (vgl. 33 und 185, 9) oder ***wenn*** (vgl. 183, 3) eingeleitet sind:

Wie bereits gesagt *verhält sich die Sache anders. Wir möchten uns dazu* ***wie folgt*** *äußern. Die Sitzung findet* ***wie angekündigt*** *morgen statt. Er hat uns* ***wie***

__vereinbart__ Kopien geschickt. Ich möchte __wenn möglich__ schon morgen abreisen. Geben Sie __wenn nötig / falls erforderlich__ noch Wasser dazu.

Mehrteilige Nebensatzeinleitungen

Besteht die Einleitung eines Nebensatzes aus einem Einleitewort (z. B. ***dass, weil***) und weiteren Wörtern (z. B. ***als, auch***), dann wird diese Wortgruppe in der Regel **nicht** durch Komma geteilt (z. B. ***als dass, als ob, anstatt dass, aber wenn, auch weil, wie wenn***). 131

Häufig beginnt so eine Wortgruppe mit ***als, auch, außer, besonders, egal, erst, gerade, gleich, nämlich, nicht, nur, schon, sondern, vor allem, zumal.***

__Erst als__ es Abend wurde, kehrten wir zurück. Unsere Straße ist sehr laut, __zumal wenn__ morgens und abends der Berufsverkehr hier durchkommt. __Gerade weil__ es so gut schmeckt, möchte ich jetzt aufhören. Er rannte, __als ob__ es um sein Leben ginge, über die Straße. Ihr dürft hier baden, __außer natürlich wo__ Verbotsschilder stehen. Ein Passant hatte bereits Risse in den Pfeilern der Brücke bemerkt, __zwei Tage bevor__ sie zusammenbrach. Man tut das nicht, __ganz einfach weil__ es verboten ist. Nimm dir eine, __nicht dass__ du denkst, ich gönne dir nichts. Ich ziehe nach München, __nicht weil__ ich Heimweh habe, __sondern weil__ Milena Hilfe braucht. __Nicht was__ du anziehst, ist entscheidend, __sondern dass__ du freundlich und offen bist. Dazu kam es, __erstens weil__ das Geld ausging und __zweitens weil__ die Zeit zu knapp war. (Oder:) *Dazu kam es erstens, weil das Geld ausging, und zweitens, weil die Zeit zu knapp war.* (Vgl. 134.)

In einigen Fällen kann man zusätzlich ein Komma zwischen den Bestandteilen der Wortgruppe setzen, d. h. vor der eigentlichen Konjunktion. 132

Sie können dieses zusätzliche Komma setzen, wenn der erste Bestandteil der Wortgruppe (z. B. ***vorausgesetzt***) betont ist und Sie vor der eigentlichen Konjunktion (z. B. ***dass***) eine Sprechpause machen. Das zusätzliche Komma kann allerdings in vielen Fällen nicht gesetzt werden, weil die Wortgruppe eine Einheit bildet (vgl. 131).

Morgen wird es regnen, vorausgesetzt[,] dass der Wetterbericht stimmt. Wir fahren morgen, ausgenommen[,] wenn es regnet. Ich glaube nicht, dass er anruft, geschweige denn[,] dass er vorbeikommt. Ich werde ihnen gegenüber abweisend oder entgegenkommend sein, je nachdem[,] ob sie hartnäckig oder sachlich sind. Ich sehe sie oft auf der Straße, zum Beispiel[,] wenn sie einkaufen geht. Ich komme mit, egal[,] wohin du fährst. Egal[,] ob jung oder alt, ob Einheimischer oder Tourist: Beim Stadtfest kamen alle auf ihre Kosten. Ich mag sie gern, vor allem[,] weil sie so fröhlich ist. Ich mag sie gern, weil sie viele Interessen hat und vor allem weil sie so fröhlich ist. (Oder mit zwei Kommas:) ... *weil sie viele Interessen hat, und vor allem, weil sie so fröhlich ist.* (Vgl. 134.)

Hier eine Übersicht häufig gebrauchter Fügungen, in denen man das zusätzliche Komma setzen kann:

angenommen[,] dass
ausgenommen[,] dass/wenn
beispielsweise[,] dass/nachdem/weil/wenn
besonders[,] dass/nachdem/weil/wenn
egal[,] ob/wer/wie u. a.
geschweige (denn)[,] dass
gleichviel[,] ob
im Fall(e)[,] dass
insofern/insoweit[,] als
je nachdem[,] ob/wie
kaum[,] dass
namentlich[,] dass/weil/wenn
nämlich[,] als/damit/dass/weil/wenn
so[,] als
umso eher/mehr/weniger[,] als
und zwar[,] dass/nachdem/weil/wenn
vor allem[,] dass/nachdem/wenn/weil
vorausgesetzt[,] dass
zum Beispiel[,] dass/nachdem/weil/wenn u. a.
zumindest[,] bis

Einige der vorangestellten Wörter oder Wortgruppen können auch ohne eine Konjunktion einen Nebensatz einleiten. Auch dann kann nach ihnen ein Komma gesetzt werden:

> *Angenommen[,] morgen ist gutes Wetter, wohin wollen wir fahren?*
> *Die Strecke lässt sich gut fahren, vorausgesetzt[,] der Wagen hat Winterreifen.*

Oft ist es im Einzelfall schwierig, eine genaue Abgrenzung zu treffen, wann eine mehrteilige Fügung durch Komma getrennt werden kann bzw. sogar durch Komma getrennt werden muss (wenn etwa beim ersten Wort bzw. bei den ersten Wörtern der Charakter des Auslassungssatzes im Vordergrund steht und damit 129 greift, z. B. »Vielleicht/Kann sein, dass er noch kommt«). Im Übergangsbereich zwischen Auslassungssätzen und mehrteiligen Konjunktionen gibt es Fügungen, bei denen ein Komma stehen sollte: 133

> *abgesehen davon, dass; davon abgesehen, dass; zugegeben, dass; zugestanden, dass*

Bei mehrteiligen Nebensatzeinleitungen kann man sich als Faustregel merken:

- Bei mehr als zwei Einleitewörtern vor der Konjunktion sollte man ein Komma setzen, dann wird die Fügung in der Regel nicht mehr als Einheit empfunden:
  es sei denn, dass; für den Fall, dass; gesetzt den Fall, dass; in der Annahme/Erwartung/Hoffnung, dass

- Bei einem oder zwei Einleitewörtern vor der Konjunktion wird die Fügung entweder als Einheit empfunden und nicht durch Komma getrennt (vgl. 131) oder das Komma ist freigestellt (wie bei den Beispielen unter 132). Auf der sicheren Seite ist man in diesen Fällen also eher, wenn man kein Komma innerhalb der Fügung setzt. Es wird jedoch in diesem Bereich immer Fälle geben, bei denen der Schreibgebrauch schwankt bzw. sich im Laufe der Zeit ändert. In den Fällen, in denen das Amtliche Regelwerk keine eindeutige Aussage macht, empfehlen wir die im Schreibgebrauch übliche Zeichensetzung. So ist es bei den Präpositionaladverbien ***da... + dass*** üblich, ein Komma in der Fügung zu setzen.

dadurch, dass; dafür, dass; dagegen, dass; damit, dass; daran, dass; daraus, dass; darüber, dass; davon, dass

Einer anderen Regel unterliegen Sätze wie die folgenden:

Er ist noch klein, aber weil er gut schwimmen kann, haben wir ihn mitgenommen.
Wahrscheinlich ziehe ich bald um, denn wenn Chiara den Job bekommt, gehe ich mit nach München.
Ich war bei Verwandten zu Besuch, und weil es spät wurde, habe ich dort übernachtet.
Es waren schlechte Zeiten, und um zu überleben, nahm man es mit vielen Dingen nicht so genau.

Die beiordnenden Konjunktionen *aber, denn, und* leiten in diesen Beispielsätzen nicht den Nebensatz ein, sondern sie schließen ein Satzgefüge an, das mit einem vorangestellten Nebensatz oder einer Infinitivgruppe beginnt (vgl. 126 und 128).

134 Gelegentlich haben Sie die Wahl, ob Sie ein Wort oder eine Wortgruppe der Nebensatzeinleitung zurechnen wollen oder nicht. Bei gleicher Wortstellung ergibt sich dann ein etwas verschiedener Sinn. In diesen Fällen setzen Sie das Komma einfach da, wo Sie die Sprechpause machen.

Ich freue mich, ***auch wenn*** *du mir nur eine Nachricht schreibst.*
(Oder:) *Ich freue mich auch, wenn du mir nur eine Nachricht schreibst.*

Die Rehe bemerkten ihn, ***gleich als*** *er sein Versteck verließ.*
(Oder:) *Die Rehe bemerkten ihn gleich, als er sein Versteck verließ.*

Die Sonne blendete ihn, ***sodass*** (auch: ***so dass***) *er nichts mehr sehen konnte.*
(Oder:) *Die Sonne blendete ihn so, dass er nichts mehr sehen konnte.*

Sie sorgt sich um ihn, ***vor allem[,] wenn*** *er nachts unterwegs ist.*
(Oder:) *Sie sorgt sich um ihn vor allem, wenn er nachts unterwegs ist.*

Tabellarisch: Konjunktionen & Co.

Was sind Konjunktionen?

Satzteile und Sätze können unverbunden (asyndetisch) nebeneinanderstehen. 135

Ich brauche Bananen, Orangen, Zitronen. Friede ernährt, Unfriede verzehrt.
Er glaubte, wir seien verreist.

Sätze können aber auch durch verschiedene Pronomen, Fragewörter u. dgl. verbunden sein. In diesen Fällen macht die Kommasetzung meist keine Probleme:

Eine Mutter, die ihr Kind auf dem Arm trug, stand am Fenster.
Das ist die Stelle, an der der Unfall geschah. Alles, was er sagt, ist falsch.

Schließlich lassen sich Satzteile und Sätze durch Konjunktionen[5] und ähnliche »Kommawörter« verbinden, die eine sehr große und vielfältige Gruppe bilden. Dann hängt die Kommasetzung von der jeweiligen Konjunktion und von ihrer Verwendung im Satz ab, sodass sich kaum allgemeingültige Regeln angeben lassen.

Verbindet eine Konjunktion Sätze, dann ist sie entweder nebenordnend (beiordnend; Satzreihe) oder unterordnend (Satzgefüge). Gewöhnlich steht die Konjunktion am Anfang ihres Satzes. Aber auch eine nachgestellte Konjunktion zeigt in der Regel an, dass der betreffende Satz durch Komma abzutrennen ist:

Sophie ist blond, aber ihre Schwester ist dunkelhaarig.
Sophie ist blond, ihre Schwester aber ist dunkelhaarig.

Die folgende Tabelle bringt zu allen häufiger gebrauchten Konjunktionen und 136
anderen »Kommawörtern« vergleichbare Beispielsätze. Die linke Spalte ist nach Möglichkeit den Fällen vorbehalten, in denen vor dem jeweiligen Stichwort ein Komma steht oder in denen das Stichwort ein nachfolgendes Komma verlangt. In der rechten Spalte stehen Beispiele, die das Stichwort ohne Komma im Ablauf eines Satzes zeigen oder bei denen es Teil einer Fügung ist (vgl. 131).

[5] Als Konjunktionen werden hier der Einfachheit halber auch die einem Satz oder Satzteil vorangestellten Adverbien (z. B. ***teils – teils***) bezeichnet (vgl. 137).

Für speziell Interessierte: Nebenordnende Konjunktion oder Adverb?

137 Die Zahl der echten nebenordnenden Konjunktionen zwischen Sätzen ist klein. Es sind nur die Wörter ***aber, allein, denn, oder, sondern, und***. Dazu kommen ***doch, jedoch*** und ***nur***, die sowohl als Adverbien wie als Konjunktionen eingesetzt werden können.

Überwiegend Adverbien sind bei den sogenannten mehrgliedrigen Konjunktionen (***entweder – oder, bald – bald, einerseits – andererseits, teils – teils*** u.Ä.) beteiligt. Was aber ist der Unterschied?

Für die Kommasetzung in der Satzreihe spielt es keine Rolle, welcher Wortart die verbindenden Wörter angehören. Wenn in diesem Buch allgemein von Konjunktionen gesprochen wird, sind deshalb die einem Satz oder Satzteil vorangestellten Adverbien mitgemeint. Die Bestimmung der Wortart ist aber oft notwendig, wenn man die Zeichensetzung begründen will. Darum werden in der folgenden Tabelle bei jedem Stichwort die entsprechenden Angaben gemacht.

138 Konjunktionen im grammatischen Sinn sind keine Satzglieder, sie haben nur verbindende Funktion. Tritt also eine nebenordnende Konjunktion an den Anfang eines Satzes, so ändert sich die Stellung der Satzglieder nicht:

Timo liest ein Buch. Paul malt ein Bild. – Timo liest ein Buch und Paul malt ein Bild.
Dennis studiert Medizin. Er will Arzt werden. – Dennis studiert Medizin, denn er will Arzt werden.

Anders ist es bei den Adverbien. Da das Adverb immer Satzglied ist (Umstandsangabe), ändert sich in diesen Fällen die Wortstellung: Das Adverb kann nicht mit einem anderen Satzglied vor dem Verb stehen.

Dennis will Arzt werden. Er studiert deshalb Medizin. –
Dennis will Arzt werden, deshalb studiert er Medizin.

aber

139

1. Die entgegensetzende Konjunktion »aber« schließt einen beigeordneten (häufig verkürzten) Satz an, der durch Komma abgetrennt wird:	**1. Die entgegensetzende Konjunktion »aber« ist in den Ablauf des beigeordneten Satzes einbezogen:**
*Es wurde dunkel, **aber** wir machten kein Licht.*	
*Er schimpft zwar, **aber** er tut seine Arbeit.*	*Er schimpft zwar, tut **aber** seine Arbeit.*
*Sophie ist blond, **aber** ihre Schwester dunkelhaarig.*	*Sophie ist blond, ihre Schwester **aber** dunkelhaarig.*
*Hanna ist gut im Schwimmen, **aber** im Turnen nicht.*	*Hanna ist gut im Schwimmen, im Turnen **aber** nicht.*
2. Die Konjunktion »aber« schließt beiordnend ein Satzgefüge an, das mit einem Nebensatz oder mit einer Infinitivgruppe beginnt (vgl. 133). Das Komma steht vor »aber«:	**2. Die Konjunktion »aber« ist in das angeschlossene Satzgefüge einbezogen:**
*Er ist noch klein, **aber** weil er gut schwimmen kann, haben wir ihn mitgenommen.*	*Er ist noch klein, weil er **aber** gut schwimmen kann, haben wir ihn mitgenommen. / ..., weil er gut schwimmen kann, haben wir ihn **aber** mitgenommen.*
*Ich hätte ihm den Vorfall gern erzählt, **aber** um ihn nicht zu reizen, schwieg ich lieber.*	*Ich hätte ihm den Vorfall gern erzählt, um ihn **aber** nicht zu reizen, schwieg ich lieber. / ..., um ihn nicht zu reizen, schwieg ich **aber** lieber.*

3. Die entgegensetzende Konjunktion »aber« bildet mit einigen Konjunktionen Fügungen, die als Einheit empfunden werden. Das Komma steht vor »aber«:	**3. »aber« ist in den Hauptsatz einbezogen, während die andere Konjunktion einen Nebensatz einleitet. Das Komma steht vor der nebensatzeinleitenden Konjunktion:**
*Gib ihm das Geld, **aber ohne dass** Leon es merkt.*	*Gib ihm das Geld **aber, ohne dass** Leon es merkt.*
*Er tut das, weil es ihm Spaß macht, **aber auch weil** er dafür bezahlt wird.*	*Er tut das **aber** auch, **weil** er dafür bezahlt wird.*
*Ich besuche dich gerne, **aber nicht wenn** die ganze Familie da ist.*	*Ich besuche dich **aber** nicht, **wenn** die ganze Familie da ist.*
*Sie hat kurz angerufen, **aber nur damit** wir uns keine Sorgen machen.*	*Sie hat **aber** nur angerufen, **damit** wir uns keine Sorgen machen.*
4. Die entgegensetzende Konjunktion »aber« schließt ein zusätzliches Attribut an, das durch Komma abgetrennt wird:	**4. Die entgegensetzende Konjunktion »aber« ist in den Ablauf des Satzes einbezogen:**
*Ich habe ein schönes, **aber** kleines Zimmer.*	*Mein Zimmer **aber** ist klein.*
5. Die entgegensetzende Konjunktion »aber« schließt einen beigeordneten Satzteil an, der durch Komma abgetrennt wird:	**5. Die entgegensetzende Konjunktion »aber« ist in den Ablauf des Satzes einbezogen:**
	*Er soll nachgeben oder **aber** zurücktreten.*
*Mein Zimmer ist klein, **aber** hell und liegt sehr zentral.*	*Mein Zimmer ist **aber** zum Glück hell.*
*Müde, **aber** glücklich kamen wir heim.*	
*Wir kamen müde, **aber** glücklich heim.*	
*Seine Leistungen haben sich langsam, **aber** stetig gebessert.*	

Ich fahre nach Italien, um mich zu erholen, ***aber*** *auch um die Sprache zu lernen.*	
Nicht alle, ***aber*** *die meisten waren dafür.*	*Die meisten waren* ***aber*** *dafür.*
Wir sind nicht nur, ***aber*** *hauptsächlich auf diesem Gebiet tätig.*	
Er hat mit der Abteilungsleiterin, ***aber*** *nicht mit der zuständigen Referentin gesprochen.*	
Manchmal kann man ein zweites Komma setzen, um die Entgegensetzung als weniger wichtigen Zusatz zu kennzeichnen:	
Auf den letzten 100 Metern zog der Gegner langsam, ***aber*** *unaufhaltsam[,] an mir vorbei.*	
Die meisten Eltern, ***aber*** *auch einige Lehrer[,] waren dafür.*	*Einige der Lehrer* ***aber*** *waren auch dafür.*
In Frankreich, ***aber*** *auch in England[,] ist das bereits üblich.*	*Das ist* ***aber*** *auch in England bereits üblich.*
Sie waren arm, ***aber*** *nicht unglücklich[,] und hatten viele Freunde.*	
Daniel raucht, ***aber*** *nicht viel[,] und treibt Sport.*	*Daniel raucht* ***aber*** *nicht viel!*
6. Die Konjunktion »aber« schließt eine nachgestellte Erläuterung an, die durch Komma abgetrennt bzw. in Kommas eingeschlossen wird:	**6. Die entgegensetzende Konjunktion »aber« ist in den Ablauf des Satzes einbezogen:**

*Ich habe damals, **aber** leider ohne Erfolg, auf diesen Widerspruch hingewiesen.*	*Ich habe **aber** leider keinen Erfolg gehabt.*
*Wir treffen uns oft, **aber** nicht während der Ferien, und üben gemeinsam.*	*Wir treffen uns **aber** nicht während der Ferien.*
7. Die Konjunktion »aber« schließt eine Bekräftigung oder eine verstärkende Wiederholung an, die durch Komma abgetrennt wird:	**7. Die Konjunktion »aber« ist als Verstärkung in den Ablauf des Satzes einbezogen:**
*Ich komme gern, **aber** selbstverständlich!*	*Das ist doch **aber** selbstverständlich.*
*Mit dir ist nichts, **aber** auch gar nichts anzufangen!*	*Mit dir ist **aber** [auch] gar nichts anzufangen!*

ähnlich wie: → genauso

140 allerdings

1. Als vorangestelltes Adverb schließt »allerdings« einen beigeordneten Satz an, der durch Komma abgetrennt wird:	**1. Das Adverb »allerdings« ist in den Ablauf des Satzes einbezogen:**
*Er ist hilfsbereit, **allerdings** stellt er sich nicht sehr geschickt an.*	*Er stellt sich **allerdings** nicht sehr geschickt an.*
2. Mit einigen Konjunktionen bildet »allerdings« eine Fügung, die als Einheit empfunden und nicht durch Komma getrennt wird. Das Komma steht vor »allerdings«:	**2. »allerdings« gehört zum Hauptsatz, während die Konjunktion einen Nebensatz einleitet. Das Komma steht vor der Konjunktion:**
*Sie kam nach Köln, **allerdings als** Leonie schon im Krankenhaus war.*	*Sie kam **allerdings** erst, **als** Leonie schon im Krankenhaus war.*
*Ich besuche euch gern, **allerdings nur wenn** ich bei euch übernachten kann.*	*Ich komme **allerdings** nur, **wenn** ich bei euch übernachten kann.*

3. Als vorangestelltes Adverb schließt »allerdings« ein zusätzliches Attribut an, das durch Komma abgetrennt wird:	**3. Das Adverb »allerdings« ist in den Ablauf des Satzes einbezogen:**
Ich habe ein schönes, ***allerdings*** *kleines Zimmer.*	*Ich habe ein* ***allerdings*** *kleines Zimmer gefunden.* (Vgl. 32.)
4. Als vorangestelltes Adverb schließt »allerdings« eine nachgestellte Erläuterung an, die in Kommas eingeschlossen wird:	**4. Das Adverb »allerdings« ist in den Ablauf des Satzes einbezogen:**
Das Zimmer ist billig, ***allerdings*** *klein, und liegt im ersten Stock.*	*Das Zimmer ist* ***allerdings*** *klein.*
Er kam bald zurück, ***allerdings*** *ohne das Buch, und stotterte eine Entschuldigung.*	*Das Buch hat er* ***allerdings*** *nicht bekommen.*
Bald darauf kam er, ***allerdings*** *ohne das Buch, zurück.*	*Er kam* ***allerdings*** *ohne das Buch zurück.*
Ich habe damals, ***allerdings*** *ohne Erfolg, auf diesen Widerspruch hingewiesen.*	*Ich habe damals* ***allerdings*** *keinen Erfolg gehabt.*
Energisch, ***allerdings*** *erfolglos, habe ich damals auf diesen Widerspruch hingewiesen.*	
Die meisten, ***allerdings*** *nicht alle, waren dafür.*	
5. Als kommentierende Äußerung oder Bekräftigung steht »allerdings« außerhalb des Satzes und wird durch Komma abgetrennt (vgl. 59):	
Allerdings*, das gehört zu meiner Aufgabe.*	

141 als

1. Die Konjunktion »als« leitet einen untergeordneten Temporalsatz ein, der durch Komma abgetrennt wird:	**1. Die Konjunktion »als« ist zweiter Bestandteil einer Fügung am Beginn des Temporalsatzes, die als Einheit empfunden und nicht durch ein Komma geteilt wird:**
*Wir kehrten zurück, **als** es dunkel wurde.*	*Wir kehrten zurück, **gerade als** es dunkel wurde.*
***Als** es dunkel wurde, kehrten wir zurück.*	***Erst als** es dunkel wurde, kehrten wir zurück.*
*Wir kehrten, **als** es dunkel wurde, zurück.*	*Um neun Uhr, **also als** es dunkel wurde, kehrten wir zurück.*
*Damals, **als** Daniela ihr Examen machte, war ich verreist.*	*Ich war verreist, als Daniela krank war, **aber nicht als** sie ihr Examen machte.*
	Weitere Beispiele für solche Fügungen: ***aber als; gleich als; nur als; schon als***
2. (Wie 1.)	**2. In einigen Fügungen am Beginn des Temporalsatzes kann vor »als« ein zusätzliches Komma gesetzt werden:**
*Ich erschrak besonders, **als** der Artist fast das Gleichgewicht verlor.*	*Ich hatte große Angst, **besonders[,] als** der Artist fast das Gleichgewicht verlor.*
*Sie besuchte mich zum Beispiel, **als** ich Geburtstag hatte.*	***Zum Beispiel[,] als** ich Geburtstag hatte, hat sie mich besucht.*
	Weitere Beispiele für solche Fügungen: ***beispielsweise[,] als; nämlich[,] als; vor allem[,] als***

3. Die Konjunktion »als« leitet mit Komma einen untergeordneten Vergleichssatz ein:	**3. Die Konjunktion »als« steht ohne Komma vergleichend zwischen Satzteilen. Häufig geht ein Komparativ voraus:**
*Lukas ist größer, **als** Alexander im gleichen Alter war.*	*Lukas ist größer **als** Alexander.*
*Er ist klüger, **als** du denkst.*	*Er ist klüger **als** du.*
	*Das ist leichter gesagt **als** getan.*
	*Heute kam sie früher **als** gestern.*
	*Der Spatz in der Hand ist besser **als** die Taube auf dem Dach.*
	*Im Fernsehen sind oft bessere Inszenierungen möglich **als** im Theater.*
*Das ist mehr, **als** ich brauche.*	*Das ist mehr **als** genug.*
*Er hatte mehr Schulden, **als** er je abzahlen konnte.*	*Er hatte mehr Löcher in den Kleidern **als** Geldstücke im Beutel.*
	*Sie war mehr Forscherin **als** Schriftstellerin.*
*Sie war als Forscherin bedeutender, **als** sie auf literarischem Gebiet sein konnte.* (Vgl. »denn«, 3.)	*Sie war als Forscherin bedeutender **als** auf literarischem Gebiet.* (Vgl. »denn«, 3.)
	*Er verwendet lieber Aquarellfarben **als** Buntstifte oder Ölkreiden.*
	*Der Tisch war eher lang **als** breit.*
	*Es war ein eher langer **als** breiter Tisch.*
*Er schreibt anders, **als** du es tust.*	*Er schreibt anders **als** du.*

	Niemand [anders] **als** *du kann es gewesen sein.*
	Das ist alles andere **als** *schön.*
	Ich sah nichts **als** *ihre Augen.*
Sie kam so oft, **als** *es möglich war.*	*Sie kam so oft* **als** *möglich.*
Einige dieser Vergleichssätze entsprechen inhaltlich Sätzen mit → »als ob« / »als wenn«:	
Er sah, **als** *habe er nichts gehört, aus dem Fenster.*	
Er tut so, **als** *hätte er kein Geld.*	
Er bewegte sich [so], **als** *ginge er auf einem Seil.*	
Gelegentlich ist der Vergleichssatz nur durch sein Prädikat mit nachgestellter Personalform erkennbar (vgl. 33):	
Wir haben mehr Stühle, **als** *nötig sind.*	*Wir haben mehr Stühle* **als** *nötig.*
Es wurden mehr Waren eingekauft, **als** *verkauft werden konnten.*	*Es wurden mehr Waren eingekauft* **als** *verkauft.*
Es ging besser, **als** *zu erwarten war.*	*Es ging besser* **als** *erwartet.*
Er ist reicher, **als** *angenommen wurde.*	*Er ist reicher* **als** *angenommen.*

4. Die Konjunktion »als« kann erster Bestandteil einer Fügung am Beginn des Vergleichssatzes sein, die als Einheit empfunden und nicht durch ein Komma geteilt wird:	**4. (Wie 3.)**
*Ich bleibe nicht länger hier, **als bis** er kommt.*	*Ich bleibe nicht länger **als** bis zu seiner Ankunft hier.*
*Ich weiß nicht mehr von ihr, **als was** man in der Zeitung liest.*	*Ich weiß nicht mehr von ihr **als** das, was man in der Zeitung liest.*
*Was helfen uns jetzt unsere geheiligten Wohlstandsgüter, **als da sind** Kühlschrank, Auto und Computer?*	
Zu »als dass« vgl. »dass«, 1.	
5. (Wie 3.):	**5. Die Konjunktion »als« kann zweiter Bestandteil einer Fügung am Beginn des Vergleichssatzes sein, die als Einheit empfunden wird. Das Komma steht vor der Fügung, vor »als« kann ein zusätzliches Komma gesetzt werden:**
*Sie hob die Hand so, **als** wollte sie einen Schlag abwehren.*	*Sie hob die Hand, **so[,] als** wollte sie einen Schlag abwehren.*
*Seine Freude über diesen Preis war echt, sie war es umso mehr, **als** er ihn gar nicht erwartet hatte.* (Vgl. genauer »umso«, 2.)	*Seine Freude über diesen Preis war echt, **umso mehr[,] als** er ihn gar nicht erwartet hatte.* (Vgl. genauer »umso«, 2.)
*Er hatte insofern gut vorgesorgt, **als** er schon im Februar das Ferienquartier gebucht hatte.* (Vgl. genauer »insofern[,] [als] / insoweit[,] [als]«, 1.)	*Er hatte gut vorgesorgt, **insofern[,] als** er schon im Februar das Ferienquartier gebucht hatte.* (Vgl. genauer »insofern[,] [als] / insoweit[,] [als]«, 1.)

6. Die Konjunktion »als« leitet eine Infinitivgruppe ein, die durch Komma abgetrennt werden muss (vgl. genauer 96):	**6. Die Konjunktion »als« steht ohne Komma vor dem Infinitiv ohne »zu«:**
Etwas Schlimmeres, ***als*** *seine Kinder zu enttäuschen, hätte ihm nicht passieren können.*	
Er konnte nichts Besseres tun, ***als*** *zu reisen.*	*Er konnte nichts Besseres tun* ***als*** *reisen.*
Du brauchst nichts zu tun, ***als*** *ruhig abzuwarten.*	*Du brauchst nichts zu tun* ***als*** *ruhig abwarten.*
Es ist besser, mitzumachen, ***als*** *zuzuschauen.*	*Ich will lieber mitmachen* ***als*** *zuschauen.*
Es ist sinnvoller, ein gutes Buch zu lesen, ***als*** *einen schlechten Film zu sehen.*	*Lesen ist sinnvoller* ***als*** *fernsehen.*
Ein gutes Buch zu lesen, ist sinnvoller, ***als*** *einen schlechten Film zu sehen.*	
7. Eine mit »als« angeschlossene Erläuterung kann gelegentlich in Kommas eingeschlossen werden, wenn sie direkt hinter ihrem Bezugswort steht:	**7. Die Konjunktion »als« schließt ohne Komma eine nähere Erläuterung an:**
	Davon habe ich ***als*** *junges Mädchen geträumt.*
	Ihr ***als*** *leitender Ärztin fiel die volle Verantwortung zu.*
	Ich rate dir ***als*** *guter Freund, jetzt nicht aufzugeben.*

Dr. Schäfer, ***als*** *Vertreter des Nebenklägers, beantragte die Vernehmung eines weiteren Zeugen.*	*Dr. Schäfer* ***als*** *Vertreter des Nebenklägers beantragte die Vernehmung eines weiteren Zeugen.*
	Dr. Schäfer beantragte ***als*** *Vertreter des Nebenklägers die Vernehmung eines weiteren Zeugen.*
	8. Vor der Konjunktion »als« steht nie ein Komma, wenn ein Verb einen Anschluss mit »als« erfordert (z. B. »gelten als«):
	Er gilt ***als*** *unzuverlässig.*
	Ich empfinde sein Benehmen ***als*** *unpassend.*
	Die Geschichte erwies sich ***als*** *wahr.*
	Dr. Meier wirkte lange ***als*** *Strafverteidigerin in Köln.*
	Der Schauspieler ist mehrfach ***als*** *Hamlet aufgetreten.*
	Ich betrachte ihn ***als*** *meinen Freund.*

als dass: → dass, 1

als ob / als wenn (Vgl. auch »als«, 3.) 142

1. Die Konjunktionalfügungen »als ob« und »als wenn« leiten einen untergeordneten Vergleichssatz ein, der durch ein Komma abgetrennt wird:	**1. Die Konjunktionalfügungen »als ob« und »als wenn« sind Teil einer größeren Fügung, die als Einheit empfunden und nicht durch ein Komma geteilt wird:**
Doch das Mädchen lief über das Seil, ***als ob*** *es keinen Abgrund gäbe.*	***Doch als ob*** *es keinen Abgrund gäbe, lief das Mädchen über das Seil.*

*Er tut, **als ob** er nicht bis drei zählen könnte.*	
*Er tut immer, **als wenn** er alles besser wüsste.*	*Er hörte nie auf uns, **gerade als wenn** er alles besser wüsste.*
*Es gibt nichts Schöneres, **als wenn** die Bäume blühen.*	
*Oben an Deck wird es dir besser gehen, **als wenn** du in der Kabine bleibst.*	
2. Die Konjunktionalfügungen »als ob« und »als wenn« leiten einen untergeordneten Vergleichssatz ein, der durch ein Komma abgetrennt wird und dem im Hauptsatz ein »so« entspricht:	**2. Mit »so« bilden »als ob« und »als wenn« Fügungen, die als Einheit empfunden und nicht durch ein Komma getrennt werden. Wenn »so« besonders betont werden soll, kann nach »so« ein zusätzliches Komma gesetzt werden:**
	*Das Mädchen lief über das Seil, **so[,] als ob** es keinen Abgrund gäbe.*
*Er gähnte so laut, **als ob** er schrecklich müde wäre.*	*Er gähnte laut, **so[,] als ob** er schrecklich müde wäre.*
*Sie hob die Hand so, **als ob** sie einen Schlag abwehren wollte.*	*Sie hob die Hand, **so[,] als ob** sie einen Schlag abwehren wollte.*
*Er tut so, **als wenn** er kein Geld hätte.*	*Er trägt immer alte Sachen, **so[,] als wenn** er kein Geld hätte.*
	Vgl. »so«, 2.

als zu: → als, 6

also 143

1. Als vorangestelltes Adverb schließt »also« einen beigeordneten Satz an, der durch Komma abgetrennt wird:	**1. Das Adverb »also« ist ohne Komma in den Ablauf des Satzes einbezogen:**
Der Ofen qualmte, ***also*** *öffnete Jonas das Fenster.*	*Jonas öffnete* ***also*** *das Fenster.*
2. Als vorangestelltes Adverb schließt »also« ein zusätzliches Attribut an, das durch Komma abgetrennt wird:	**2. Das Adverb »also« ist ohne Komma in den Ablauf des Satzes einbezogen:**
Dies ist ein veraltetes, ***also*** *ungebräuchliches Wort.* (Vgl. 67.)	*Das ist* ***also*** *ein ungebräuchliches Wort.*
3. Als vorangestelltes Adverb schließt »also« eine nachgestellte Erläuterung an, die durch Komma abgetrennt bzw. in Kommas eingeschlossen wird:	**3. Das Adverb »also« ist ohne Komma in den Ablauf des Satzes einbezogen:**
Laufvögel, ***also*** *Strauße, Nandus, Emus, sind flugunfähig.*	
Er mochte alle Kinder, ***also*** *auch die frechen.*	*Er mochte* ***also*** *auch die frechen Kinder.*
Er hat alle Kinder, ***also*** *auch die frechen, gern gehabt.*	
Ich habe noch gelernt zu stenografieren, ***also*** *Kurzschrift zu schreiben.*	
Sie hat in Notwehr geschossen, ***also*** *um sich zu verteidigen, und ist daher unschuldig.*	

4. **Mit einigen Konjunktionen bildet »also« eine Fügung, die als Einheit empfunden und nicht durch Komma getrennt wird. Das Komma steht vor »also«:**	4. **Beide Wörter sind eigenständig. Das Komma steht vor der Konjunktion:**
In einem Notfall, ***also wenn*** *es brennt oder eine Panik ausbricht, drücken Sie den roten Alarmknopf.*	*Sie drücken den roten Alarmknopf* ***also, wenn*** *ein Notfall eintritt.*
Er hat das nur getan, weil er davon profitiert, ***also nicht weil*** *er uns helfen wollte.*	*Er tat das* ***also*** *nicht,* ***weil*** *er uns helfen wollte.*
Gib ihm das Geld heimlich, ***also ohne dass*** *Leon es merkt.*	
5. **Als kommentierende Äußerung oder Bekräftigung steht »also« außerhalb des Satzes und wird durch Komma abgetrennt (vgl. 59):**	5. **Das bekräftigende, aber unbetonte Adverb »also« ist ohne Komma in den Ablauf des Satzes einbezogen:**
Also*, kommst du jetzt oder nicht?* ***Also****, bis morgen!*	***Also*** *kommst du jetzt oder nicht? Bis morgen* ***also! Also*** *meinetwegen kannst du morgen kommen.*

ander[e]nteils: → teils – teils

and[e]rerseits/anderseits: → einerseits – and[e]rerseits/anderseits

anstatt dass: → dass, 1

144 auch

1. **Als vorangestelltes Adverb schließt »auch« einen beigeordneten Satz an, der durch Komma abgetrennt wird:**	1. **Das Adverb »auch« ist ohne Komma in den Ablauf des Satzes einbezogen:**
Wir baden viel, ***auch*** *gehen wir oft spazieren.*	*Wir [baden viel und] gehen* ***auch*** *oft spazieren.*

Der Jäger blieb stehen, ***auch*** *der Hund verharrte an seiner Seite.*	*Der Jäger und* ***auch*** *der Hund blieben stehen.*
2. Als vorangestelltes Adverb schließt »auch« ein zusätzliches Attribut an, das durch Komma abgetrennt wird:	**2. (Wie 1.)**
Das ist eine spannende, ***auch*** *sehr anschaulich geschriebene Erzählung.*	*Die Erzählung ist spannend und* ***auch*** *sehr anschaulich geschrieben.*
3. Als vorangestelltes Adverb schließt »auch« eine nachgestellte Erläuterung an, die durch Komma abgetrennt bzw. in Kommas eingeschlossen wird:	**3. (Wie 1.)**
Gemüse und Obst, ***auch*** *die feinsten Sorten, sind reichlich vorhanden.*	*Wir führen* ***auch*** *die feinsten Sorten von Obst und Gemüse.*
Dieser Winzer hat hervorragende Weine, ***auch*** *preisgekrönte.*	*Dieser Winzer hat* ***auch*** *preisgekrönte Weine.*
Herzliche Grüße, ***auch*** *von Oma und Opa, sendet Dein Max.*	*Ich soll dich* ***auch*** *von Oma und Opa herzlich grüßen.*
4. Mit einigen Konjunktionen bildet »auch« eine Fügung, die als Einheit empfunden und nicht durch ein Komma getrennt wird. Das Komma steht vor »auch«:	**4. »auch« gehört zum Hauptsatz. Das Komma steht vor der Konjunktion:**
Louis arbeitete, ***auch als*** *ihm das Geld ausging, weiter wie bisher.*	*Louis arbeitete* ***auch*** *weiter,* ***als*** *ihm das Geld ausging.*
Ich weiß alles, ***auch dass*** *dein Vater zugestimmt hat.*	*Ich weiß* ***auch, dass*** *dein Vater zugestimmt hat.*

Er freut sich über jede Nachricht, ***auch wenn*** *du ihm nur eine Whatsapp schreibst.*	*Er freut sich* ***auch****,* ***wenn*** *du ihm nur eine Whatsapp schreibst.*
Ich tue das nicht, ***auch nicht wenn*** *du mir drohst.*	*Ich tue das* ***auch nicht, wenn*** *du mir drohst.*
Ich fahre im Urlaub nach Italien, ***auch um*** *die Sprache zu lernen.*	*Ich fahre im Urlaub* ***auch*** *nach Italien,* ***um*** *die Sprache zu lernen.*

Weitere Beispiele für solche Fügungen:
aber auch dass/weil/wenn;
also auch dass/weil/wenn; auch ob;
auch weil; auch wie; auch wo
(Vgl. auch »nicht nur – sondern auch«, »sowohl – als auch«, »wenn auch«.)

145 außer

1. Als Konjunktion oder Präposition (Verhältniswort) schließt »außer« eine nachgetragene Erläuterung an, die durch Komma abgetrennt bzw. in Kommas eingeschlossen wird: [6]	**1. Als Konjunktion oder Präposition ist »außer« ohne Komma in den Ablauf des Satzes einbezogen:**[6]
	Außer *meinem Bruder kamen auch seine Frau und die Kinder.*
Sie können mich, ***außer*** *in der Mittagszeit, immer erreichen.* (Vgl. 84.)	***Außer*** *in der Mittagszeit können Sie mich immer erreichen.*
Sie können mich immer, ***außer*** *in der Mittagszeit, erreichen.*	*Sie können mich* ***außer*** *in der Mittagszeit immer erreichen.* (Vgl. 84.)
Sie können mich immer erreichen, ***außer*** *in der Mittagszeit.*	*Sie können mich immer erreichen* ***außer*** *in der Mittagszeit.*

[6] Oft liegt es im Ermessen der Schreibenden, ob sie etwas durch das Komma als Zusatz oder Nachtrag kennzeichnen möchten.

Niemand kann mir helfen, ***außer*** *ich selbst.*	*Niemand kann mir helfen* ***außer*** *ich selbst.*
	Niemand ***außer*** *mir selbst kann mir helfen.*
2. Mit den Konjunktionen »als«, »dass«, »weil«, »wenn« u. a. bildet »außer« eine Fügung, die als Einheit empfunden wird. Das Komma steht vor »außer«:	
Ich habe nichts erfahren können, ***außer dass*** *sie abgereist ist.*	
Wir machen morgen einen Ausflug, ***außer natürlich wenn*** *es regnet.*	
3. Als Konjunktion leitet »außer« einen Nebensatz ein, der durch Komma abgetrennt bzw. in Kommas eingeschlossen wird:	
Ich komme, ***außer*** *es regnet, und bringe einen Kuchen mit.*	

bald – bald: → mal – mal

besonders 146

1. Als vorangestelltes Adverb schließt »besonders« einen beigeordneten Satz oder Satzteil an. Das Komma steht vor »besonders«:	**1. Das Adverb »besonders« ist ohne Komma in den Ablauf des Satzes einbezogen:**
Er liebt einen guten Wein, ***besonders*** *gern trinkt er Rotwein.*	*Rotwein trinkt er* ***besonders*** *gern.*
Es gibt dort gute Weine, ***besonders*** *der Rotwein ist vorzüglich.*	*Der Rotwein ist* ***besonders*** *gut.*

Äpfel und Nüsse, ***besonders*** *aber Feigen isst sie gern.* (Vgl. »aber«, 5.)	*Äpfel, Nüsse und* ***besonders*** *Feigen isst sie gern.*
Mehrere ausländische, ***besonders*** *holländische Firmen waren vertreten.* (Vgl. 67.)	*Auf der Messe waren* ***besonders*** *viele holländische Firmen vertreten.*
2. Als vorangestelltes Adverb leitet »besonders« eine nachgestellte Erläuterung ein, die durch Komma abgetrennt bzw. in Kommas eingeschlossen wird (vgl. 61):	**2. Das Adverb »besonders« ist ohne Komma in den Ablauf des Satzes einbezogen:**
Er liebt einen guten Wein, ***besonders*** *Rotwein.*	*Er liebt* ***besonders*** *den Rotwein.*
Knackmandeln und Nüsse, ***besonders*** *Paranüsse, schätze ich sehr.*	*Von den Nüssen schätze ich* ***besonders*** *die Paranüsse.*
In meinem Zimmer ist es, ***besonders*** *am Nachmittag, sehr warm.*	*In meinem Zimmer ist es* ***besonders*** *am Nachmittag sehr warm.* (Vgl. 66.)
In meinem Zimmer ist es sehr warm, ***besonders*** *am Nachmittag.*	***Besonders*** *am Nachmittag ist es in meinem Zimmer sehr warm.*
3. Mit den Konjunktionen »als«, »dass«, »weil«, »wenn« u. a. bildet »besonders« eine Fügung, die als Einheit empfunden wird. Das Komma steht vor »besonders«; nach »besonders« kann – zur nachdrücklichen Hervorhebung – ein zusätzliches Komma gesetzt werden:	**3. »besonders« gehört zum Hauptsatz, während die Konjunktion einen Nebensatz einleitet. Das Komma steht vor der Konjunktion, nicht vor »besonders«:**
Es wird sehr nett werden, ***besonders[,] wenn*** *du auch deine Frau mitbringst.*	*Wir freuen uns* ***besonders, wenn*** *du auch deine Frau mitbringst.*
Das interessierte ihn, ***besonders[,] weil*** *er die E-Mail noch nicht kannte.*	*Das interessierte ihn* ***besonders, weil*** *er die E-Mail noch nicht kannte.*

bevor 147

1. Die Konjunktion »bevor« leitet einen untergeordneten Temporalsatz ein, der durch Komma abgetrennt bzw. in Kommas eingeschlossen wird:	1. Die Konjunktion »bevor« ist Teil einer Fügung, die als Einheit empfunden und nicht durch ein Komma geteilt wird:
*Ruf mich bitte an, **bevor** du kommst.*	
***Bevor** du noch kamst, rief er mich schon an.*	*Er rief mich ganz früh morgens an, **also noch bevor** du kamst.*
*Er musste sich, **bevor** er schreiben konnte, erst Papier suchen.*	***Denn bevor** er schreiben konnte, musste er sich erst Papier suchen.*
*Nicht öffnen, **bevor** der Zug hält!*	***Kurz bevor** der Zug hielt, verließ sie das Abteil.*
	***Drei Wochen bevor** der Sohn zurückkehrte* (wann?), *starb die Mutter.*
	*Die Mutter starb, **drei Wochen bevor** der Sohn zurückkehrte.*
	Nicht: *Die Mutter starb drei Wochen* (wie lange?), *bevor ...*
	*Das war / Das passierte, **lange bevor** es Autos gab.*
	*Diese Geschichte ist, **schon lange bevor** es Autos gab, passiert.*
	2. In einigen Fügungen kann vor »bevor« ein zusätzliches Komma gesetzt werden:
	*Ich habe sie öfter gesehen, **zum Beispiel[,] bevor** wir gestern ins Kino gingen.*

	Weitere Beispiele für solche Fügungen: ***beispielsweise[,] bevor; besonders[,] bevor; nämlich[,] bevor; vor allem[,] bevor***

148 beziehungsweise (bzw.)

1. Die Konjunktion »beziehungsweise« verbindet beigeordnete Hauptsätze. Vor »beziehungsweise« kann zur besseren Gliederung ein Komma gesetzt werden:	**1. Die Konjunktion »beziehungsweise« verbindet ohne Komma Satzteile:**
Wir fahren nach Griechenland[,] ***bzw.*** *(= besser gesagt) wir fliegen nach Athen.*	*Wir fahren* ***bzw.*** *(= besser gesagt) fliegen nach Griechenland.*
Ich kannte ihn gut[,] ***bzw.*** *(= oder vielmehr) mein Vater war mit ihm befreundet.*	*Er war mit ihm bekannt* ***beziehungsweise*** *(= oder vielmehr) befreundet.*
	Sie wohnt in Frankfurt ***bzw.*** *(= oder vielmehr) in einem Vorort von Frankfurt.*
	Die Firma Müller ***bzw.*** *(= oder) die Firma Meier wird die Ware liefern können.*
	Sein Sohn und seine Tochter sind 10 ***bzw.*** *(= und) 14 Jahre alt.*
	Ich fahre nach Italien, um mich zu erholen ***bzw.*** *(= und) um die Sprache zu lernen.*
	2. Die Konjunktion »beziehungsweise« verbindet ohne Komma Nebensätze gleichen Grades:
	Sie berichtete, was vereinbart worden war ***bzw.*** *(= genauer gesagt) welche Lösung man gefunden hatte.*

bis 149

1. Die Konjunktion »bis« leitet einen untergeordneten Temporalsatz ein, der durch Komma abgetrennt bzw. in Kommas eingeschlossen wird:	**1. Mit einigen Konjunktionen und Adverbien bildet »bis« Fügungen, die als Einheit empfunden werden. Dann steht das Komma vor der ganzen Fügung, nicht vor »bis«:**
Er wohnte dort, ***bis*** *er starb.*	*Er wohnte dort bis 2004,* ***also bis*** *er starb.*
Bis *Andreas kommt, haben wir noch eine Stunde Zeit.*	*Wir können einen Kaffee trinken,* ***denn bis*** *Andreas kommt, haben wir noch eine Stunde Zeit.*
Wir haben, ***bis*** *Andreas kommt, noch eine Stunde Zeit.*	*Ich kann noch ein bisschen bleiben,* ***aber nicht bis*** *Andreas kommt.*
	In einigen Fügungen kann vor »bis« ein zusätzliches Komma gesetzt werden:
Die Reise verlief, ***bis*** *wir nach Stuttgart kamen, ohne Zwischenfall.*	*Ich versuche wach zu bleiben,* ***zumindest[,] bis*** *wir in Stuttgart sind.*
Warte so lange, ***bis*** *ich die E-Mail geschrieben habe.*	*Du musst noch eine Weile warten,* ***nämlich[,] bis*** *ich die E-Mail geschrieben habe.*
	2. Als Adverb oder Präposition steht »bis« ohne Komma im Satz:
	Er wohnte dort ***bis*** *zu seinem Tode.*
	Wir haben ***bis*** *zu Andreas' Ankunft noch eine Stunde Zeit.*
	Die Reise verlief ***bis*** *Stuttgart ohne Zwischenfall.*

	Der Saal war ***bis*** *auf den letzten Platz besetzt.*
	Bis *auf Laura wollen alle mitfahren.*
	Alle[,] ***bis*** *auf Laura[,] wollen mitfahren.* (Vgl. 84.)

150 dagegen

1. Das Adverb »dagegen« schließt einen beigeordneten (häufig verkürzten) Satz an, der durch Komma abgetrennt wird:	**1. Das Adverb »dagegen« ist in den Ablauf des Satzes einbezogen:**
Hanna turnt nicht gern, ***dagegen*** *ist sie gut im Schwimmen.*	*Hanna ist gut im Schwimmen, im Turnen* ***dagegen*** *[ist sie] eher schwach.*
	Hanna ist gut im Schwimmen, im Turnen ***dagegen*** *nicht.*
Sophie ist blond, ***dagegen*** *[ist] ihre Schwester dunkelhaarig.*	*Sophie ist blond, ihre Schwester* ***dagegen*** *[ist] dunkelhaarig.*
	Sophie ist blond, ihre Schwester ***dagegen*** *nicht.*
Er ist leichtsinnig, ***dagegen*** *kann man nichts machen.*	*Er ist leichtsinnig, man kann nichts* ***dagegen*** *machen.*
	Dagegen*, dass er leichtsinnig ist, kann man nichts machen.* (Vgl. »dass«, 2.)
	Hast du etwas ***dagegen****, dass sie mitkommt?*

2. Das Adverb »dagegen« leitet eine nachgestellte Erläuterung ein, die durch Komma abgetrennt bzw. in Kommas eingeschlossen wird:	
*In einer dicken Winterjacke, **dagegen** ohne Mütze und Handschuhe, lief er stundenlang durch den Wald.*	

daher 151

Als vorangestelltes Adverb schließt »daher« einen beigeordneten Satz oder Satzteil an, der durch Komma abgetrennt wird:	**Das Adverb »daher« ist in den Ablauf des Satzes einbezogen:**
*Sie war krank, **daher** konnte sie nicht kommen.*	*Sie war krank und konnte **daher** nicht kommen.*
*Er war durch die lange Fahrt übermüdet, **daher** ist er verunglückt.*	*Er war seit zwanzig Stunden im Einsatz und **daher** übermüdet.*
*Er ist in dieser Stadt aufgewachsen, **daher** seine Ortskenntnis.*	*Seine Ortskenntnis kommt **daher**, dass er in dieser Stadt aufgewachsen ist.*

dann 152

1. Als vorangestelltes Adverb schließt »dann« ein Aufzählungsglied an. Das Komma steht vor »dann«, auch wenn es wiederholt wird:	**1. Das Adverb »dann« ist in den Ablauf des Satzes einbezogen:**
*Die Ampel zeigte Grün, **dann** Gelb, **dann** Rot.*	
*Er fragte erst seine Kollegen, **dann** die Abteilungsleiterin und schließlich den Direktor.*	*Er fragte seine Kollegen und **dann** erst die Abteilungsleiterin.*

Es gab mehrere Läden am Markt, ***dann*** *ein Kino, eine Apotheke und natürlich das Rathaus.*	*Wir sprechen morgen darüber, aber* ***dann*** *in Ruhe.*
Noch ein Jahr, ***dann*** *ist sie mit dem Studium fertig.*	*Im Sommer zieht sie aus, denn* ***dann*** *ist sie mit dem Studium fertig.*
Ich werde wenn nicht mit dem Auto, ***dann*** *mit der Bahn fahren.* (Vgl. »wenn«, 6.)	
Die Aufzählung kann nachgetragen sein:	
Ich werde fahren, wenn nicht mit dem Auto, ***dann*** *mit der Bahn.*	
Er aß in aller Ruhe, erst die Suppe, ***dann*** *ein Steak,* ***dann*** *den Nachtisch.*	
2. Das Adverb »dann« steht am Anfang eines beigeordneten Satzes:	**2. (Wie 1.)**
Sie fährt nach Rom, ***dann*** *fliegt sie nach Athen.*	*Sie fährt nach Rom und fliegt* ***dann*** *nach Athen.*
Er ist der Klassenbeste, ***dann*** *kommt sein Bruder und* ***dann*** *Mia.*	*Er ist der Klassenbeste[,] und* ***dann*** *kommt sein Bruder.*
Gib mir das Buch, ***dann*** *zeige ich dir das Gedicht.*	
Zuerst stritt er alles ab, ***dann*** *gab er den Diebstahl zu,* ***dann*** *gestand er auch den Ladeneinbruch.*	
Erst besinnen, ***dann*** *beginnen!*	

3. **Das Adverb »dann« nimmt am Anfang eines Hauptsatzes die Beziehung zum vorangehenden Nebensatz auf:**	3. **(Wie 1.)**
Wenn er Hunger hatte, ***dann*** *pflückte er sich einfach einen Apfel vom Baum.*	*Wenn ich dir helfe, schenkst du mir* ***dann*** *das Buch?*
Aber wenn, ***dann*** *jetzt.*	*Wenn wir* ***dann*** *alles hinter uns haben, feiern wir.*
Sollte etwas dazwischenkommen, ***dann*** *rufe ich dich an. / Falls etwas dazwischenkommt,* ***dann*** *rufe ich dich an.*	
4. **Mit einigen Konjunktionen bildet »dann« eine Fügung, die als Einheit empfunden wird. Das Komma steht vor »dann«, vor der Konjunktion kann ein zusätzliches Komma gesetzt werden:**	4. **Das Adverb »dann« steht im Hauptsatz unmittelbar vor einem wenn-Satz. Das Komma steht vor »wenn«:**
Wenn ich das gesagt habe, ***dann nur[,]*** *weil er mich provoziert hat.*	*Nur* ***dann, wenn*** *alle mitmachen, kann das gelingen.*
Wenn er von etwas eine Ahnung hat, ***dann davon[,]*** *wie man ein Auto repariert.*	*Und* ***dann, wenn*** *wir das alles hinter uns haben, feiern wir.*
Wenn ich etwas gelernt habe, ***dann[,] dass*** *einem nichts in den Schoß fällt.*	*Die Auffahrunfälle passieren fast alle in der gleichen Situation, nämlich* ***dann, wenn*** *plötzlich Nebel aufkommt.* (Vgl. aber »nämlich«, 3.)
	Natürlich werde ich spazieren gehen, aber erst ***dann, wenn*** *ich fertig bin.* (Vgl. aber »wenn«, 1.)
	Weitere Beispiele: ***besonders dann, wenn; und zwar dann, wenn; vor allem dann, wenn***

153 dass

1. Die unterordnende Konjunktion »dass« leitet Nebensätze verschiedener Art ein, die durch Komma abgetrennt bzw. in Kommas eingeschlossen werden:	**1. Mit einigen Konjunktionen oder Adverbien bildet »dass« Fügungen, die in der Regel als Einheit empfunden und meist nicht durch Komma geteilt werden. Das Komma steht also nicht vor »dass«, sondern vor der ganzen Fügung:**
Die Hauptsache ist, ***dass*** *du kommst.*	*Melanie hat mir alles erzählt,* ***also auch dass*** *du kommst.*
Gut, ***dass*** *du kommst.*	*Ich wusste von deiner E-Mail,* ***aber nicht dass*** *du kommst.*
Die Nachricht, ***dass*** *er zugestimmt hat, kam schon gestern.*	*Du sagst mir nichts Neues,* ***denn dass*** *er zugestimmt hat, wusste ich schon gestern.*
Dass *du so schnell kommst, habe ich nicht geglaubt.*	*Ich habe fest mit dir gerechnet,* ***aber dass*** *du so schnell kommst, habe ich nicht geglaubt.*
Ich weiß, ***dass*** *du ihn liebst und [dass du] alles für ihn tun würdest.*	
Ich bleibe dabei, ***dass*** *er an jenem Abend bei mir war, und bin bereit, das zu beschwören.*	
Sorg dafür, ***dass*** *er das Geld bekommt,* ***dass*** *Leon aber keinen Verdacht schöpft.*	*Gib ihm das Geld heimlich,* ***ohne dass*** *Leon Verdacht schöpft.*
	Gib ihm das Geld heimlich, ***also ohne dass*** *Leon Verdacht schöpft.*

Gib ihr den Brief, ***dass*** *(= damit) sie ihn selbst liest.*	
Gib acht, ***dass*** *du dich nicht verletzt.*	*Gib acht,* ***nicht dass*** *du dich verletzt.*
Sie sangen so laut, ***dass*** *sie heiser wurden.*	
Sie kam nicht, sei es, ***dass*** *sie im Büro aufgehalten wurde, sei es,* ***dass*** *sie im Stau steckte.*	*Es ist denkbar,* ***dass*** *sie im Büro aufgehalten wurde,* ***aber auch dass*** *sie im Stau steckt.*
	Der Plan ist viel zu umständlich, ***als dass*** *wir ihn ausführen könnten.*
	Anstatt dass *der Direktor kam, erschien nur sein Stellvertreter.*
Mich stört nur, ***dass*** *er raucht.*	*Ich mag ihn,* ***nur dass*** *er raucht, stört mich.*
	Pass auf dich auf, ***und dass*** *du mir ja keine Dummheiten machst!* (Vgl. »und«, 5.)
	Weitere Beispiele für solche Fügungen: ***außer dass; schon dass; sondern dass*** (Vgl. auch »sodass«.)
2. (Wie 1.)	**2. In einigen Fügungen kann vor »dass« ein zusätzliches Komma gesetzt werden:**
Alles spricht dafür, ***dass*** *er der Täter ist.*	*Morgen wird es regnen,* ***vorausgesetzt[,] dass*** *der Wetterbericht stimmt.*
Er verdiente seinen Unterhalt damit, ***dass*** *er als Straßenmusiker auftrat.*	*Ich glaube nicht, dass er anruft,* ***geschweige [denn][,] dass*** *er vorbeikommt.*

*Gehe ich recht in der Annahme, **dass** du der Anstifter warst?*

***Damit**, **dass** du dich entschuldigst, ist die Sache nicht erledigt.*

Weitere Beispiele für solche Fügungen: ***angenommen[,] dass; ausgenommen[,] dass; beispielsweise[,] dass; besonders[,] dass; im Fall[,] dass; kaum[,] dass; nämlich[,] dass; und zwar[,] dass; vor allem[,] dass; zum Beispiel[,] dass***

154 denn

1. Die Konjunktion »denn« schließt einen beigeordneten begründenden Satz an, der durch Komma abgetrennt bzw. in Kommas eingeschlossen wird:

*Ich machte Licht, **denn** es war inzwischen dunkel geworden.*

*In einer E-Mail, **denn** persönlich hätte sie es nie gewagt, wies sie ihre Lehrerin auf diesen Widerspruch hin.*

*Ich beschloss abzureisen, **denn**, so sagte ich mir, jeder Tag hier war verlorene Zeit.*

2. Die Konjunktion »denn« schließt beiordnend ein Satzgefüge an, das mit einem Nebensatz oder einer Infinitivgruppe beginnt (vgl. 133):

*Beeil dich, **denn** bevor die Flut kommt, müssen wir auf der Insel sein.*

*Der Kritiker hatte es leicht, **denn** um solche Fehler zu sehen, braucht man kein Fachmann zu sein.*

3. Die Konjunktion »denn« (im Sinne von »als«) leitet mit Komma einen untergeordneten Vergleichssatz ein:	**3. »denn« (im Sinne von »als«) steht ohne Komma vergleichend zwischen Satzteilen:**
Sie war als Forscherin bedeutender, ***denn*** *sie als Dichterin sein konnte.*	*Sie war als Forscherin bedeutender* ***denn*** *als Dichterin.*
	Ich tat es mehr aus Vorsicht ***denn*** *aus Überzeugung.*
	Hier heißt es, dass Dünger eher Krankheiten begünstigt ***denn*** *das Wachstum fördert.*
4. Die Konjunktion »denn« (im Sinne von »als«) leitet mit Komma eine Infinitivgruppe ein, die in Kommas eingeschlossen werden muss:	**4. (Wie 3.)**
Es kommt heute mehr darauf an, Englisch zu sprechen, ***denn*** *Latein oder Griechisch zu können.*	*Mehr* ***denn*** *je kommt es heute darauf an, Englisch zu sprechen.*
Als ehrlicher Mann zu sterben, war ihm lieber, ***denn*** *als Verräter weiterzuleben.*	*Er wollte lieber als ehrlicher Mann sterben* ***denn*** *als Verräter weiterleben.*
	5. Das Adverb »denn« steht verstärkend im Ablauf eines Satzes:
	Wer war es ***denn?***
	Hast du ihn ***denn*** *nicht gefragt?*
	Das war mir ***denn*** *doch zu viel.*

desto: → je – desto/je – je/je – umso; → umso, 1

155 doch/jedoch

1. Als Konjunktion oder vorangestelltes Adverb schließt »doch« oder »jedoch« einen beigeordneten (häufig verkürzten) Satz an, der durch Komma abgetrennt wird:	**1. »doch« oder »jedoch« ist ohne Komma in den Ablauf des Satzes einbezogen:**
Ich wollte ihm [zwar] helfen, ***doch*** *er ließ es nicht zu.*	*Er hat es* ***doch*** *nicht zugelassen.*
Ich wollte ihm [zwar] helfen, ***doch*** *ließ er es nicht zu.*	*Helfen* ***jedoch*** *ließ er sich nicht.*
Sophie ist blond, ***jedoch*** *ihre Schwester dunkelhaarig.*	*Sophie ist blond, ihre Schwester* ***jedoch*** *dunkelhaarig.*
Hanna ist gut im Schwimmen, ***jedoch*** *im Turnen nicht.*	*Hanna ist gut im Schwimmen, im Turnen* ***jedoch*** *nicht.*
2. Als Konjunktion schließt »doch« oder »jedoch« beiordnend ein Satzgefüge an, das mit einem Nebensatz oder mit einer Infinitivgruppe beginnt (vgl. 133). Das Komma steht vor »[je]doch«:	**2. Als Konjunktion ist »jedoch« in den Vordersatz des Satzgefüges einbezogen:**
Ich will dir gern helfen, ***doch*** *bevor wir etwas unternehmen, muss ich erst mit deinem Lehrer sprechen.*	*..., bevor wir* ***jedoch*** *etwas unternehmen, muss ich erst mit deinem Lehrer sprechen.*
Ich wäre gern einmal in Paris, ***jedoch*** *um reisen zu können, braucht man Geld und Zeit.*	*..., um* ***jedoch*** *reisen zu können, braucht man Geld und Zeit.*

3. Mit einigen Konjunktionen bilden »doch« und »jedoch« Fügungen, die als Einheit empfunden werden. Das Komma steht vor »doch« bzw. »jedoch«:	**3. »doch« bzw. »jedoch« gehört zum Hauptsatz, während eine andere Konjunktion einen Nebensatz einleitet:**
Wir liefern Ihnen die bestellten Waren gern, ***jedoch erst wenn*** *die Rechnung vom 3. September bezahlt ist.*	*Wir liefern die bestellten Waren* ***jedoch*** *erst,* ***wenn*** *die Rechnung vom 3. September bezahlt ist.*
4. »doch« oder »jedoch« schließt ein zusätzliches Attribut an, das durch Komma abgetrennt wird:	**4. »doch« bzw. »jedoch« gehört zu einem Attribut, das vor seinem Bezugswort steht und nicht durch Komma abgetrennt wird:**
Wir waren in einem schönen, ***jedoch*** *etwas abgelegenen Hotel untergebracht.*	*Wir haben uns schließlich gegen dieses* ***doch*** *recht abgelegene Hotel entschieden.*
5. »doch« oder »jedoch« schließt einen beigeordneten Satzteil an, der durch Komma abgetrennt wird:	**5. »doch« und »jedoch« sind ohne Komma in den Ablauf des Satzes einbezogen:**
Das Zimmer ist klein, ***jedoch*** *hell und liegt sehr zentral.*	*Das Zimmer ist* ***jedoch*** *hell.*
Es hat heftig, ***jedoch*** *nur kurz geregnet.*	*Das war kein Gewitter, es hat* ***doch*** *nur kurz geregnet.*
Es hat geregnet, wenn schon nicht lange, so ***doch*** *heftig.* (Vgl. »wenn«, 6.)	
Nicht alle, ***jedoch*** *die meisten waren dafür.*	*Die meisten waren* ***jedoch*** *dafür.*
Er hat mit der Abteilungsleiterin, ***jedoch*** *nicht mit der zuständigen Referentin gesprochen.*	
Sie ging an mir vorbei, ***jedoch*** *ohne mich anzusehen.*	

Manchmal kann man ein zweites Komma setzen, um die Entgegensetzung als weniger wichtigen Zusatz zu kennzeichnen:	
Sie hatten meine Schwester, ***jedoch*** *nicht ihren Freund[,] zu dieser Party eingeladen.*	*Ihren Freund* ***jedoch*** *hatten sie nicht eingeladen.*
Die meisten Eltern, ***jedoch*** *auch einige Lehrer[,] waren dafür.*	*Es waren* ***jedoch*** *auch einige Lehrer dafür.*
Sie waren arm, ***jedoch*** *nicht unglücklich[,] und hatten viele Freunde.*	*Sie waren arm und* ***doch*** *zufrieden.*
	Sie waren arm oder ***doch*** *zumindest nicht wohlhabend.*
6. Die Konjunktion »jedoch« schließt eine nachgestellte Erläuterung an, die in Kommas eingeschlossen wird:	
Ich habe mehrmals, ***jedoch*** *ohne Erfolg, auf den Widerspruch hingewiesen.*	
Meine Schwester, ***jedoch*** *nicht ihren Freund, hatten sie eingeladen.*	
Sie hatten meine Schwester eingeladen, ***jedoch*** *nicht ihren Freund, und begründeten das nicht einmal.*	
7. Als kommentierende Äußerung oder Bekräftigung steht »doch« außerhalb des Satzes und wird durch Komma abgetrennt (vgl. 59):	**7. »doch« und »jedoch« sind ohne Komma in den Ablauf des Satzes einbezogen:**
Also ***doch,*** *das habe ich mir gedacht!*	*Das habe ich mir* ***doch*** *gedacht!*
Doch, doch, *ich habe es versucht.*	*Ich habe es* ***doch*** *versucht.*

ebenso: → genauso

ehe: → bevor

einerseits – and[e]rerseits/anderseits 156

1. Die mehrgliedrige Konjunktion »einerseits – and[e]rerseits/anderseits« verbindet aufgezählte Sätze oder Satzteile. Vor »and[e]rerseits/anderseits« steht immer ein Komma:	**1. Beide Teile der mehrgliedrigen Konjunktion können in den Ablauf ihrer Teilsätze einbezogen sein:**
Einerseits *wollte sie nicht drängen,* ***anderseits*** *hatte sie es eilig.*	*Sie wollte* ***einerseits*** *nicht drängen, hatte es aber* ***andererseits*** *eilig.*
Er ist ***einerseits*** *fleißig,* ***andrerseits*** *aber auch verspielt.*	
Einerseits *machte das Spaß,* ***andererseits*** *Angst.*	
2. Ist die Aufzählung nachgetragen, steht auch vor »einerseits« ein Komma:	
Er ist ein merkwürdiger Mensch, ***einerseits*** *fleißig,* ***anderseits*** *verspielt.*	
Ich fahre nach Italien, ***einerseits*** *um mich zu erholen,* ***andererseits*** *um die Sprache zu lernen.*	
3. Das Wort »einerseits« kann fehlen. Vor »and[e]rerseits/anderseits« steht auch dann ein Komma:	**3. Das Wort »and[e]rerseits/anderseits« ist in den Ablauf des zweiten Satzes einbezogen:**
Sie hatte kein Geld, ***anderseits*** *aber auch keine Lust, auf die Reise zu verzichten.*	

*Er ist sicher sehr fleißig, **anderseits** kann man nicht sagen, dass er sich überarbeitet.*	*Er ist sicher sehr fleißig. Man kann **andererseits** aber nicht sagen, dass er sich überarbeitet.*
4. Mit einigen Konjunktionen bilden »einerseits« und »and[e]rerseits/anderseits« Fügungen, die als Einheit empfunden werden. Das Komma steht jeweils vor der Fügung:	**4. »einerseits« und »and[e]rerseits/anderseits« gehören zum Hauptsatz. Die Nebensätze werden durch Komma abgetrennt bzw. in Kommas eingeschlossen:**
*Sie werden verkaufen, **einerseits weil** sie Geld brauchen, **andererseits weil** ihnen an dem Grundstück nichts liegt.*	*Wir verkaufen **einerseits, weil** wir Geld brauchen, **andererseits, weil** uns an dem Grundstück nichts liegt.*

einesteils – ander[e]nteils: → teils – teils

157 entweder – oder

1. Die mehrgliedrige Konjunktion »entweder – oder« verbindet aufgezählte Satzteile. Ist diese Aufzählung nachgetragen, steht vor »entweder« ein Komma:	**1. Die mehrgliedrige Konjunktion »entweder – oder« verbindet ohne Komma aufgezählte Satzteile:**
	*Er sagt jetzt **entweder** Ja **oder** Nein.*
	*Helene hat **entweder** den Termin vergessen **oder** wurde von etwas Wichtigem abgelenkt.*
*Einer ist schuld, **entweder** Marco **oder** Lukas.*	***Entweder** Marco **oder** Lukas ist schuld.*
*Jemand muss mitkommen, **entweder** mein Vater **oder** meine Schwester **oder** der Hausmeister.*	***Entweder** mein Vater **oder** meine Schwester **oder** der Hausmeister muss mitkommen.*

2. **Die mehrgliedrige Konjunktion »entweder – oder« verbindet beigeordnete Hauptsätze. Das Komma vor »oder« ist freigestellt, vor weiteren »oder« ebenfalls:**	2. **Die mehrgliedrige Konjunktion »entweder – oder« verbindet Nebensätze und Infinitivgruppen gleichen Grades. Nur vor »entweder« steht ein Komma:**
Entweder *kommt er sofort nach Hause[,]* ***oder*** *er trinkt noch ein Glas Bier.*	*Sie sagte,* ***entweder*** *komme er sofort nach Hause* ***oder*** *er trinke noch ein Glas Bier.*
Er kommt ***entweder*** *sofort nach Hause[,]* ***oder*** *er trinkt noch ein Glas Bier.*	*Er hatte vor,* ***entweder*** *sofort nach Hause zu kommen* ***oder*** *noch ein Glas Bier zu trinken.*
Entweder *schläft er schon[,]* ***oder*** *er sitzt vor dem Fernseher[,]* ***oder*** *er ist ausgegangen.*	*Sie vermutete,* ***entweder*** *schlafe er schon* ***oder*** *er sitze vor dem Fernseher* ***oder*** *er sei ausgegangen.*
3. **Mit einigen Konjunktionen bilden »entweder« und »oder« Fügungen, die als Einheit empfunden und nicht durch Komma geteilt werden:**	3. **»entweder« und »oder« gehören zum Hauptsatz. Die Nebensätze werden durch Komma abgetrennt bzw. in Kommas eingeschlossen:**
Er will herkommen, ***entweder weil*** *er Geld braucht* ***oder weil*** *er in der Klemme steckt.*	*Er kommt* ***entweder, weil*** *er Geld braucht,* ***oder, weil*** *er in der Klemme steckt.*
Entweder wenn *sie den Preis bekommt* ***oder wenn*** *sie die Dankrede hält, musst du sie fotografieren.*	*Du musst sie* ***entweder, wenn*** *sie den Preis bekommt,* ***oder, wenn*** *sie die Dankrede hält, fotografieren.*
Sie wird anrufen, ***entweder um*** *abzusagen* ***oder um*** *uns ihre Ankunftszeit mitzuteilen.*	*Sie wird* ***entweder*** *anrufen,* ***um*** *abzusagen,* ***oder, um*** *uns ihre Ankunftszeit mitzuteilen.*
	Sie wird ***entweder*** *anrufen, wenn sie abgeholt werden will,* ***oder uns*** *ihre Ankunftszeit vorher mitteilen.*

erst – dann: → dann

falls: → wenn, 1 und 3

158 **genauso** (Die Beispiele gelten auch für »ebenso« und »geradeso«; »ähnlich wie« wird behandelt wie »genauso wie«.)

1. Als vorangestelltes Adverb schließt »genauso« einen beigeordneten Satz an, der durch Komma abgetrennt wird:	**1. Das Adverb »genauso« ist in den Ablauf des Satzes einbezogen:**
*Seine Leistungen in Physik und Mathematik sind ungenügend, **genauso** hapert es in Latein und Französisch.*	*Seine Leistungen in Physik und Mathematik sind ungenügend, in Latein ist es **genauso** / in Latein ist er **genauso** schlecht.*
2. Die Fügung »genauso wie« schließt einen untergeordneten Vergleichssatz an, der durch Komma abgetrennt wird. Wenn »genauso« besonders betont werden soll, kann nach »genauso« ein zusätzliches Komma gesetzt werden (vgl. »so«, 2):	**2. »genauso« gehört zum Hauptsatz, während »wie« einen untergeordneten Vergleichssatz einleitet. Das Komma steht vor »wie«:**
*Er musste auf Alkohol verzichten, **genauso[,] wie** er schon früher das Rauchen hatte aufgeben müssen.*	*Er musste auf Alkohol **genauso** verzichten, **wie** er schon früher das Rauchen hatte aufgeben müssen.*
*Sie packt die Dinge energisch an, **genauso[,] wie** ich es gemacht hätte.*	*Sie macht das **genauso, wie** ich es gemacht hätte.*
3. Als vorangestelltes Adverb schließt »genauso [wie]« eine nachgestellte Erläuterung an, die durch Komma abgetrennt bzw. in Kommas eingeschlossen wird:	**3. »genauso [wie]« steht ohne Komma vergleichend zwischen Satzteilen:**
*Paul wurde schnell befördert, **genauso** [aber] seine beiden Kollegen.*	*Paul wurde **genauso** schnell befördert **wie** seine beiden Kollegen.*

*Paul, **genauso** [aber] seine beiden Kollegen, wurde schnell befördert.*	
*Paul wurde[,] **genauso wie** seine beiden Kollegen[,] schnell befördert.* (Vgl. 66.)	
*Wir hatten[,] **genauso wie** schon im letzten Jahr[,] einen schönen Herbst.* (Vgl. 66.)	*Er macht das **genauso wie** ich damals.*
*Das Essen schmeckt fad, **genauso wie** gestern.*	*Das Essen schmeckt **genauso** [schlecht] **wie** gestern.*
*Beim Treppensteigen wurde ihr leicht schwindlig, **genauso wie** im fahrenden Auto.*	
	4. Eine Wortgruppe mit »genauso wie« am Satzanfang wird nicht durch Komma abgetrennt (vgl. »so«, 5):
	***Genauso wie** seine beiden Kollegen wurde Paul schnell befördert.*
	***Genauso wie** im letzten Jahr hatten wir einen schönen Herbst.*

geradeso: → genauso

geschweige [denn] (Zu »geschweige [denn][,] dass« vgl. »dass«, 2.) 159

Die Konjunktion »geschweige [denn]« schließt im Sinne von »noch weniger« einen Satzteil an, der durch Komma abgetrennt wird:	
*Ich kann kaum gehen, **geschweige [denn]** Treppen steigen.*	

Ich habe ihn nicht sehen, ***geschweige [denn]*** *sprechen können.*

Es gab fast niemanden, der davon wusste, ***geschweige [denn]*** *darüber nachgedacht hätte.*

Über solche Dinge hätte er kaum mit einem Freund, ***geschweige [denn]*** *mit einem Fremden gesprochen.*

Sie sprach einige kaum hörbare, ***geschweige [denn]*** *verständliche Worte.*

160 halb – halb

1. Die mehrgliedrige Konjunktion »halb – halb« verbindet aufgezählte Sätze oder Satzteile. Das Komma steht vor dem zweiten »halb«:

Halb *hatte er zugestimmt,* ***halb*** *widerstrebte ihm die Art ihres Vorgehens.*

Sie sprach mit ***halb*** *amüsierter,* ***halb*** *ärgerlicher Miene.*

Er sah mich ***halb*** *amüsiert,* ***halb*** *ärgerlich an.*

2. Ist die Aufzählung nachgetragen, steht auch vor dem ersten »halb« ein Komma:

Sie sah mich an, ***halb*** *amüsiert,* ***halb*** *ärgerlich.*

Die Zentauren sind Gestalten der griechischen Sage, ***halb*** *Pferd,* ***halb*** *Mensch.*

hingegen 161

1. Das Adverb »hingegen« schließt einen beigeordneten (häufig verkürzten) Satz an, der durch Komma abgetrennt wird:	**1. Das Adverb »hingegen« ist ohne Komma in den Ablauf des Satzes einbezogen:**
*Hanna turnt nicht gern, **hingegen** ist sie gut im Schwimmen.*	*Hanna ist gut im Schwimmen, im Turnen **hingegen** [ist sie] eher schwach.*
	*Hanna ist gut im Schwimmen, im Turnen **hingegen** nicht.*
*Sophie ist blond, **hingegen** [ist] ihre Schwester dunkelhaarig.*	*Sophie ist blond, ihre Schwester **hingegen** [ist] dunkelhaarig.*
	*Sophie ist blond, ihre Schwester **hingegen** nicht.*
2. Das Adverb »hingegen« ist Teil einer nachgestellten Erläuterung, die durch Komma abgetrennt bzw. in Kommas eingeschlossen wird:	
*Mit kurzen Anweisungen, **hingegen** ohne sichtbare Bewegungen, lenkte er den Einsatz der Maschine.*	

insbesondere: → besonders

162 insofern[,] [als] / insoweit[,] [als]

1. Die Konjunktionalfügungen »insofern als« und »insoweit als« leiten einen untergeordneten einschränkenden Modalsatz ein, der durch Komma abgetrennt wird. Vor »als« kann ein zusätzliches Komma gesetzt werden (→ »als«, 5):	**1. »insofern« oder »insoweit« ist als Adverb in den Hauptsatz einbezogen, »als« leitet mit Komma einen untergeordneten Vergleichssatz (→ »als«, 5) ein:**
*Sie hatte gut vorgesorgt, **insofern[,] als** sie schon im Februar das Ferienquartier gebucht hatte.*	*Sie hatte **insofern** gut vorgesorgt, **als** sie schon im Februar das Ferienquartier gebucht hatte.*
***Insofern[,] als** du an seine Rückkehr glaubst, hast du dich gründlich geirrt.*	*Du hast dich **insofern** gründlich geirrt, **als** du an seine Rückkehr glaubst.*
*Der Richter kann unabhängig entscheiden, **insoweit[,] als** er im Rahmen des Gesetzes bleibt.*	*Der Richter kann **insoweit** unabhängig entscheiden, **als** er im Rahmen des Gesetzes bleibt.*
2. Auch ohne »als« leiten die Konjunktionen »insofern« und »insoweit« einen untergeordneten Modalsatz ein:	**2. Auch als Adverb kann »insofern« oder »insoweit« allein auftreten:**
*Ich hatte keinen Grund zum Misstrauen, **insofern** Markus nur selten Geld in die Hand bekam.*	*Ich hatte **insofern** keinen Grund zum Misstrauen.*
	***Insofern** hat er sicher recht.*
***Insoweit** es nur Reisebeschreibung sein will, ist das Buch ganz gut.*	*Das Buch ist **insoweit** ganz gut.*

ja

163

1. Als vorangestelltes, den Ausdruck steigerndes Adverb schließt »ja« einen beigeordneten Satz oder Satzteil (vgl. 41) an, der durch Komma abgetrennt wird:	
Ich schätze ihn, ***ja*** *ich verehre ihn und bin stolz auf seine Freundschaft.*	
Ich schätze, ***ja*** *verehre ihn und bin stolz auf seine Freundschaft.*	
Es war ein kleines, ***ja*** *[geradezu] winziges Haus.*	
Es blieb ihm nichts übrig, als alles zu verkaufen, ***ja*** *zu verschleudern.*	
2. Als kommentierende Äußerung oder Bekräftigung steht »ja« außerhalb des Satzes und wird durch Komma abgetrennt bzw. in Kommas eingeschlossen (vgl. 59):	**2. Das Adverb »ja« ist ohne Komma in den Ablauf des Satzes einbezogen:**
Ja, *das wird gehen.*	*Es geht* ***ja!***
Ja, *ich komme mit.*	*Ich will* ***ja*** *mitkommen, aber ich kann nicht.*
Ja, *das waren noch Zeiten!*	***Ja*** *das waren noch Zeiten!*
Ja, *wie denn nun?*	***Ja*** *wie denn nun?*
Ja, *natürlich ist er das!*	***Ja*** *natürlich!*
Du bleibst noch ein bisschen bei mir, ***ja?***	***Ja*** *wenn das so ist, bleibe ich gern noch ein bisschen.*
Es blieb ihm nichts übrig, als alles zu verkaufen, ***ja,*** *zu verschleudern.*	*Er musste* ***ja*** *alles verkaufen.*

Kommst du? Wenn das Wetter gut ist, ***ja.***	*Lass das* ***ja*** *sein!*
Ich denke, ***ja.***	*Ich denke* ***ja*** *noch darüber nach.*

164 je – desto / je – je / je – umso

1. Die Konjunktion »je« leitet einen untergeordneten Proportionalsatz ein, dem im Hauptsatz → »desto« oder → »umso« entspricht. Der Nebensatz wird durch Komma abgetrennt bzw. in Kommas eingeschlossen:	**1. Die Konjunktion »je« ist Teil einer Fügung, die als Einheit empfunden und nicht durch Komma geteilt wird:**
Je *älter er wird,* ***desto*** *bescheidener wird er.*	***Denn je*** *mehr er darüber nachdachte,* ***desto*** *klarer erkannte er seinen Fehler.*
Er wird ***desto*** *bescheidener,* ***je*** *älter er wird.*	
Je *länger ich ihn kenne,* ***umso*** *lieber habe ich ihn.*	***Aber je*** *länger ich ihn kenne,* ***umso*** *lieber habe ich ihn.*
Ich habe ihn ***umso*** *lieber,* ***je*** *länger ich ihn kenne und* ***je*** *mehr ich von ihm weiß.*	
2. Die mehrgliedrigen Konjunktionen »je – desto« / »je – je« / »je – umso« verbinden Satzteile. Vor dem zweiten Teil der Konjunktion steht immer ein Komma:	
Ich bin ***je*** *länger,* ***je*** *mehr von ihrer Ehrlichkeit überzeugt.*	
Wir haben ***je*** *länger,* ***desto*** *lieber hier gewohnt.*	
3. Ist die Aufzählung nachgetragen, steht auch vor dem ersten »je« ein Komma:	

*Ich möchte ein Schnitzel, **je** größer, **desto** besser.*

je nachdem[,] ob: → ob, 2

jedoch: → doch/jedoch

mal – mal (Die Beispiele gelten auch für »bald – bald«.) 165

1. Die mehrgliedrige Konjunktion »mal – mal« verbindet aufgezählte Sätze oder Satzteile. Vor dem zweiten (und dritten) »mal« steht immer ein Komma:

***Mal** ist er hier, **mal** dort.*

*Wir haben **mal** drinnen, **mal** draußen gesessen.*

***Mal** lacht die Kleine, **mal** weint sie, **mal** schreit sie nach der Mutter.*

2. Ist die Aufzählung nachgetragen, steht auch vor dem ersten »mal« ein Komma:

*Wir haben hier oft mit Gästen gegessen, **mal** drinnen, **mal** draußen.*

nachdem 166

1. Die Konjunktion »nachdem« leitet einen untergeordneten Temporalsatz ein, der durch Komma abgetrennt bzw. in Kommas eingeschlossen wird:	**1. Die Konjunktion »nachdem« ist Teil einer Fügung, die als Einheit empfunden und nicht durch ein Komma geteilt wird:**
*Er brach völlig zusammen, **nachdem** er von Michaels Tod erfahren hatte.*	*Es ging ihm ohnehin schlecht, **aber nachdem** er von Michaels Tod erfahren hatte, brach er völlig zusammen.*

Nachdem *sie das Telefon weggelegt hatte, notierte sie sich den Namen.*	***Gleich nachdem*** *sie das Telefon weggelegt hatte, notierte sie sich den Namen.*
Sie notierte sich, ***nachdem*** *sie das Telefon weggelegt hatte, den Namen.*	*Sie notierte sich den Namen erst nach dem Gespräch,* ***also erst nachdem*** *sie das Telefon weggelegt hatte.*
	Drei Wochen nachdem *der Sohn zurückgekehrt war, starb die Mutter.*
	Die Mutter starb ***drei Wochen nachdem*** *der Sohn zurückgekehrt war* (wann?).
	Nicht: *Die Mutter starb drei Wochen* (wie lange?), *nachdem …*
	2. In einigen Fügungen kann vor »nachdem« ein zusätzliches Komma gesetzt werden:
	Er war sehr froh, ***besonders[,] nachdem*** *er deine Nachricht gelesen hatte.*
	Weitere Beispiele für solche Fügungen: ***beispielsweise[,] nachdem; und zwar[,] nachdem; vor allem[,] nachdem; zum Beispiel[,] nachdem***

namentlich: → besonders

167 nämlich

1. Das Adverb »nämlich« steht am Anfang (seltener am Ende) einer nachgestellten Erläuterung, die durch Komma abgetrennt bzw. in Kommas eingeschlossen wird:	**1. Das Adverb »nämlich« ist in den Ablauf des Satzes einbezogen:**

*Die Ministerin nahm ebenfalls an der Besprechung teil, **nämlich** als Parteivorsitzende.*	*Auch die Ministerin war da. Sie nahm **nämlich** als Parteivorsitzende teil.*
*Ich werde später fahren, **nämlich** erst am Abend.*	*Ich komme erst in der Nacht an; ich fahre **nämlich** später.*
*Ein Verwandter, der Bruder seiner Mutter **nämlich**, ist bei der Firma Personalchef.*	*Der Bruder seiner Mutter ist **nämlich** bei der Firma Personalchef.*
*Die dritte Gruppe, **nämlich** Physiker und Chemiker, hielt ihre Kolloquien im Laborgebäude.*	*Der Raum war zu klein. Die dritte Gruppe **nämlich**, Physiker und Chemiker, war die größte.*
*Nur ein Grundstück, das von Müllers **nämlich**, ist nicht betroffen.*	
*Sie hat eine wichtige Aufgabe, **nämlich** die Produktion zu überwachen, und erfüllt sie zu unserer Zufriedenheit.*	
*Stefan tut das zu einem bestimmten Zweck, **nämlich** um sich unentbehrlich zu machen.*	
2. Als vorangestelltes Adverb schließt »nämlich« ein zusätzliches Attribut an, das durch Komma abgetrennt wird:	
*Das ist ein besseres, **nämlich** umweltfreundliches Verfahren.*	

3. Mit einigen Konjunktionen bildet »nämlich« eine Fügung, die als Einheit empfunden wird. Das Komma steht vor »nämlich«, nach »nämlich« kann ein zusätzliches Komma gesetzt werden:	**3. »nämlich« ist Bestandteil des Hauptsatzes, während die Konjunktion einen Nebensatz einleitet. Das Komma steht vor der Konjunktion:**
Ich hatte ihm noch etwas Unangenehmes mitzuteilen, ***nämlich[,] dass*** *seine Anwesenheit nicht erwünscht sei.*	*Ich sagte ihm* ***nämlich, dass*** *seine Anwesenheit nicht erwünscht sei.*
Die Auffahrunfälle passieren fast alle in der gleichen Situation, ***nämlich[,] wenn*** *plötzlich Nebel aufkommt.* (Vgl. aber »dann«, 4.)	*Die Auffahrunfälle passieren* ***nämlich, wenn*** *plötzlich Nebel aufkommt.*
Weitere Beispiele für solche Fügungen: ***nämlich[,] als; nämlich[,] damit; nämlich[,] weil***	
4. »nämlich« ist zweiter Bestandteil einer Konjunktionalfügung, die als Einheit empfunden wird. Das Komma steht vor der Konjunktion:	**4. Das Adverb »nämlich« ist in den Ablauf des Nebensatzes einbezogen:**
Diese Erkenntnis, ***dass nämlich*** *seine Gesundheit ernstlich bedroht war, war ein Schock für ihn.*	*Diese Erkenntnis, dass seine Gesundheit* ***nämlich*** *ernstlich bedroht war, war ein Schock für ihn.*
Ich habe viel Zeit, ***weil nämlich*** *die Kinder im Zeltlager sind.*	*Ich habe viel Zeit, weil die Kinder* ***nämlich*** *im Zeltlager sind.*
Weitere Beispiele für solche Fügungen: ***als nämlich; ob nämlich; wenn nämlich***	

nicht – noch: → weder – noch

nicht nur – aber: → aber, 5

nicht nur / nicht allein – [sondern] auch

168

1. Die mehrgliedrige Konjunktion »nicht nur / nicht allein – [sondern] auch« verbindet aufgezählte Sätze oder Satzteile. Ist diese Aufzählung nachgetragen, steht vor beiden Teilen der Konjunktion ein Komma:	**1. Die mehrgliedrige Konjunktion »nicht nur / nicht allein – [sondern] auch« verbindet aufgezählte Sätze oder Satzteile. Nur vor »sondern auch« steht ein Komma:**
	*Das ist ein **nicht nur** gutes, **sondern auch** billiges Verfahren.*
*An dem Wagen ist Verschiedenes nicht in Ordnung, **nicht nur** der Anlasser, **[sondern] auch** das Getriebe.*	*An dem Wagen ist **nicht nur** der Anlasser, **sondern auch** das Getriebe nicht mehr in Ordnung.*
	***Nicht nur** der Anlasser, **[sondern] auch** das Getriebe ist kaputt.*
*An dem Wagen ist Verschiedenes nicht in Ordnung, **nicht nur** der Anlasser ist kaputt, **[sondern] auch** das Getriebe hat Schaden genommen.*	***Nicht nur** der Anlasser ist kaputt, **[sondern] auch** das Getriebe hat Schaden genommen.*
*Sie sollen auch künftig unser Kunde sein, **nicht nur** jetzt, **sondern auch** in den nächsten Jahren.*	*Sie sollen **nicht nur** jetzt, **sondern auch** in den nächsten Jahren unser Kunde sein.*
2. Mit einigen Konjunktionen bilden »nicht nur / nicht allein« und »[sondern] auch« Fügungen, die als Einheit empfunden werden. Das Komma steht jeweils vor der Fügung:	**2. »nicht nur / nicht allein« und »[sondern] auch« gehören zum Hauptsatz. Die Nebensätze werden durch Komma abgetrennt bzw. in Kommas eingeschlossen:**
*Sie werden verkaufen, **nicht nur weil** sie Geld brauchen, **sondern auch weil** ihnen an dem Grundstück nichts liegt.*	*Wir verkaufen **nicht nur, weil** wir Geld brauchen, **sondern auch, weil** uns an dem Grundstück nichts liegt.*

Ich fahre nach Italien, ***nicht nur um*** *mich zu erholen,* ***sondern auch um*** *die Sprache zu lernen.*	*Ich fahre* ***nicht nur*** *nach Italien,* ***um*** *mich zu erholen,* ***sondern auch, um*** *die Sprache zu lernen.*
	Nach Italien fahre ich ***nicht nur, weil*** *ich einen Sprachkurs besuchen will,* ***sondern auch*** *wegen des schönen Wetters.*

nicht – sondern: → sondern

noch: → weder – noch

169 nur

1. Das Adverb »nur« schließt einen beigeordneten Satz an, der durch Komma abgetrennt wird:	**1. Das Adverb »nur« ist in den Ablauf des Satzes einbezogen:**
Alle kamen mit, ***nur*** *Marie hatte keine Lust.*	*Alle kamen mit und* ***nur*** *Marie hatte keine Lust.*
Herr Schröder ist ein guter Mitarbeiter, ***nur*** *sollte er etwas kollegialer sein.* (Auch schon als Konjunktion:) ..., ***nur*** *er sollte etwas kollegialer sein.*	*Herr Schröder ist ein guter Mitarbeiter, er sollte* ***nur*** *etwas kollegialer sein.*
2. Das Adverb »nur« schließt eine nachgestellte Erläuterung an, die durch Komma abgetrennt bzw. in Kommas eingeschlossen wird:	**2. (Wie 1.)**
Alle kamen mit, ***nur*** *Marie nicht.*	***Nur*** *Marie kam nicht mit.*
Ich bin nicht krank, ***nur*** *müde, und habe wohl zu viel gearbeitet.*	*Ich bin* ***nur*** *müde, nicht krank.*
Der Wagen ist nicht neu, ***nur*** *sehr gut gepflegt.*	*Der Wagen ist nicht neu, er wurde* ***nur*** *sehr gut gepflegt.*

Du sollst freundlich und entgegenkommend sein, ***nur*** *nicht allzu nachgiebig.*	*Du kannst freundlich und entgegenkommend sein, aber sei* ***nur*** *nicht allzu nachgiebig!*
Alles, ***nur*** *nicht das!*	*Tu mir* ***nur*** *das nicht an!*
3. Das Adverb »nur« schließt ein zusätzliches Attribut an, das durch Komma abgetrennt wird:	
Sie ist eine kompetente, ***nur*** *etwas langsame Mitarbeiterin.*	
4. Mit einigen Konjunktionen bildet »nur« eine Fügung, die als Einheit empfunden wird. Das Komma steht vor »nur«:	**4. Beide Wörter sind eigenständig. Das Komma steht vor der Konjunktion:**
Er wurde schwer verletzt, ***nur weil*** *er nicht angeschnallt war.*	*Zu dem Unfall kam es* ***nur, weil*** *er zu schnell gefahren ist.*
Die Straßen sind schneefrei, ***nur wenn*** *sich Glatteis bildet, musst du achtgeben.*	*Ich fahre* ***nur, wenn*** *die Straßen schneefrei sind.*
Sie kam extra aus Bremen, ***nur um*** *sich bei mir zu entschuldigen.*	*Sie kam* ***nur, um*** *sich bei mir zu entschuldigen.*
Sie kam, ***nur um*** *sich bei mir zu entschuldigen, extra aus Bremen.*	

Weitere Beispiele für solche Fügungen:
nur als; nur dass; nur ob; nur warum; nur wo

170 ob

1. Die unterordnende Konjunktion »ob« leitet einen indirekten Fragesatz ein, der durch Komma abgetrennt bzw. in Kommas eingeschlossen wird:	**1. Die Konjunktion »ob« ist Teil einer Fügung, die als Einheit empfunden und nicht durch ein Komma geteilt wird:**
Man weiß nicht, ***ob*** *er kommt.*	***Denn ob*** *er kommen würde, wusste man noch nicht.*
Ob *er kommt, weiß man nicht.*	*Er hat eine Nachricht geschickt,* ***aber ob*** *er kommt, weiß man nicht.*
Ich frage mich, ***ob*** *sich das lohnt und* ***ob*** *ich mitmachen soll.*	*Lohnt sich das?* ***Und ob!***
Ob *du mitfahren willst, habe ich gefragt.*	*Ich fahre mit,* ***und ob!*** (Vgl. 59.)
Auf meine Frage, ***ob*** *sie dich gesehen habe, antwortete sie ausweichend.*	(Vgl. »als ob«.)
2. In der Fügung »je nachdem[,] ob« kann vor »ob« ein zusätzliches Komma gesetzt werden:	**2. »je nachdem« gehört zum Hauptsatz, während »ob« einen Nebensatz einleitet. Das Komma steht vor »ob«:**
Ich werde ihnen gegenüber abweisend oder entgegenkommend sein, ***je nachdem[,] ob*** *sie hartnäckig oder sachlich sind.*	*Wir entscheiden uns* ***je nachdem, ob*** *es uns gefällt.*
3. In den ob-Sätzen erscheint oft ein »oder«, das aber nur Satzteile verbindet und nicht besonders abgetrennt wird:	
Ob *ich jetzt gehe oder später, [das] ist gleichgültig.*	
Sie mussten sich fügen, ***ob*** *es ihnen passte oder nicht.*	

Ein solcher Satz wird auch dann durch Komma abgetrennt bzw. in Kommas eingeschlossen, wenn er unvollständig ist:

Ob *jetzt oder später, ist gleichgültig.*

Kein Baum, ***ob*** *Buche oder Kiefer, hielt dem Sturm stand.*

4. Mehrere unvollständige ob-Sätze können aneinandergereiht sein (»ob – ob«). Auch dann wird jeder durch Komma abgetrennt bzw. in Kommas eingeschlossen:

Alle kamen mit, ***ob*** *alt,* ***ob*** *jung.*

Alle, ***ob*** *alt,* ***ob*** *jung,* ***ob*** *Mann,* ***ob*** *Frau, kamen mit.*

Ob *alt,* ***ob*** *jung, alle kamen mit.*

---

ob – ob: → ob, 4

---

obgleich/obschon: → obwohl

---

obwohl (Die Beispiele gelten auch für »obschon«, »obgleich«, »obzwar«, »wenngleich«, »wiewohl«.) 171

1. Die Konjunktion »obwohl« leitet einen untergeordneten Konzessivsatz ein, der durch Komma abgetrennt bzw. in Kommas eingeschlossen wird:	**1. Die Konjunktion »obwohl« ist Teil einer Fügung, die als Einheit empfunden und nicht durch ein Komma geteilt wird:**
Er kam sofort, ***obwohl*** *er nicht viel Zeit hatte.*	***Aber obwohl*** *er nicht viel Zeit hatte, kam er sofort.*
Obwohl *er nicht viel Zeit hatte, kam er sofort.*	*Er kam sofort,* ***und obwohl*** *er nicht viel Zeit hatte, blieb er eine Stunde.* (Vgl. »und«, 7.)

Sie lief ohne Mantel hinaus, und das, ***obwohl*** *es schneite.* (Vgl. »und«, 4.)

Auch ein unvollständiger obwohl-Satz wird durch Komma abgetrennt bzw. in Kommas eingeschlossen:

Der junge Mann, ***obwohl*** *angetrunken, benahm sich unauffällig.*

2. »obwohl« schließt ein zusätzliches Attribut an, das durch Komma abgetrennt wird:

Das ist ein billiges, ***obwohl*** *aufwendiges Verfahren.*

obzwar: → obwohl

oder: → und/oder; → entweder/oder

ohne dass: → dass, 1

selbst wenn: → Wird wie »auch wenn« behandelt: → auch, 4

172 **so**

1. Als Adverb nimmt »so« am Anfang eines Hauptsatzes die Beziehung zum vorangehenden Haupt- oder Nebensatz auf:

Saß er am Schreibtisch, ***so*** *wollte er nicht gestört werden.* (Für: »dann«.)

Wie man sich bettet, ***so*** *liegt man.*

Ein solcher Satz kann auch unvollständig sein:

1. Das Adverb »so« ist ohne Komma in den Satz einbezogen (vgl. auch »wie«, 2):

Hier liegt man ***so*** *weich wie auf Samt.*

*Steuererhöhungen, **so** der Autor weiter, bewirken das Gegenteil.*	
2. Mit → »wie«, 3, → »als / als ob / als wenn« und »dass« bildet »so« Fügungen, die als Einheit empfunden werden. Das Komma steht vor »so«. Wenn »so« besonders betont werden soll, kann nach »so« ein zusätzliches Komma gesetzt werden:	**2. »so« ist in den Hauptsatz einbezogen, während »wie«, »als / als ob / als wenn« oder »dass« einen Nebensatz einleiten und durch Komma abgetrennt werden:**
*Er ging mit, **so[,] wie** er war.*	*Er ging **so** mit, **wie** er war.*
***So[,] wie** du angezogen bist, wird man dich nicht in das Lokal lassen.*	***So, wie** du angezogen bist, wird man dich nicht in das Lokal lassen.*
	*Die Wohnung war noch genau **so, wie** er sie verlassen hatte.*
*Das Mädchen lief über das Seil, **so[,] als ob** es keinen Abgrund gäbe / **so[,] als** gäbe es keinen Abgrund.*	*Er tut **so, als ob** er kein Geld hätte / **als** hätte er kein Geld.*
*Sie hob die Hand, **so[,] als wenn** sie einen Schlag abwehren wollte / **so[,] als** wollte sie einen Schlag abwehren.*	*Sie hob die Hand **so, als wenn** sie einen Schlag abwehren wollte / **als** wollte sie einen Schlag abwehren.*
*Die Sonne blendete ihn, **sodass*** (auch: → so dass) *er nichts mehr sehen konnte.*	*Die Sonne blendete ihn **so, dass** er nichts mehr sehen konnte.*
3. In Verbindung mit einem Adjektiv oder Adverb schließt »so« mit Komma einen untergeordneten Konzessivsatz oder Modalsatz an:	**3. Das Adverb »so« ist ohne Komma in den Satz einbezogen:**
*Ich muss leider absagen, **so gern** ich auch mitkäme.*	*Ich käme **so** gern mit!*

Lauf, **so schnell** *du kannst, und sag Claudia Bescheid!*	*Lauf* **so** *schnell wie möglich.*
	Lauf **so** *schnell, wie du kannst.*
Er arbeitet auch mit Grippe, **so gut** *es eben geht.*	
Sie sah, **so weit** *das Auge reichte, nur Sand.*	
4. Das Adverb »so« nimmt als hinweisendes Wort einen vorangehenden Satzteil auf. Vor »so« steht ein Komma (vgl. 42 und »wie«, 6):	**4. (Wie 3.)**
Wie ich, **so** *wartet auch mein Bruder auf Antwort vom BAföG-Amt.*	*Er wartet* **so** *wie ich auf Antwort.*
Wie im letzten Jahr, **so** *hatten wir auch diesmal einen schönen Herbst.*	**So** *wie im letzten Jahr hatten wir auch diesmal einen schönen Herbst.*
Mit Sneakers und in leichten Windjacken, **so** *wollten die ahnungslosen Touristen über den Gletscher wandern.*	*Und* **so** *wollten die Touristen über den Gletscher wandern?*
Aus vollem Halse lachend, **so** *kam sie auf mich zu.* (Vgl. 114.)	
Nachtwanderungen und Schatzsuche, **so** *etwas macht Kindern Spaß.*	*Kindern macht* **so** *etwas Spaß.*
Es hat geregnet, wenn schon nicht lange, **so** *doch heftig.* (Vgl. »wenn«, 6.)	
5. »so« oder »so wie« leiten eine nachgestellte Erläuterung ein, die durch Komma abgetrennt bzw. in Kommas eingeschlossen wird:	**5. Eine Wortgruppe mit »so« oder »so wie« am Satzanfang wird nicht durch Komma abgetrennt (vgl. »wie«, 6):**

*Man wird die Meeresschildkröten jagen, bis sie, **so wie** Dronten und Wandertauben, ausgerottet sind.*	
*Man wird die Meeresschildkröten[,] **so wie** Dronten und Wandertauben[,] ausrotten.* (Vgl. 66.)	***So wie** Dronten und Wandertauben wird man auch die Meeresschildkröten ausrotten.*
*Dieses Jahr, **so wie** schon im letzten Jahr, hatten wir einen schönen Herbst.*	***So wie** schon im letzten Jahr hatten wir auch dieses Jahr einen schönen Herbst.*
*Wir hatten[,] **so wie** schon im letzten Jahr[,] einen schönen Herbst.* (Vgl. 66.)	
*Er wartet auf Antwort, **so wie** ich.*	***So wie** ich wartet auch er auf Antwort.*
*Er wartet[,] **so wie** ich[,] auf Antwort.* (Vgl. 66.)	
*Hier gibt es Vögel, **so** bunt **wie** Papageien.*	***So** bunt **wie** Papageien sind diese Vögel.*
*Viele Familien sind von hier weggezogen, **so** auch / **so** zuletzt die Familie Krämer.*	
	6. Formelhafte Partizipgruppen mit »so« brauchen nicht durch Komma abgetrennt bzw. in Kommas eingeschlossen zu werden:
	*Das Testergebnis ist[,] **so** gesehen[,] zweifelhaft.*
	***So** verstanden[,] ist dieses Buch auch eine politische Anklage.*

so als: → als, 3; → so, 2

so als ob / so als wenn: → als ob / als wenn, 2; → so, 2

sobald: → sowie, 3

173 **sodass** (auch: **so dass**)

Die Konjunktion »sodass« leitet einen untergeordneten Konsekutivsatz ein, der durch Komma abgetrennt bzw. in Kommas eingeschlossen wird:	»so« ist Teil des Hauptsatzes, während »dass« einen untergeordneten Konsekutivsatz einleitet. Das Komma steht vor »dass«:
Die Sonne blendete ihn, ***sodass*** (oder: **so dass**) *er nichts mehr sehen konnte.*	*Die Sonne blendete ihn* ***so, dass*** *er nichts mehr sehen konnte.*
Er sprach sehr leise, ***sodass*** (oder: **so dass**) *ihn niemand verstand.*	*Er sprach* ***so*** *leise,* ***dass*** *ihn niemand verstand.*

sofern: → wenn, 1

174 **sondern** (Vgl. auch »nicht nur – sondern auch«.)

1. Die Konjunktion »sondern« schließt einen beigeordneten Satzteil oder Satz an, der durch Komma abgetrennt wird:	
Das ist keine schwarze, ***sondern*** *eine graue Hose.*	
Diese Hose ist nicht schwarz, ***sondern*** *grau und hat auch keine Bundfalten.*	
Nicht das Stück, ***sondern*** *die Aufführung war schlecht.*	
Sie hat keinen Lieferwagen, ***sondern*** *nur einen Pkw und kann das Gerät deshalb nicht transportieren.*	
Er wollte noch nicht nach Hause, ***sondern*** *ging in ein anderes Lokal.*	

Man konnte den Generator nicht mit dem Auto transportieren, ***sondern*** *er musste auf ein Spezialfahrzeug der Bahn geladen werden.*	
2. Mit einigen Konjunktionen bildet »sondern« eine Fügung, die als Einheit empfunden wird. Das Komma steht vor »sondern«:	
Ich habe nicht gefragt, wohin du fährst, ***sondern wie*** *du die Reise bezahlen willst.*	
Die Frage ist nicht, ob ich verreise, ***sondern ob*** *ich mit dem Auto oder mit der Bahn fahre.*	
Er tut das nicht dir zuliebe, ***sondern weil*** *er selbst davon profitiert.*	
Ich fahre nicht nach Italien, um mich zu erholen, ***sondern um*** *die Sprache zu lernen.*	

sowie 175

1. Vor der aufzählenden Konjunktion »sowie« steht ein Komma, wenn ein Zwischensatz oder Einschub vorausgeht (vgl. »und/oder«, 2):	**1. Die Konjunktion »sowie« verbindet ohne Komma Satzteile. Sie steht anstelle von »und« oder im Wechsel mit »und« zur Gliederung in längeren Aufzählungen:**
Der Auftrag betrifft das Liefern und Montieren der Maschinen, was etwa drei Tage dauern wird, ***sowie*** *die Wartung.*	*Der Auftrag betrifft Liefern, Montieren* ***sowie*** *Warten der Maschinen.*
Die Neuanschaffungen betreffen die Gebiete Philologie und Geschichte, besonders Kulturgeschichte, ***sowie*** *Pädagogik, Psychologie und Medizin.*	*Die Neuanschaffungen betreffen die Gebiete Philosophie, Philologie und Geschichte* ***sowie*** *Pädagogik, Psychologie und Medizin.*

	Die Bibliothek enthält biologische ***sowie*** *medizinische Fachbücher.*
	2. Die Konjunktion »sowie« verbindet ohne Komma Nebensätze gleichen Grades (vgl. aber 126):
	Diese Bestimmung gilt, wenn Kleingärten neu angelegt ***sowie*** *wenn vorhandene Kleingärten erweitert werden.*
	Ich fahre nach Italien, um mich zu erholen ***sowie*** *um die Sprache zu lernen.*
3. Die Konjunktion »sowie« leitet im Sinne von »sobald« einen untergeordneten Temporalsatz ein, der durch Komma abgetrennt bzw. in Kommas eingeschlossen wird:	**3. Die Konjunktion »sowie« im Sinne von »sobald« ist Teil einer Fügung, die als Einheit empfunden und nicht durch ein Komma geteilt wird:**
Er verließ den Ballsaal, ***sowie*** *er sie hereinkommen sah.*	*Er schien sich zu amüsieren,* ***doch sowie*** *er sie hereinkommen sah, verließ er den Ballsaal.*
Das Buch wird Ihnen, ***sowie*** *es erschienen ist, zugeschickt.*	*Das Buch ist noch nicht lieferbar,* ***aber sowie*** *es erschienen ist, wird es Ihnen zugeschickt.*
	Das Buch wird Ihnen schnellstmöglich zugeschickt, ***also sowie*** *es erschienen ist.*

176 sowohl – als [auch] / wie [auch]

1. Die mehrgliedrige Konjunktion »sowohl – als [auch] / wie [auch]« verbindet aufgezählte Satzteile. Ist diese Aufzählung nachgetragen, steht vor »sowohl« ein Komma:	**1. Die mehrgliedrige Konjunktion »sowohl – als [auch] / wie [auch]« verbindet ohne Komma aufgezählte Satzteile:**

Er spielt beide Instrumente, ***sowohl*** *Geige* ***als auch*** *Klavier.*	*Er spielt* ***sowohl*** *Geige* ***als auch*** *Klavier.*
	Dieser Fehler war ***sowohl*** *ihm* ***als*** *seiner Frau sehr peinlich.*
Diese Bestimmung gilt generell, ***sowohl*** *bei der Neuanlage* ***als auch*** *bei der Erweiterung von Kleingärten.*	*Diese Bestimmung gilt* ***sowohl*** *bei der Neuanlage* ***als auch*** *bei der Erweiterung von Kleingärten.*
	Der Staat unterstützt ***sowohl*** *die öffentlichen Organisationen* ***wie*** *die privaten Verbände.*
Sie fühlte sich verschiedenen Seiten verpflichtet, ***sowohl*** *der Firma* ***wie auch*** *dem Verein* ***wie auch*** *den vielen Freunden gegenüber.*	*Sie fühlte sich* ***sowohl*** *der Firma* ***wie auch*** *dem Verein* ***wie auch*** *den vielen Freunden gegenüber verpflichtet.*
	Ich beauftrage Sie, die Geräte ***sowohl*** *zu liefern* ***als auch*** *zu montieren.*
	Ich plane, ***sowohl*** *eine Rundreise zu machen* ***als auch*** *einen Sprachkurs zu besuchen.*
2. Mit einigen Konjunktionen bilden »sowohl« und »als [auch] / wie [auch]« Fügungen, die als Einheit empfunden und nicht durch Komma geteilt werden:	**2. »sowohl« und »als [auch] / wie [auch]« gehören zum Hauptsatz. Die Nebensätze werden durch Komma abgetrennt bzw. in Kommas eingeschlossen:**
Die Bestimmung gilt in beiden Fällen, ***sowohl wenn*** *Kleingärten neu angelegt* ***als auch wenn*** *vorhandene Kleingärten erweitert werden.*	*Diese Bestimmung gilt* ***sowohl,*** *wenn Kleingärten neu angelegt,* ***als auch,*** *wenn vorhandene Kleingärten erweitert werden.*

Sowohl dass *sie geheiratet haben* ***als auch dass*** *sie umgezogen sind, war mir neu.*	*Sie erzählten mir* ***sowohl,*** *dass sie geheiratet hatten,* ***als auch*** *von ihrem Umzug.*
Der Staat unterstützt solche Initiativen, ***sowohl was*** *öffentliche Organisationen* ***als auch was*** *private Verbände betrifft.*	
Ich fahre nach Italien, ***sowohl um*** *mich zu erholen* ***als auch um*** *die Sprache zu lernen.*	*Ich fahre* ***sowohl*** *nach Italien, um mich zu erholen,* ***als auch,*** *um die Sprache zu lernen.*

statt dass: → dass, 1

177 **teils – teils**

(Die zweigliedrigen Beispiele gelten auch für »einesteils – ander[e]nteils«.)

1. Die mehrgliedrige Konjunktion »teils – teils« verbindet aufgezählte Satzteile und Sätze. Vor dem zweiten (und jedem weiteren) »teils« steht immer ein Komma:	
Sie lebte ***teils*** *in Köln,* ***teils*** *im Engadin,* ***teils*** *in Marseille.*	
Er hat ***teils*** *alte,* ***teils*** *neue Bücher gekauft.*	
Die Kinder waren ***teils*** *Einheimische,* ***teils*** *kamen sie aus den Nachbarorten.*	
2. Ist die Aufzählung nachgetragen, steht auch vor dem ersten »teils« ein Komma:	
Er hat verschiedene Bücher gekauft, ***teils*** *alte,* ***teils*** *neue.*	
3. Mit einigen Konjunktionen bildet »teils – teils« eine Fügung, die als Einheit empfunden wird. Das Komma steht jeweils vor »teils«:	**3. »teils – teils« gehört zum Hauptsatz. Die Nebensätze werden durch Komma abgetrennt bzw. in Kommas eingeschlossen:**

Ich musste ihm helfen, ***teils weil*** *er mich darum gebeten hatte,* ***teils weil*** *wir sonst den Abgabetermin versäumt hätten.*	*Ich half ihm* ***teils,*** *weil er mich darum gebeten hatte,* ***teils,*** *weil wir sonst den Abgabetermin versäumt hätten.*
Ich fahre nach Italien, ***teils um*** *mich zu erholen,* ***teils um*** *die Sprache zu lernen.*	*Ich fahre nach Italien* ***teils,*** *um mich zu erholen,* ***teils,*** *um die Sprache zu lernen.*

trotzdem 178

1. Als vorangestelltes Adverb schließt »trotzdem« einen beigeordneten Satz oder Satzteil an, der durch Komma abgetrennt wird:	**1. Das Adverb »trotzdem« ist in den Ablauf eines Haupt- oder Nebensatzes einbezogen:**
Er weiß es, ***trotzdem*** *richtet er sich nicht danach.*	*Er weiß es, aber er richtet sich* ***trotzdem*** *nicht danach.*
Sie gibt sich viel Mühe, ***trotzdem*** *hat sie nichts erreicht.*	*Sie gibt sich viel Mühe und* ***trotzdem*** *hat sie nichts erreicht.*
	Es ist merkwürdig, dass sie ***trotzdem*** *nichts erreicht hat.*
Er ist sehr gewissenhaft, ***trotzdem*** *manchmal etwas verträumt.*	*Wenn* ***trotzdem*** *keine Einigung erzielt wurde, war das nicht ihre Schuld.*
2. Als unterordnende Konjunktion leitet »trotzdem« (umgangssprachlich; im Sinne von »obwohl«) einen Konzessivsatz ein, der in Kommas eingeschlossen wird:	**2. Die unterordnende Konjunktion »trotzdem« (umgangssprachlich; im Sinne von »obwohl«) ist Teil einer Fügung, die als Einheit empfunden und nicht durch ein Komma geteilt wird:**
Er behauptet es, ***trotzdem*** *er es nicht gesehen hat.*	
Trotzdem *sie sich anstrengte, hatte sie wenig Erfolg.*	***Und trotzdem*** *sie sich anstrengte, hatte sie wenig Erfolg.*

*Er nahm sich, **trotzdem** er sehr beschäftigt war, immer Zeit für die Kinder.*	*Die Kinder liebten ihn, **denn trotzdem** er sehr beschäftigt war, nahm er sich immer Zeit für sie.*

3. Als kommentierende Äußerung oder Bekräftigung steht »trotzdem« außerhalb des Satzes und wird durch Komma abgetrennt (vgl. 59):

__Trotzdem__, ich habe kein gutes Gefühl dabei.

179 **umso** (Vgl. auch »je – desto / je – je / je – umso«.)

1. Die Konjunktion »umso« (seltener: »desto«) schließt in Verbindung mit einem Komparativ einen beigeordneten Satz an, der durch Komma abgetrennt wird:	**1. Die Konjunktion »umso« (seltener: »desto«) ist mit dem Komparativ in den Ablauf eines Hauptsatzes einbezogen:**
*Sie war stets gesund gewesen, **umso** überraschender war ihr plötzlicher Tod.*	*Da sie stets gesund gewesen war, war ihr plötzlicher Tod **umso** überraschender.*
*Das Theater reizte mich wenig, **umso** lieber besuchte ich Konzerte.*	*Das Theater reizte mich wenig, aber Konzerte besuchte ich **umso** lieber.*
***Umso** besser, dann können wir ja ins Konzert gehen!*	*Nach einer Pause wird es **umso** besser gehen.*
2. Wenn eine Fügung wie »umso eher/mehr/weniger[,] als« einen Nebensatz einleitet, kann vor »als« ein zusätzliches Komma gesetzt werden:	**2. Gehört eine Fügung wie »umso eher/mehr/weniger« zum Hauptsatz, dann steht nur vor »als« ein Komma:**
*Seine Freude über diesen Preis war echt, **umso mehr[,] als** er ihn gar nicht erwartet hatte.*	*Seine Freude über diesen Preis war echt, sie war es **umso mehr, als** er ihn gar nicht erwartet hatte.*

Er freute sich sehr, dass er diesen Preis bekam, und ***umso mehr[,] als*** *er ihn gar nicht erwartet hatte.*	*Er freute sich sehr über den Preis, und das* ***umso mehr, als*** *er ihn gar nicht erwartet hatte.* (Vgl. »und«, 4.)

und/oder

180

In folgenden Fällen muss vor »und« und »oder« ein Komma stehen:	**In folgenden Fällen steht kein Komma vor den Konjunktionen »und« und »oder«:**
1. Wenn eine Apposition vorausgeht, denn diese wird in Kommas eingeschlossen:	**1. Wenn »und« oder »oder« ein Aufzählungsglied anschließt:**
David, mein Bruder, ***und*** *ich gingen spazieren* (= 2 Personen).	*David, mein Bruder* ***und*** *ich gingen spazieren* (= 3 Personen).
Gestern war ich bei Frau Schneider, meiner alten Lehrerin, ***und*** *wir haben zusammen Fotos angesehen.*	*Julia, Emily* ***und*** *Tim gehen in die Schule.*
	Heute ***oder*** *[aber] morgen will er zu dir kommen.*
	Heute ***oder****, wenn es geht, morgen will er zu dir kommen.*
	Im Mittelpunkt des Hofes ***und*** *damit der Schlossanlage steht ein Brunnen.* (Vgl. aber 4.)
	Ich gehe ins Theater ***und*** *nicht ins Konzert.*
	Max fliegt nach Mallorca ***und*** *David nach Teneriffa.*
	Auch ein Nebensatz oder ein erweiterter Infinitiv kann als Aufzählungsglied angeschlossen werden (vgl. genauer 46):

	Ich weiß von ihrer Not, ihren drei Katzen ***und*** *dass sie gehbehindert ist.*
	Ich tue das freiwillig ***und*** *nicht weil er mir droht.*
	Mit einer finsteren Miene ***und*** *ohne mich anzusehen, ging er an mir vorbei.*
	Bei Regen ***oder*** *wenn es kalt ist, ziehe ich den Mantel an.*
2. Wenn davor ein Nebensatz oder eine wörtliche Wiedergabe endet, werden diese mit einem Komma abgeschlossen:	
Wir mussten das Auto stehen lassen, weil die Achse gebrochen war, ***und*** *zu Fuß bis ins nächste Dorf gehen.*	
Willst du die rote Tasche, die du in London dabeihattest, ***oder*** *brauchst du einen Koffer?*	
Er sagte: »Ich komme morgen«, ***und*** *seine Frau wünschte mir Glück.*	
Ute fragte: »Wann fahren wir los?«, ***und*** *griff nach ihrer Tasche.*	
3. Wenn eine Infinitivgruppe vorausgeht, die man in Kommas einschließen muss oder bei der man sich für die freigestellten Kommas entschieden hat:	
Ich denke nicht daran, nach München zu fahren, ***und*** *Markus auch nicht.*	

Wir hoffen, Ihnen hiermit gedient zu haben, **und** *grüßen Sie herzlich.*	
4. Wenn »und« und »oder« einen Schaltsatz oder eine nachgestellte Erläuterung einleiten:	
Dieses Museum, **und** *das ist kaum bekannt, hat eine wertvolle Fossiliensammlung.*	
Erst gestern, **und** *dieser Gedanke erschreckte ihn, hatte er noch darüber gelacht.*	
Der Gemeinderat, **und** *der Bürgermeister erst recht, muss jetzt handeln.*	
Sie lief mitten in der Nacht hinaus, **und** *dazu noch ohne Mantel.*	
Der Gemeinderat, **und** *damit auch der Bürgermeister, ist zum Handeln aufgerufen.* (Vgl. 66.)	
In Frankreich[,] **und** *auch in einigen anderen europäischen Ländern[,] Ist das üblich.* (Vgl. 66.)	
Frau Dr. Krüger[,] **oder** *gegebenenfalls auch Frau Marthaler[,] wird diesen Kurs übernehmen.* (Vgl. 66.)	
Das betrifft auch nachgestellte Erläuterungen mit »und zwar« oder »und das«:	
Ich werde kommen, **und zwar** *bald.*	
Ich werde kommen, **und zwar[,]** *weil Anna mich darum gebeten hat.* (Vgl. 132.)	

Er gab in diesem Streit nicht nach, ***und das*** *mit Recht.*	
Sie lief ohne Schal und Mantel hinaus, ***und das,*** *obwohl es schneite.*	

5. Wenn »und« und »oder« zu einer kommentierenden Äußerung oder Bekräftigung (vgl. 59) gehören oder einen Nebensatz einleiten:

Dein Bruder kommt doch, ***oder*** *[etwa nicht]?*	
Es regnet schon seit Tagen, ***und*** *wie [es regnet]!*	
Ich kann schwimmen, ***und*** *ob [ich schwimmen kann]!*	
Das tue ich nicht, ***und*** *wenn er sich auf den Kopf stellt!*	
Pass auf deine kleine Schwester auf, ***und*** *dass du mir ja keine Dummheiten machst!*	

In folgenden Fällen kann vor den Konjunktionen »und« und »oder« ein Komma gesetzt werden:	**In folgenden Fällen sollte man auf dieses freigestellte Komma verzichten:**
6. Man sollte das Komma besser setzen, wenn »und« oder »oder« Hauptsätze verbindet, von denen einer einen Nebensatz bei sich hat, um so die Gliederung des gesamten Satzes deutlich zu machen oder um Missverständnisse zu vermeiden (vgl. aber 7.):	**6. Man sollte auf dieses Komma verzichten, wenn der Satz übersichtlich ist und sich beim Lesen keine Missverständnisse ergeben können:**

Wir stiegen in den Bus[,] **und** *die Kinder weinten, weil sie gern noch geblieben wären.*	*Du hast sie warten lassen* **und** *das war ein Fehler.*
Weil sie gern noch geblieben wären, weinten die Kinder[,] **und** *wir mussten sie trösten.*	*Die Kinder weinten* **und** *wir mussten sie trösten.*
Wir warten auf euch[,] **oder** *die Kinder gehen schon voraus.*	*Wartet auf uns* **oder** *geht schon voraus.*
Er schimpfte auf die Regierung[,] **und** *sein Publikum, das auf seiner Seite war, applaudierte.*	*Er schimpfte auf die Regierung, das Publikum applaudierte* **und** *die Veranstaltung war ein voller Erfolg.*
7. Wenn »und« (seltener: »oder«) beiordnend ein Satzgefüge anschließt, das mit einem Nebensatz oder einer Infinitivgruppe beginnt (vgl. 126 und 128), setzt man ein Komma, um die Gliederung des gesamten Satzes zu verdeutlichen:	
Ich habe sie in den Jahren danach noch oft besucht, **und** *wenn sie guter Stimmung war, saßen wir bis spät in die Nacht zusammen.*	
Es waren schlechte Zeiten, **und** *um zu überleben, nahm man es mit vielen Dingen nicht so genau.*	

vor allem: → besonders

181 **weder – noch** (Die Beispiele gelten auch für »nicht – noch«.)

1. Die mehrgliedrige Konjunktion »weder – noch« verbindet aufgezählte Satzteile. Ist diese Aufzählung nachgetragen, steht vor »weder« ein Komma:	**1. Die mehrgliedrige Konjunktion »weder – noch« verbindet ohne Komma aufgezählte Satzteile:**
Er hat ihn nicht gefördert, ***weder*** *beruflich* ***noch*** *künstlerisch.*	*Er hat ihn* ***weder*** *beruflich* ***noch*** *künstlerisch gefördert.*
Er hat ihn nicht gefördert, und zwar ***weder*** *beruflich* ***noch*** *künstlerisch.*	*Er kann* ***weder*** *Auto fahren* ***noch*** *Rad fahren.*
	Es ist bekannt, dass er ***weder*** *raucht* ***noch*** *trinkt.*
Ich weiß gar nichts von ihm, ***weder*** *seinen Nachnamen* ***noch*** *seinen Vornamen* ***noch*** *seine Adresse.*	*Ich weiß* ***weder*** *seinen Nachnamen* ***noch*** *seinen Vornamen* ***noch*** *seine Adresse.*
	Vor einem zweiten »weder« steht jedoch ein Komma:
	Weder *die Eltern* ***noch*** *die Schwester,* ***weder*** *die Lehrer* ***noch*** *die Mitschüler wussten, wo der Junge war.*
	Weder *die Eltern,* ***weder*** *die Schwester* ***noch*** *der Lehrer* ***noch*** *die Klassenkameraden wussten, wo der Junge war.*
2. Die mehrgliedrige Konjunktion »weder – noch« verbindet beigeordnete Hauptsätze. Das Komma vor »noch« ist freigestellt, vor weiteren »noch« ebenfalls:	**2. Die mehrgliedrige Konjunktion »weder – noch« verbindet Nebensätze gleichen Grades. Nur vor »weder« steht ein Komma:**

*Er hat ihm **weder** beruflich geholfen[,] **noch** hat er seine künstlerischen Anlagen gefördert.*	*Sie sagte, **weder** habe sie davon gewusst **noch** habe sie die Nachricht bekommen **noch** sei sie am Dienstag in Köln gewesen.*
*Er hat ihm **nicht** die Ausbildung bezahlt[,] **noch** hat er seine künstlerischen Anlagen gefördert.* (Auch: *Er hat ihm kein Geld für die Ausbildung gegeben[,] **noch** hat er seine künstlerischen Anlagen gefördert.*)	*Sie hat nicht angerufen, **weder** um abzusagen **noch** um uns ihre Ankunftszeit mitzuteilen.*
***Weder** fährt sie Auto[,] **noch** kann sie Rad fahren.*	
*Diese Leute können **weder** einen Ball behandeln[,] **noch** beherrschen sie das Kombinationsspiel[,] **noch** haben sie Angriffsgeist.*	
3. Mit einigen Konjunktionen bilden »weder« und »noch« Fügungen, die als Einheit empfunden und nicht durch Komma geteilt werden:	**3. »weder« und »noch« gehören zum Hauptsatz. Die Nebensätze werden durch Komma abgetrennt bzw. in Kommas eingeschlossen:**
*Ich habe nichts davon gewusst, **weder dass** er raucht **noch dass** er trinkt.*	*Ich habe **weder** gewusst, dass er raucht, **noch,** dass er trinkt.*
***Weder dass** er raucht **noch dass** er trinkt, habe ich gewusst.*	*Ich habe **weder** Lust, ins Kino zu gehen, **noch,** Freunde zu besuchen.*
	*Sie hat **weder** angerufen, um abzusagen, **noch,** um uns ihre Ankunftszeit mitzuteilen.*
	*Viele Kunden sind neugierig, wissen aber **weder,** wie die Handhabung funktioniert, **noch** kennen sie die Marken.*

182 weil

1. Die Konjunktion »weil« leitet einen untergeordneten Kausalsatz ein, der durch Komma abgetrennt bzw. in Kommas eingeschlossen wird:	**1. Die Konjunktion »weil« ist Teil einer Fügung, die als Einheit empfunden und nicht durch ein Komma geteilt wird:**
Sie konnte nicht schneller fahren, ***weil*** *es zu glatt war und* ***weil*** *Nebel aufkam.*	*Er betrachtete das Bild,* ***und weil*** *es ihm gefiel, kaufte er es.* (Vgl. »und«, 7.)
Er wollte, ***weil*** *es ja schon spät war, besonders schnell fahren.*	*Ich wäre gern gekommen,* ***doch weil*** *ich ja krank war, ging es nicht.*
Das Projekt war ein Misserfolg, sei es, ***weil*** *nicht sorgfältig geplant wurde, sei es,* ***weil*** *die Zeit zu knapp war.*	*Das Projekt musste ein Misserfolg werden,* ***schon weil*** *die Zeit zu knapp war.*
	Das Projekt musste ein Misserfolg werden, ***aber nicht weil*** *wenig Geld zur Verfügung stand,* ***sondern weil*** *die Zeit zu knapp war.*
	Man tut das nicht, ***ganz einfach weil*** *es verboten ist.*
Auch ein unvollständiger weil-Satz wird durch Komma abgetrennt bzw. in Kommas eingeschlossen:	
Das Gemälde war sehr schön, aber, ***weil*** *zu teuer, für ihn unerschwinglich.*	*Das Gemälde war sehr schön,* ***aber weil*** *zu teuer, für ihn unerschwinglich.*
Er ist, ***weil*** *Fachmann, auf diesem Gebiet versiert.*	

2. (Wie 1.)	**2. In einigen Fügungen kann vor »weil« ein zusätzliches Komma gesetzt werden:**
*Ich schätze ihn besonders, **weil** er ein sehr erfahrener Mitarbeiter ist.*	*Ich schätze ihn sehr, **besonders[,] weil** er ein sehr erfahrener Mitarbeiter ist.*
	*Sie wird sich wohl verspätet haben, **beispielsweise[,] weil** sie im Stau steckt.*
	Weitere Beispiele für solche Fügungen: ***namentlich[,] weil; nämlich[,] weil; und zwar[,] weil; vor allem[,] weil; zum Beispiel[,] weil***
3. Die Konjunktion »weil« schließt ein zusätzliches Attribut an, das durch Komma abgetrennt wird:	
*Sie ist eine unentbehrliche, **weil** sehr erfahrene Mitarbeiterin.*	

wenn 183

1. Die Konjunktion »wenn« leitet Nebensätze verschiedener Art ein, die durch Komma abgetrennt bzw. in Kommas eingeschlossen werden:	**1. Mit einigen Konjunktionen und Adverbien bildet »wenn« Fügungen, die als Einheit empfunden werden. Das Komma steht dann vor der ganzen Fügung:**
*Ich gehe erst spazieren, **wenn** ich fertig bin und **wenn** auch alle Anrufe erledigt sind.*	*Natürlich werde ich spazieren gehen, **aber erst wenn** ich fertig bin.*
*Ich gehe, **wenn** ich fertig bin, spazieren.*	*Er tut immer, **als wenn** er alles besser wüsste.*
	*Ich komme nicht mit, **selbst wenn** sie mich einlädt.*
*Jedes Mal, **wenn** er kommt, gibt es Streit.*	***Jedes Mal wenn** er kommt, gibt es Streit.*

	*Diese Bestimmung gilt generell, **also auch wenn** neue Kleingärten angelegt werden.*
*Diese Bestimmung gilt sowohl, **wenn** bestehende Kleingärten erweitert, als auch, **wenn** neue Kleingärten angelegt werden.*	*Diese Bestimmung gilt in beiden Fällen, **sowohl wenn** bestehende Kleingärten erweitert **als auch wenn** neue Kleingärten angelegt werden.*
***Wenn** ich nur wüsste, ob sie gesund ist.*	*Das tue ich nicht, **und wenn** er sich auf den Kopf stellt.* (Vgl. »und«, 5.)
***Wenn/Falls** das wahr ist, müssen wir das Schlimmste befürchten, **wenn/falls** nicht, können wir aufatmen.*	**Weitere Beispiele für solche Fügungen:** ***aber [nicht] wenn; auch [nicht] wenn; außer wenn; erst wenn; gerade wenn; gleich wenn; immer wenn; jedenfalls wenn; nur wenn; sondern wenn; wie wenn***
*Sie hat, **wenn/falls** ich nicht irre, heute Geburtstag.*	
*Aber **wenn**, dann jetzt.*	
2. (Wie 1.)	**2. In einigen Fügungen kann vor »wenn« ein zusätzliches Komma gesetzt werden:**
*Er trifft Paul **beispielsweise, wenn** sie Tennis spielen.*	*Ich mag ihn gern, **ausgenommen[,] wenn** er schlechter Laune ist.*
	*Er trifft Paul oft, **beispielsweise[,] wenn** sie Tennis spielen.*
	Weitere Beispiele für solche Fügungen: ***besonders[,] wenn; insbesondere[,] wenn; nämlich[,] wenn; und zwar[,] wenn; vor allem[,] wenn; zumal[,] wenn; zum Beispiel[,] wenn; zumindest[,] wenn***

	3. Formelhafte unvollständige Nebensätze mit »wenn« (seltener: »falls«) brauchen nicht durch Komma abgetrennt bzw. in Kommas eingeschlossen zu werden (vgl. 130):
	Wenn *nötig /* ***Wenn*** *gewünscht liefern wir per Kurier.*
	Ich möchte ***wenn*** *möglich schon morgen abreisen.*
	Wir kommen ***wenn*** *überhaupt noch heute zu dir.*
	Geben Sie ***falls*** *erforderlich noch Wasser dazu.*
4. Die Fügung »wenn nicht/schon/auch« schließt ein zusätzliches Attribut an, das durch Komma abgetrennt wird:	**4. Die mehrteilige Konjunktionalfügung »wenn auch« ist in den Satz einbezogen (vgl. 32, 50):**
Das ist eine gefährliche, ***wenn nicht*** *katastrophale Entwicklung.*	*Sie gab ihm eine* ***wenn auch*** *nur vorläufige Antwort.*
Ich habe ein billiges, ***wenn auch*** *kleines Zimmer gefunden.*	
5. Die Fügung »wenn nicht/schon/auch« schließt eine nachgestellte Erläuterung an, die durch Komma abgetrennt bzw. in Kommas eingeschlossen wird:	
Das ist schwer, ***wenn nicht*** *[sogar] unmöglich, und sollte nicht in Betracht gezogen werden.*	
Wer, ***wenn nicht*** *du, könnte ihm helfen?*	

Interessant, ***wenn schon*** *nicht überraschend, ist das Ergebnis dieser Untersuchung.*	
Er gelangte endlich, ***wenn auch*** *unter großen Mühen, in das Haus.*	
6. Die mehrteilige Konjunktionalfügung »wenn nicht/schon/auch – dann/so doch« verbindet aufgezählte Satzteile. Ist die Aufzählung nachgetragen, steht vor beiden Teilen ein Komma:	**6. Die mehrteilige Konjunktionalfügung »wenn nicht/schon/auch – dann/so doch« verbindet aufgezählte Satzteile. Der erste Teil der Fügung ist in den Satz einbezogen, das Komma steht vor »dann« oder »so doch«:**
Ich werde fahren, ***wenn nicht*** *mit dem Auto,* ***dann*** *mit der Bahn.*	*Ich werde* ***wenn nicht*** *mit dem Auto,* ***dann*** *mit der Bahn fahren.*
	Das ist ***wenn nicht*** *unmöglich,* ***so doch*** *schwer zu erreichen.*
Er wird kommen, ***wenn schon*** *nicht aus eigenem Antrieb,* ***so doch*** *zumindest auf meine Bitte hin.*	*Er hat das Testament* ***wenn schon*** *nicht selbst geschrieben,* ***so doch*** *eigenhändig unterzeichnet.*
Ich habe ein Zimmer gefunden, ***wenn auch*** *klein,* ***so doch*** *billig.*	*Das ist ein* ***wenn auch*** *kleines,* ***so doch*** *billiges Zimmer.*

184 wenn auch

1. Die Konjunktionalfügung »wenn auch« leitet einen untergeordneten Konzessivsatz ein, der durch Komma abgetrennt wird:	
Wir werden zustimmen, ***wenn auch*** *nicht alle Bedenken ausgeräumt sind.*	

*Er ist mir sympathisch, **wenn** ich **auch** nicht immer seiner Meinung bin.*	
(Zu »auch wenn« vgl. »auch«, 4.)	
2. Eine Konjunktionalfügung wie »wenn auch nur/nicht/erst« geht einem Nebensatz voraus. Vor »wenn auch« steht ein Komma, vor der eigentlichen Konjunktion kann ein zusätzliches Komma gesetzt werden:	
*Sie kommt zu Besuch, **wenn auch nur[,] weil** sie hier Freunde treffen will.*	
*Es hat geklappt, **wenn auch nicht ganz[,] wie** wir es uns vorgestellt hatten.*	
3. Die Konjunktionalfügung »wenn auch« schließt ein zusätzliches Attribut an, das durch Komma abgetrennt wird (vgl. »wenn«, 4):	**3. Die Fügung »wenn auch« gehört zu einem Attribut, das vor seinem Bezugswort steht und nicht durch Komma abgetrennt wird (vgl. 32):**
*Er ist ein guter, **wenn auch** langsamer Arbeiter.*	*Mit unserer **wenn auch** bedingten Zustimmung kannst du rechnen.*
	*Eine **wenn auch** noch so geringe Abweichung kann gefährlich werden.*
4. Die Konjunktionalfügung »wenn auch« leitet eine nachgestellte Erläuterung ein, die durch Komma abgetrennt bzw. in Kommas eingeschlossen wird (vgl. »wenn«, 5):	
*Das Zimmer ist billig, **wenn auch** klein, und liegt im ersten Stock.*	

*Mein Zimmer ist, **wenn auch** geringfügig, kleiner als deines.*	
*Sie gelangte endlich, **wenn auch** unter großen Mühen, in das Haus.*	
*Interessant, **wenn auch** nicht überraschend, ist das Ergebnis der Untersuchung.*	
*Die meisten, **wenn auch** nicht alle, waren dafür.*	

(Zu »wenn auch – so doch« vgl. »wenn«, 6.)

wenngleich: → obwohl

185 **wie**

1. Das Adverb »wie« leitet einen indirekten Fragesatz oder einen Relativsatz ein, der durch Komma abgetrennt bzw. in Kommas eingeschlossen wird:	**1. Die Konjunktion »wie« ist Teil einer Fügung, die als Einheit empfunden und nicht durch ein Komma geteilt wird:**
*Ich weiß nicht, **wie** das Gedicht heißt.*	*Ich erinnere mich an den ersten Vers, **aber wie** das Gedicht heißt, weiß ich nicht mehr.*
*Es kommt darauf an, **wie** das Material beschaffen ist.*	
*Die Art, **wie** er das macht, verblüfft mich.*	
*Und, **wie** die Autorin richtig bemerkt, darauf kommt es heute besonders an.*	***Und wie** die Autorin richtig bemerkt, darauf kommt es heute besonders an.*
	***Und wie** die Autorin richtig bemerkt, kommt es darauf heute besonders an.*

Ist der Nebensatz zu einem einzelnen »wie« verkürzt, braucht dieses nicht durch Komma abgetrennt zu werden (vgl. 129):	
Nach Hause kommen wir, es fragt sich nur[,] ***wie****.*	
2. Die Konjunktion »wie« leitet einen untergeordneten Temporal- oder Modalsatz ein, der durch Komma abgetrennt bzw. in Kommas eingeschlossen wird:	**2. (Wie 1.)**
Es war schon Mitternacht, ***wie*** *er nach Hause kam.*	***Und wie*** *er dies sieht, steht er sofort auf und hilft ihm.*
Und nachts, ***wie*** *die Kinder schlafen, verlässt er das Haus.*	*Er ruft an,* ***gerade wie*** *sie die Wohnung verlassen will.*
Ich spürte, ***wie*** *das Blut herunterlief.*	
3. Die Konjunktion »wie« leitet mit Komma einen untergeordneten Vergleichssatz ein (vgl. 33):	**3. Die Konjunktion »wie« steht ohne Komma vergleichend zwischen Satzteilen (vgl. 33):**
Markus ist jetzt so alt, ***wie*** *sein Vater damals war.*	*Katharina ist so groß* ***wie*** *Maximilian.*
Das Buch ist [eben]so schön, ***wie*** *es nützlich ist.*	*Das Buch ist so schön* ***wie*** *nützlich.*
Er ist nicht so reich, ***wie*** *man angenommen hatte.*	*Er ist nicht so reich* ***wie*** *angenommen.*
	Ich bin ***wie*** *gerädert.*
	Die neuen Geräte gingen weg ***wie*** *warme Semmeln.*

Lauf so schnell, ***wie*** *du kannst!* (Vgl. aber »so«, 3.)	*Lauf so schnell* ***wie*** *möglich zum Arzt!*
Ändern Sie bitte den Text genauso, ***wie*** *ich ihn ändere.*	*Ändern Sie bitte den Text [genau]so* ***wie*** *ich.*
Alle, ***wie*** *sie da sitzen, haben gelogen.*	***Wie*** *ich wartet auch mein Bruder auf Antwort.* (Vgl. aber »so«, 4.)
Er wollte [eben]so berühmt werden, ***wie*** *es seinem Vater gelungen war.*	*Er wollte so berühmt* ***wie*** *sein Vater werden.*
Er kam so mit, ***wie*** *er war.*	*Er wollte ebenso berühmt werden* ***wie*** *sein Vater.*
Ausgehungert und durstig, ***wie*** *wir waren, stürzten wir uns auf das kalte Büfett.*	*Sie kann Norbert ebenso wenig leiden* ***wie*** *er sie.*
Vor dem »wie« kann ein verstärkendes »so«, »genauso« oder »ähnlich« stehen. Wenn »so/genauso/ähnlich« besonders betont werden sollen, kann nach »so/genauso/ähnlich« ein zusätzliches Komma gesetzt werden (vgl. »so«, 2, »genauso«, 2):	
So[,] wie *er war, kam er gleich mit.*	
So[,] wie *du angezogen bist, wird man dich nicht in das Lokal lassen.*	
Er musste auf Alkohol verzichten, ***genauso/ähnlich[,] wie*** *er schon früher das Rauchen hatte aufgeben müssen.*	

4. Gelegentlich ist der Vergleichssatz nur durch sein Prädikat mit nachgestellter Personalform erkennbar (vgl. 33):	**4. (Wie 3.)**
Es ging doch nicht so schnell, ***wie*** *zu erwarten war.*	*Es ging doch nicht so schnell* ***wie*** *erwartet.*
Nimm nur so viel, ***wie*** *nötig ist.*	*Nimm nur so viel* ***wie*** *nötig.*
5. Die Konjunktion »wie« leitet eine Infinitivgruppe ein, die (analog zu »als«) durch Komma abgetrennt wird (vgl. genauer 95 ff.):	**5. Die Konjunktion »wie« steht ohne Komma vor dem Infinitiv ohne »zu«:**
Sie hob die Hand, ***wie*** *um einen Schlag abzuwehren.*	
Nichts war für ihn so schlimm, ***wie*** *seine Kinder zu enttäuschen.*	
Ich habe genauso wenig Lust[,] fernzusehen, ***wie*** *ins Kino zu gehen.*	*Ich möchte genauso wenig fernsehen* ***wie*** *ins Kino gehen.*
Auf Alkohol zu verzichten, fiel ihm ebenso schwer, ***wie*** *das Rauchen aufzugeben.*	*Lesen fällt ihm so schwer* ***wie*** *rechnen.*
Es fiel ihm ebenso schwer, auf Alkohol zu verzichten, ***wie*** *das Rauchen aufzugeben.*	
6. Mit »wie«, »genau wie« oder »ähnlich wie« beginnt eine Wortgruppe am Satzanfang, die durch ein hinweisendes »so« aufgenommen wird. Das Komma steht vor »so«:	**6. Mit »wie«, »[genau]so wie« oder »ähnlich wie« beginnt eine Wortgruppe am Satzanfang, die nicht durch Komma abgetrennt wird:**
Wie *Tina und Luise,* ***so*** *will nun auch Franziska reiten lernen.*	***Wie*** *Tina und Luise will nun auch Franziska reiten lernen.*

Genau wie *Tina und Luise,* ***so*** *will nun auch Franziska reiten lernen.*	***So wie / Genauso wie*** *Tina und Luise will nun auch Franziska reiten lernen.*
Wie *schon im letzten Jahr,* ***so*** *hatten wir auch dieses Jahr einen schönen Herbst.*	***Wie*** *schon im letzten Jahr hatten wir auch dieses Jahr einen schönen Herbst.*
Ähnlich wie *schon im letzten Jahr,* ***so*** *hatten wir auch dieses Jahr einen schönen Herbst.*	***Ähnlich wie*** *schon im letzten Jahr hatten wir auch dieses Jahr einen schönen Herbst.*
7. Nachgestellte Erläuterungen mit »wie« kann man in Kommas einschließen, wenn man verdeutlichen möchte, dass sie für das Verständnis des Satzes nicht unbedingt nötig sind (vgl. 65). »Wie« bedeutet dann »wie zum Beispiel«, »wie übrigens«:	**7. Nachgestellte Erläuterungen mit »wie«, die für das Verständnis des Satzes nötig sind, stehen ohne Kommas im Satz:**
	Metalle ***wie*** *Gold und Silber sind Edelmetalle.*
Für eine alleinerziehende Mutter[,] ***wie*** *Sarah oder Lisa[,] ist das ein Problem.*	*Für eine alleinerziehende Mutter* ***wie*** *Sarah ist das ein Problem.*
Die Auslagen[,] ***wie*** *Kopierkosten, Eintrittsgelder u. dgl.[,] ersetzen wir Ihnen.*	*Einem so großen Künstler* ***wie*** *ihm sieht man solche Schwächen gern nach.*
Heimische Wildtiere[,] ***wie*** *z. B. Fuchs, Dachs und Marder[,] sind in Gehegen untergebracht.*	*Ein heimisches Wildtier* ***wie*** *der Fuchs kann in einem solchen Gehege problemlos gehalten werden.*
Die Eltern[,] ***wie*** *auch einige Lehrkräfte[,] waren dafür.*	*Es geschah an einem Tag* ***wie*** *jedem anderen.*
Paul wurde[,] ***wie*** *schon zuvor sein Kollege[,] rasch befördert.*	

Viele Familien sind von hier weggezogen[,] ***wie*** *zuletzt die Familie Krämer.*	
Vgl. aber zu »so wie«, »so«, 5 und zu »genauso wie« und »ähnlich wie«, »genauso«, 3.	
8. Ein mit »wie auch« (= »und«) angeschlossener Satzteil kann als nachgestellte Erläuterung in Kommas eingeschlossen werden, wenn er für das Verständnis des Satzes nicht unbedingt nötig ist (vgl. 65):	**8. Die Konjunktion »wie [auch]« verbindet anstelle von »und« ohne Komma beigeordnete Satzteile und Sätze:**
	Männer ***wie*** *Frauen nahmen an dem Kurs teil.*
	Das Haus ist außen ***wie*** *innen vollständig renoviert.*
	Die Karte gilt an Sonntagen ***wie auch*** *an gesetzlichen Feiertagen.*
In Frankreich[,] ***wie auch*** *in einigen anderen europäischen Ländern[,] ist das üblich.*	*Ich fahre nach Italien, um mich zu erholen* ***wie auch*** *um die Sprache zu lernen.*
In Frankreich ist das üblich[,] ***wie auch*** *in einigen anderen europäischen Ländern.*	*Diese Bestimmung gilt, wenn bestehende Kleingärten erweitert werden* ***wie auch*** *wenn neue Kleingärten angelegt werden.*
	Vgl. »sowohl – als auch«.
	9. Formelhafte unvollständige Nebensätze mit »wie« brauchen nicht durch Komma abgetrennt bzw. in Kommas eingeschlossen zu werden (vgl. 130):
	Er schrieb uns ***wie*** *folgt: ...*

	*Ich habe **wie** gesagt keine Zeit.* (Aber: ***Wie** gesagt, dafür habe ich keine Zeit.*)
	***Wie** angekündigt findet die Sitzung im großen Saal statt.*
	*Er kam **wie** zu erwarten zu spät.*

wie wenn: Wird wie »als wenn« behandelt: → als ob / als wenn

wiewohl: → obwohl

zuerst – dann: → dann

186 zumal

1. Das Adverb »zumal« steht am Anfang (seltener am Ende) einer nachgestellten Erläuterung, die durch Komma abgetrennt bzw. in Kommas eingeschlossen wird:	**1. Das Adverb »zumal« ist in den Ablauf des Satzes einbezogen:**
*Unsere Straße ist, **zumal** in der Zeit des Berufsverkehrs, sehr laut.*	*Unsere Straße ist **zumal** in der Zeit des Berufsverkehrs sehr laut.* (Vgl. 66.)
*Unsere Straße ist sehr laut, **zumal** in der Zeit des Berufsverkehrs.*	
*Alle waren begeistert, **zumal** die Neuen.*	*Alle waren begeistert. **Zumal** die Neuen lobten den Vorschlag sehr.*
*Ein Unternehmer, ein erfolgreicher **zumal**, sollte seinen Beschäftigten Sicherheit bieten.*	

2. Als unterordnende Konjunktion leitet »zumal« einen Kausalsatz ein, der durch Komma abgetrennt bzw. in Kommas eingeschlossen wird:	**2. Die Konjunktion »zumal« ist Teil einer größeren Fügung, die als Einheit empfunden und nicht durch ein Komma geteilt wird:**
*Sie hat es schwer, **zumal** ihr Mann Alkoholiker ist.*	***Denn zumal** ihr Mann Alkoholiker ist, hat sie es sehr schwer.*
3. Mit Konjunktionen wie »da« und »wenn« bildet »zumal« eine Fügung, die meist als Einheit empfunden und nicht durch Komma geteilt wird. Das Komma steht vor »zumal«; ein weiteres Komma nach »zumal« ist jedoch zulässig.	
*Sie hat es schwer, **zumal[,] da** ihr Mann Alkoholiker ist.*	
*Unsere Straße ist sehr laut, **zumal[,] wenn** morgens und abends der Berufsverkehr hier durchkommt.*	

Das Semikolon

→ Semikolon bei der wörtlichen Wiedergabe: *281*

187 Das Semikolon – auch Strichpunkt genannt – nimmt eine Mittelstellung zwischen Komma und Punkt ein: Es steht anstelle eines Kommas, wenn dieses in seiner trennenden Funktion innerhalb eines Satzes zu schwach trennt; es steht anstelle eines Punktes, wenn dieser zu stark trennt. Wann das der Fall ist, lässt sich nicht eindeutig festlegen. Deshalb haben die Schreibenden bei der Anwendung des Semikolons mehr Freiheit als bei anderen Satzzeichen.

Das Semikolon bei Aufzählungen

188 Das Semikolon kann bei längeren Aufzählungen gesetzt werden, um die einzelnen Sinneinheiten voneinander abzugrenzen.

In dieser fruchtbaren Gegend wachsen Roggen, Gerste, Weizen; Kirschen, Pflaumen, Äpfel; Tabak und Hopfen; ferner die verschiedensten Arten von Nutzhölzern.
Sie ging nach Berlin, weil es sich dort zu leben lohnt; weil das kulturelle Angebot seinesgleichen sucht; weil die beruflichen Perspektiven dort für sie überdurchschnittlich gut sind.

Die Bildung von Gruppierungen durch das Semikolon ermöglicht es auch, eindeutige Bezüge herzustellen.

Wir brauchen neuwertige Decken, Schlafsäcke und Isomatten; warme Unterwäsche, Socken und Jacken; Medikamente und Pflaster. (Decken, Schlafsäcke und Isomatten sollten neuwertig sein; Unterwäsche, Socken und Jacken sollten warm sein).
Wir brauchen neuwertige Decken; Schlafsäcke und Isomatten; warme Unterwäsche; Socken und Jacken; Medikamente und Pflaster. (Nur die Decken sollten neuwertig sein; nur die Unterwäsche sollte warm sein).

Das Semikolon zwischen gleichrangigen Sätzen

Mit dem Semikolon kann man gleichrangige Teilsätze (vor allem Hauptsätze) voneinander abgrenzen. **189**

Das Semikolon hat immer nebenordnende Funktion. Es kann deshalb nie zwischen Haupt- und Nebensatz stehen.

Das Semikolon steht zwischen Hauptsätzen, wenn sie inhaltlich eng miteinander verbunden sind, aber deutlicher als durch ein Komma getrennt werden sollen. Man setzt das Semikolon vor allem zwischen längere Hauptsätze (oft mit Nebensätzen). **190**

Es spielt dabei keine Rolle, ob die Sätze das gleiche Subjekt haben oder nicht.

Im Hausflur war es still; ich drückte erwartungsvoll auf die Klingel.
Die Familie meiner Mutter stammt aus Frankreich; die Vorfahren meines Vaters dagegen sind aus Ungarn eingewandert.
Er beschäftigt sich seit Jahren mit Kunstgeschichte und hat viele Bücher zu diesem Thema gelesen; zurzeit besucht er eine Vorlesung zur Malerei der Romantik.
Wir müssen uns überlegen, mit welchem Zug wir fahren wollen; wenn wir den früheren nehmen, müssen wir uns beeilen.
Im Allgemeinen gelten folgende Bestimmungen: Die Anmeldung muss schriftlich erfolgen; die Anmeldefrist beträgt zwei Wochen; die Entscheidung wird schriftlich mitgeteilt.
Der Autor stellt folgende Thesen auf: Kinder seien fantasievoller als Erwachsene; man müsse ihnen den größtmöglichen Freiraum zur Entfaltung ihrer Kreativität lassen; es bestehe ein direkter Zusammenhang zwischen dieser Entfaltungsmöglichkeit und der Fähigkeit zur Problemlösung im Erwachsenenalter.

Das Semikolon wird besonders dann verwendet, wenn der Anschluss mit Konjunktionen oder Adverbien wie ***denn, doch, darum, daher, allein, aber, deswegen, deshalb*** u. dgl. hergestellt wird:

Die Angelegenheit ist erledigt; darum wollen wir nicht länger diskutieren.
Meine Freundin hatte den Zug verpasst; deshalb kam sie eine halbe Stunde zu spät.

191 Das Semikolon kann in einem mehrfach zusammengesetzten Satz (einer Periode) zwischen gleichrangige Abschnitte gesetzt werden. Solche Sätze kommen vor allem in der älteren Literatur vor.

Wo dir Gottes Sonne zuerst schien; wo dir die Sterne des Himmels zuerst leuchteten; wo seine Blitze dir zuerst seine Allmacht offenbarten und seine Sturmwinde dir mit heiligem Schrecken durch die Seele brausten: Da ist deine Liebe, da ist dein Vaterland (E. M. Arndt).

Der Doppelpunkt

→ Doppelpunkt und Anführungszeichen: *259 f.*
→ Der Doppelpunkt bei der wörtlichen Wiedergabe: *269*
→ Uhrzeit und Angabe einer Zeitdauer: *36 f.*
→ Doppelpunkt und Fragezeichen: *210*
→ Doppelpunkt und Gedankenstrich: *236*
→ Doppelpunkt und Klammern: *244*

Der Doppelpunkt – vereinzelt Kolon genannt – ist kein Schlusszeichen, sondern ein Übergangs- und Ankündigungszeichen. Er soll die Lesenden zu einer Pause veranlassen und zugleich aufmerksam machen auf das, was folgt. Der Doppelpunkt hat also die Aufgabe, einen einleitenden oder ankündigenden Text optisch von dem folgenden Text abzuheben. Der Doppelpunkt kann zwischen zwei Sätzen oder innerhalb eines Satzes stehen. **192**

Groß- oder Kleinschreibung nach dem Doppelpunkt?

Nach dem Doppelpunkt schreibt man groß, wenn eine direkte (wörtliche) Rede folgt: **193**

Sie fragte: »Kommt er heute?«

Nach dem Doppelpunkt schreibt man groß, wenn ein selbstständiger Satz folgt:

Dosierung und Art der Anwendung: Alle 2 Stunden 1 Tablette im Mund zergehen lassen.
Die Regel lautet: Wer eine Sechs würfelt, rückt ein Feld vor.
Trotz alledem: Wir geben nicht auf!
Das Haus, die Wirtschaftsgebäude, die Scheune und die Stallungen: Alles war den Flammen zum Opfer gefallen.
Er konnte seine Kredite nicht mehr zurückzahlen, sprich: Er war pleite.

Nach dem Doppelpunkt schreibt man klein, wenn unselbstständige Einzelwörter oder Wortgruppen folgen:

Er hatte alles verspielt: sein Haus, seine Jacht, seine Pferde. (Ein Substantiv nach dem Doppelpunkt schreibt man natürlich immer groß: *Er hatte alles verspielt: Haus, Jacht, Pferde.*) *Die Teeküche kann zu folgenden Zeiten benutzt werden: morgens von 7 bis 8 Uhr, abends von 18 bis 19 Uhr. Meine Nachforschungen haben ergeben, was ich schon befürchtet hatte: dass es sinnlos ist, zu prozessieren.*

Der Doppelpunkt als Ankündigungszeichen

194 Der Doppelpunkt kündigt die Weiterführung durch Beispiele, eine Begründung oder Erläuterung, einen Beleg u. dgl. an.

- Der Doppelpunkt steht nach einer ausdrücklichen Ankündigung:
  Beachten Sie bitte folgenden Hinweis: Infolge der anhaltenden Trockenheit besteht Waldbrandgefahr. Aber dies ist die eigentliche Überraschung: Die Verkaufszahlen haben um 10 % zugelegt. Merke: Punkt vor Strich.

- Er steht aber auch nach jedem anderen Satz oder Teilsatz, der weitergeführt wird:
  Sie sah nur einen Ausweg: sofort abzureisen. Sei vorsichtig: Die Straße ist glatt. Das Konzept geht auf: Die Verkaufszahlen sind gegenüber dem Vorjahr gestiegen. Wenn Sie Probleme mit dem Computer haben: Rufen Sie uns einfach an!

Häufig ist der Satz vor dem Doppelpunkt stark verkürzt.

Zugegeben: ...; Mit anderen Worten: ...; Überhaupt: ...; Der Grund: ...; Hinzu kommt: ...; Kein Wunder: ...; Immerhin: ...; Nur einige Zahlen: ...; Sein Vorschlag: ...; Folge: ...; Ein aktuelles Beispiel: ...; Jetzt neu: ...; Sicher ist nur: ...

Nach dem Doppelpunkt können folgen: 195

- ein selbstständiger Satz

  Das Sprichwort lautet: Der Apfel fällt nicht weit vom Stamm. Um es gleich zu sagen: So viel Geld haben wir nicht. Die Frage ist nur: Was wird aus Lena?

- ein Wort, eine Wortgruppe oder ein Teilsatz

  Dann wurde das Urteil verkündet: Freispruch. Richtig muss es heißen: bei weniger als 5%. Ihr sollt übersetzen: die neuen Häuser, die steinernen Brücken. 1000€, in Worten: eintausend Euro. Meine Nachforschungen haben ergeben, was ich schon befürchtet hatte: dass es sinnlos ist, zu prozessieren.

- eine Aufzählung

  Folgende Teile werden nachgeliefert: gebogene Rohre, Muffen, Schlauchklemmen und Dichtungen. Sie hat schon mehrere Länder besucht: Frankreich, Spanien, Polen, Ungarn. Die üblichen Leistungsnoten in der Schule heißen: sehr gut, gut, befriedigend, ausreichend, mangelhaft, ungenügend. Welches Exemplar möchten Sie haben: in Leinen, Halbleder, Leder oder als Paperback?

  Wir stellen ab dem 1. September ein:
  Informatikfachleute
  Reinigungskräfte
  Kraftfahrer (m/w/d)

Anstelle des Doppelpunkts steht ein Komma, wenn eine Erläuterung durch ***nämlich, das heißt (d.h.), das ist (d.i.), zum Beispiel (z.B.)*** u. dgl. angeschlossen ist (vgl. 61):

Sie sah nur einen Ausweg, nämlich sofort abzureisen. Sei vorsichtig, die Straße ist nämlich glatt. Sie hat schon mehrere Länder besucht, genauer gesagt Frankreich, Spanien, Polen und Portugal. Er besuchte verschiedene befreundete Staaten, z.B. Tunesien, Israel, Malaysia.

Satzstücke und Einzelwörter

Der Doppelpunkt steht vor angekündigten Satzstücken und Einzelwörtern. 196

Mathematik: sehr gut. Familienstand: verheiratet. Diagnose: eitrige Entzündung des rechten Mittelfingers. Nächste TÜV-Hauptuntersuchung: 10/24. Haltbar bis: 1. August 2024.

Zweites Konzert des Staatlichen Philharmonischen Orchesters
W. A. Mozart: Symphonie in g-Moll, KV 550
J. Brahms: Konzert für Klavier und Orchester in B-Dur
Franz Liszt: Sinfonie zu Dantes »Divina Commedia«
Dirigent: Hans Pawlak
Solist: Robert Hofer
Beginn: 20 Uhr
Ende: gegen 22:30 Uhr

Nach Ausfüllhinweisen auf Vordrucken und Formularen steht ein Doppelpunkt, wenn der Text in der gleichen Zeile folgen soll.

Lieferadresse: ...
Gerichtsstand: ...
Der/Die Erziehungsberechtigte: ...

Nach ***PS (Postskript[um])*** kann mit oder ohne Doppelpunkt angeschlossen werden.

PS: Auch in diesem Sommer wird es wieder ein Betriebsfest geben!
PS Das Angebot gilt nur bis zum 31. März!

In der elektronischen Texterfassung ist das nachträgliche Einfügen von Textteilen unproblematisch, sodass das Postskript hier nur noch zur besonderen Hervorhebung eingesetzt wird.

Überschriften und Bildunterschriften

197 Der Doppelpunkt verbindet die Teile von Zeitungsüberschriften und Bildunterschriften.

Braunkohle: Kompromiss in Sicht?
Simone Duchamps vor der UNO: Plädoyer für eine friedliche Lösung
Sprach sich für eine friedliche Lösung aus: Simone Duchamps

Zusammenfassungen und Schlussfolgerungen

Der Doppelpunkt kündigt Zusammenfassungen und Schlussfolgerungen an. **198**

In dieser Funktion steht der Doppelpunkt auch vor dem abschließenden Teilsatz im mehrfach zusammengesetzten Satz, der Periode (vgl. 191). Zur Groß- oder Kleinschreibung nach dem Doppelpunkt vgl. 193.

Das Haus, die Wirtschaftsgebäude, die Scheune und die Stallungen: Alles war den Flammen zum Opfer gefallen. Wirtschaftskrise, Staatsverschuldung, Arbeitslosigkeit: Die Regierung ist unter Druck. Das Buch ist brillant geschrieben, voll überraschender Wendungen und noch dazu spannend: ein Meisterwerk! Er bereitete sich wochenlang auf die Prüfung vor, übte mit einem Freund, arbeitete sogar die Aufgaben des letzten Jahres durch: umsonst.

Indirekte (nicht wörtliche) Rede

Der Doppelpunkt kann zur Abtrennung einer indirekten Rede von ihrem Begleitsatz verwendet werden, wenn beide als selbstständige Sätze aufgefasst werden. **199**

Die offizielle Verlautbarung: Man habe von nichts gewusst. Benedikt will sich damit nicht zufriedengeben: Wenn das so weitergehe, werde es eine Katastrophe geben. Wenn das so weitergehe, werde es eine Katastrophe geben: Mit diesen Worten mahnte Benedikt zu entschiedenerem Eingreifen.

Normalerweise ist die indirekte Rede aber von ihrem Begleitsatz abhängig und wird durch ein Komma abgetrennt:

Offiziell hieß es, man habe von nichts gewusst. Es werde eine Katastrophe geben, mahnte Benedikt.

Der Doppelpunkt als Verhältniszeichen zwischen Ziffern

→ Uhrzeit und Angabe einer Zeitdauer: *36 f.*

200 Der Doppelpunkt steht als Verhältniszeichen zwischen Ziffern. In diesem Fall steht vor und nach dem Doppelpunkt ein Leerzeichen.

Das Verhältniszeichen wird beim Lesen mit dem Wort ***zu*** wiedergegeben.

Die Erfolgsaussichten stehen 50 : 50.
Die Wahlprognosen zeigen ein Verhältnis von 60 : 40 für den Kandidaten der konservativen Partei.
Die Karte ist im Maßstab 1 : 5 000 000 angelegt.
Der Maßstab beträgt 1 : 100 000.

Der Doppelpunkt wird zur Angabe der Punkte- und Torezählung bei Sportergebnissen verwendet.

MSV Duisburg – 1. FC Nürnberg 2 : 0
Durch einen klaren 5 : 1-Sieg übernahm der Aufsteiger die Tabellenführung.
Der deutsche Tennismeister schlug den Spanier in drei Sätzen 6 : 2, 6 : 3, 7 : 5.

Das Fragezeichen

→ Fragezeichen und Anführungszeichen: *258 ff.*
→ Das Fragezeichen bei der wörtlichen Wiedergabe: *273 ff.*
→ Fragezeichen und Gedankenstrich: *229, 235*
→ Fragezeichen und Klammern: *244 ff.*

Das Fragezeichen hat die Aufgabe, einen Satz als Fragesatz zu kennzeichnen. Gewöhnlich steht das Fragezeichen als Schlusszeichen am Ende eines Satzes, es kann aber in bestimmten Fällen auch innerhalb eines Satzes vorkommen. 201

In der Regel wird ein einzelnes Fragezeichen gesetzt. Mehrere Fragezeichen hintereinander können stehen, wenn der Inhalt einer Aussage als fragwürdig oder zweifelhaft erachtet wird und eine diesbezügliche Nachfrage erfolgt:

Die schönsten Bilder der Ausstellung wurden prämiert. Die schönsten??
Ich habe gekündigt. Was???

Das Fragezeichen nach direkten Fragesätzen

Das Fragezeichen steht nach jedem direkten Fragesatz, gleichgültig, ob auf die Frage eine Antwort erwartet wird oder nicht und ob der Fragesatz vollständig ist oder nicht. 202

Willst du dieses Kleid kaufen? Kommt der Präsident selbst? Können Sie mir bitte sagen, wie ich zum Bahnhof komme? Weißt du, ob sie kommt? Ob er wohl kommt? Woher soll ich wissen, dass er krank ist? Hast du die Brötchen eingepackt? Wer von euch fährt mit? Wo seid ihr gewesen, was habt ihr gemacht und wie hat euch die Stadt gefallen? Die Frage ist doch: Was wird aus Lena? (Umgestellt: *Was wird aus Lena? Das ist doch die Frage.*)

Das Fragezeichen steht nicht nach indirekten Fragesätzen. 203

Ich frage mich, ob es regnen wird. Er fragte sie, wann sie kommen wolle. Du musst sie fragen, wann sie kommen will! (Aber, da der ganze Satz eine Frage ist: *Hast du sie gefragt, wann sie kommen will?*) *Sag mir, woher du das Geld hast!*

Warum ich so spät gekommen sei, fragte er ärgerlich. Ich weiß nicht, wie. Wie, [das] weiß ich nicht.

204 Das Fragezeichen steht nach Höflichkeitsfragen und rhetorischen Fragen, auf die keine Antwort erwartet wird (vgl. aber 212).

Würden Sie bitte das Fenster schließen? Könnten Sie mir sagen, wie spät es ist? Wären Sie so freundlich, mir tragen zu helfen? Kann ich bitte die Butter haben? Dürfen wir Sie darauf aufmerksam machen, dass Sie unsere Rechnung noch nicht bezahlt haben? Was soll man sich darüber noch aufregen? Was will man mehr? Wirst du denn nie vernünftig?

Fragen mit der Wortstellung des Aussagesatzes

205 Das Fragezeichen steht nach Aussagesätzen, denen ein Fragewort oder eine entsprechende Formel vor- oder nachgestellt ist. Ein solcher Zusatz wird mit Komma abgetrennt (vgl. 58 f.).

Was, du hast gekündigt? Wie, ihr wohnt nicht mehr in Mannheim? Du hast dich verliebt, was? Ihr seid umgezogen, oder …? Du kennst meinen Bruder, nicht wahr? (Entsprechend auch mit Gedankenstrich:) *Ich habe hart gearbeitet – und wozu?*

Bei besonderer Betonung kann aber ein vorangestelltes Fragewort als eigenständige Frage aufgefasst werden:

Was? Du hast gekündigt?

206 Das Fragezeichen steht nach Aussagesätzen, die durch ein eingeschobenes Fragewort zur Frage werden.

Das Mädchen war damals wie alt? Du hast was getan? Sie sind wo geboren?

Fragen dieser Art sind nicht zu verwechseln mit Sätzen, in denen über Fragewörter gesprochen wird. Ist das der Fall, dann steht am Satzende der Punkt, da der Satz als ganzer keine Frage ist:

Mit den Fragen »Wo?«, »Wann?«, »Wie?« und »Warum?« werden adverbiale Bestimmungen erfragt.

Das Fragezeichen steht nach Fragen mit der Wortstellung des Aussagesatzes, die allein durch die Betonung als Frage erkennbar sind. 207

Du kommst morgen? [Ich dachte, erst übermorgen.] Eine Ölspur war an dem Unfall schuld? [Ich dachte, überhöhte Geschwindigkeit.]

Verkürzte Fragesätze

Das Fragezeichen steht auch nach verkürzten Fragesätzen. Diese ergeben sich oft im Dialog. 208

Ich habe einige Fehler entdeckt. – Wo zum Beispiel?
Wir waren im Kino. – In welchem Film denn?
Bitte ein Stück Obsttorte. – Mit oder ohne Sahne?
Zweimal Stuttgart und zurück. – 1. oder 2. Klasse?

- Sie können ohne Fragewort gebildet sein.
  Fertig? Wirklich? Verstanden? Alles klar? Na und? Schon gehört? Selbst genäht? Probleme mit dem Computer? Geldsorgen? Lust auf Mode?
- Sie können aber auch aus einem Fragewort mit oder ohne Ergänzungen bestehen.
  Wie? Wo? Wieso? Wie viel? Warum denn? Wie bitte? Was jetzt? Wozu die ganze Aufregung? Wohin mit der alten Waschmaschine?

Stehen mehrere Fragewörter nebeneinander, die nicht besonders betont werden, dann werden sie durch Kommas getrennt, und das Fragezeichen steht erst am Satzende. 209

Warum, weshalb, wieso? Wie, wann, warum und mit wessen Hilfe hast du das getan?

Werden aber alle Fragewörter mit besonderem Nachdruck gesprochen, dann steht nach jedem von ihnen das Fragezeichen, und es werden keine Kommas gesetzt:

Warum? Weshalb? Wieso?

Fragen, die eine Aufzählung enthalten

210 Das Fragezeichen steht nach Fragen, die eine Aufzählung enthalten.

Möchten Sie das Buch in Leinen, Halbleder, Leder oder als Paperback? Welches Exemplar möchten Sie haben: in Leinen, Halbleder, Leder oder als Paperback?

Zur Auflistung von Einzelwörtern, die zu einem Fragesatz gehören, vgl. 305.

Das Fragezeichen nach frei stehenden Zeilen

211 Das Fragezeichen steht nach Fragen in Überschriften und Werktiteln (etwa von Büchern und Filmen).

Stehen neue Verhandlungen bevor? Keine Chance für eine diplomatische Lösung? (Zeitungsüberschriften)
Wie schreibt man wissenschaftliche Arbeiten? (Duden-Ratgeber)
Wo warst du, Adam? (Roman von Heinrich Böll)
Wer hat Angst vor Virginia Woolf? (Schauspiel von Edward Albee)

Wenn in einem Satz Werktitel o. dgl. in Frageform aufgezählt werden, behält jeder sein Fragezeichen:

Ich benötige folgende Titel aus dem Dudenverlag: Wie schreibt man wissenschaftliche Arbeiten?, Sag mal, was ist eigentlich Sprache?, Kaputte Wörter?, Stilsicher schreiben.
(Aber wenn aufgezählte Fragen Teil eines Fragesatzes sind: *Wo seid ihr gewesen, was habt ihr gemacht und wie hat euch die Stadt gefallen?*)

Zu listenartig aufgezählten Fragen vgl. 305.

Fragezeichen und Ausrufezeichen

Nach einem Fragezeichen kann noch ein Ausrufezeichen stehen, wenn die Frage gleichzeitig als Ausruf verstanden werden soll. 212

Auch du, mein Sohn?! Warum denn nicht?! Was fällt dir ein?!

Auch eine Nachfrage zu einer fragwürdigen/zweifelhaften Aussage kann mit Fragezeichen und Ausrufezeichen abgeschlossen werden:

Heute ist er 50 geworden. Wirklich?!

Wird der Fragesatz nicht als Frage, sondern als Ausruf gesprochen, dann wird nur ein Ausrufezeichen gesetzt:

Kannst du nicht endlich deinen Mund halten! Wie lange soll ich denn noch warten! Was macht denn der schon wieder hier! Musst du denn immer wieder davon anfangen! Was ist denn mit dir los, du humpelst ja! (Oder: *Was ist denn mit dir los? Du humpelst ja!*)

Manchmal kann je nach Sinn entweder ein Fragezeichen oder ein Ausrufezeichen stehen:

Würden Sie bitte das Fenster schließen? (höfliche Aufforderung) –
Würden Sie bitte das Fenster schließen! (etwas harschere Aufforderung)

Das eingeklammerte Fragezeichen

Ein Fragezeichen in runden Klammern steht in Sätzen unmittelbar nach Wörtern oder Wortgruppen, deren Aussage unbewiesen ist oder als unglaubwürdig gekennzeichnet werden soll. 213

Die schönsten (?) Bilder der Ausstellung wurden prämiert. Der Mann behauptete, die Autopapiere gefunden (?) zu haben. Friedrich I. Barbarossa, geboren in Waiblingen (?) 1122 oder um 1125. Dieser Prophet, der um 600 v. Chr. (?) lebte, drohte den Gottlosen das Gericht durch die Chaldäer an.

Das Ausrufezeichen

→ Ausrufezeichen und Fragezeichen: *212*
→ Ausrufezeichen und Anführungszeichen: *258 ff.*
→ Das Ausrufezeichen bei der wörtlichen Wiedergabe: *273 ff.*
→ Ausrufezeichen und Klammer: *244 ff.*
→ Ausrufezeichen und Gedankenstrich: *229, 235*

214 Mit dem Ausrufezeichen gibt man einem Satz besonderen Nachdruck wie etwa bei nachdrücklichen Behauptungen, Aufforderungen, Wünschen oder Ausrufen. Gewöhnlich steht das Ausrufezeichen als Schlusszeichen am Ende eines Satzes, es kann aber in bestimmten Fällen auch innerhalb eines Satzes vorkommen.

In der Regel wird ein einzelnes Ausrufezeichen gesetzt. Mehrere Ausrufezeichen hintereinander können stehen, um den besonderen Nachdruck zu verstärken.

> *Oh, nein!!*
> *Ruhe!!!*

Das Ausrufezeichen nach Aufforderungs- und Ausrufesätzen

Aufforderungssätze (Wunsch- oder Befehlssätze)

215 Das Ausrufezeichen steht nach Aufforderungen, Befehlen, Wünschen, Bitten, Verboten und Warnungen.

> *Komm sofort zurück! Hilf ihm doch! Verlassen Sie sofort das Lokal, wenn Sie sich nicht anständig benehmen können! Lasst uns keine Zeit verlieren! Wenn die Prüfung bloß schon vorbei wäre! Hätte ich ihm doch nicht geglaubt! Einfahrt frei halten! Bitte nicht stören! Stillgestanden! Ruhe! Jetzt mitmachen! Der Nächste bitte!*

Das Ausrufezeichen steht nicht nach abhängigen Aufforderungssätzen:

> *Sie sagt, du sollst abreisen.* (Aber als unabhängiger Aufforderungssatz mit Ausrufezeichen: *Du sollst abreisen!*) *Sie verlangt, dass du sofort abreist. Hat sie verlangt, dass du sofort abreist? Ich wünschte, das alles wäre schon vorbei.*

Das Ausrufezeichen steht nach vielen Gruß- oder Höflichkeitsformeln und Glückwünschen.

Schönes Wochenende! Frohe Feiertage! Alles Gute! Hals- und Beinbruch! Weidmannsheil! Prost Neujahr! Grüß Gott!

Nach Aufforderungen, Wünschen u. dgl., denen kein besonderer Nachdruck verliehen werden soll, setzt man anstelle des Ausrufezeichens den Punkt (vgl. 2).

Geben Sie mir bitte das Buch. Vgl. die Abbildung auf S. 360. Nehmen Sie bitte Platz. Fühlen Sie sich wie zu Hause. Benutzen Sie den beiliegenden Vordruck für Ihre Antwort. Guten Tag. Auf Wiedersehen, Frau Schneider. Entschuldigung. Guten Appetit. Bitte sehr. Danke schön.

Wenn Sie einen Sachtext schreiben wie z. B. einen Geschäftsbrief, sollten Sie mit Ausrufezeichen sparsam umgehen: Nach einem Aussagesatz genügt meist ein Punkt.

Ausrufesätze

Das Ausrufezeichen steht nach Ausrufen sowie Aussagesätzen, die mit besonderem Nachdruck gesprochen werden. **216**

Zu Sätzen, die man als Ausruf oder Frage auffassen könnte, vgl. 212.

Das ist ja großartig! Das hätte ich nicht gedacht! So was Dummes! Einfach herrlich! Wie schön! Der war es! Du Idiot! Schrecklich! Tatsächlich! Tor! Doch! Na bitte! Nicht ohne Lena! Kein Wunder! Ich habe ihn gestern bestimmt gesehen! Natürlich kann ich schwimmen! Dass er keine Zeit hat, ist gelogen! Du musst die Arbeit abgeben, weil morgen der letzte Termin ist! Das kommt davon!

Das Ausrufezeichen steht nicht nach abhängigen Ausrufesätzen:

Sie rief laut, die Post sei da.
(Aber als unabhängiger Ausrufesatz mit Ausrufezeichen: *Die Post ist da!*)

Das Ausrufezeichen steht nach stark verkürzten Sätzen, die eine wichtige Mitteilung enthalten. **217**

Kein Kommentar! Vertraulich! Geheim! Kein Zutritt! Gesperrt! Rauchen verboten! Vorsicht, bissiger Hund! Vorsicht, Hochspannung! Achtung! Gratis! Neu!

Ein Ausrufesatz kann aus einer einzelnen Interjektion bestehen.

Ach! Ah! Oh! Au! Na! Hallo! Igitt! Buh! Ahoi! Helau! Pst! Brr! Ätsch! Schade!

Ein Ausrufesatz kann auch aus einem Satz bestehen, der eine Interjektion bei sich hat. Die Interjektion wird mit Komma abgetrennt (vgl. 58).

Igitt, wie das stinkt! Nein, du bleibst hier! Ich kann schwimmen, und ob! Halt, komm mal her! Pst, sei still! Ach, das ist schade!

Stehen mehrere Interjektionen nebeneinander, die nicht besonders betont werden, dann werden sie durch Kommas getrennt, und das Ausrufezeichen steht erst am Satzende:

Na, na, na! Au, au, das tut weh! Nein, nein, nein! Doch, doch!

Werden aber alle Interjektionen mit besonderem Nachdruck gesprochen, dann steht nach jeder von ihnen das Ausrufezeichen:

Na! Na! So passen Sie doch auf!

Das Ausrufezeichen nach frei stehenden Zeilen

218 Das Ausrufezeichen steht auch nach frei stehenden Zeilen:

- Aufschriften auf Schildern, Plakaten u. dgl.
  Kein Zutritt! Vorsicht, bissiger Hund! Achtung! Gratis! Neu! Rettet die Wale!
- Überschriften, Werktitel (etwa von Büchern oder Filmen) u. dgl.
  Zurücktreten, Herr Minister! Die dritte Goldmedaille! (Zeitungsschlagzeilen)
  Weh dem, der lügt! (Lustspiel von Grillparzer)

Anrede

219 Das Ausrufezeichen steht nach der Anrede bei Reden und Ansprachen.

Herr Präsident, meine sehr geehrten Damen und Herren!
Sehr geehrte Ehrengäste! Liebe Anwesende!

Das Ausrufezeichen wird selten anstelle des Kommas nach der Anrede in Briefen und E-Mails gesetzt (vgl. 35).

Sehr geehrter Herr Schmidt!
Gestern erhielt ich Ihr freundliches Schreiben ...

Liebe Eltern!
Nach einem herrlichen Flug ...

In der Schweiz und in Liechtenstein ist es üblich, kein Satzzeichen nach der Anrede zu setzen.

Grußformel

In der Regel steht nach der Grußformel in Briefen und E-Mails kein Ausrufezeichen (vgl. 5). Man setzt jedoch ein Ausrufezeichen, wenn das Schreiben mit einem Glückwunsch o. dgl. endet. **220**

Ich wünsche Dir alles Gute für Deine Prüfung.
Hals- und Beinbruch!
Deine Sandra

Ich melde mich im Januar wieder, wenn wir aus dem Urlaub zurück sind.
Fröhliche Weihnachten!
Ihre Susanne Kraus

Das eingeklammerte Ausrufezeichen

→ Das eingeklammerte Ausrufezeichen bei der wörtlichen Wiedergabe: *294*

Mit dem eingeklammerten Ausrufezeichen kann man eine besondere Hervorhebung ausdrücken. **221**

Er will 100 Meter in 10,2 (!) Sekunden gelaufen sein. Alle drei Einbrecher arbeiteten früher als Schweißer (!) und galten als erfahrene Fachleute. Er hatte den Wagen eine Viertelstunde mit laufendem Motor (!) stehen lassen.

Der Gedankenstrich

222 Der Gedankenstrich ist ein starkes Grenzsignal und trennt stärker als Komma oder Doppelpunkt. Man unterscheidet zwischen dem einfachen und dem paarigen (also immer paarweise vorkommenden) Gedankenstrich. Der einfache Gedankenstrich dient zur Kennzeichnung einer größeren Pause zwischen einzelnen Wörtern oder innerhalb eines Satzes. Er kann aber auch zwischen zwei Sätzen stehen, um den Übergang zu einem anderen Thema anzuzeigen. Der paarige Gedankenstrich dient zur Abgrenzung eines eingeschobenen Satzes oder Satzteils.

Ein Gedankenstrich sollte nach Möglichkeit nicht am Anfang einer Zeile, sondern allenfalls am Ende stehen. Am besten steht er innerhalb der Zeile.

Anders ist es, wenn der Gedankenstrich zur Kennzeichnung von zeilenweise gegliederten Aufzählungen dient. Solche sogenannten Spiegelstriche stehen am linken Rand frei vor der Zeile (vgl. 23 und die Beispiele in 301 ff.).

> Der Gedankenstrich (Langstrich) ist länger als der Bindestrich.
> Gesetzt wird er mit vorausgehendem und folgendem Wortabstand.

Der einfache Gedankenstrich

Der einfache Gedankenstrich zwischen Einzelwörtern und Wortgruppen

223 Der Gedankenstrich kann anstelle des Kommas zur stärkeren Gliederung zwischen aneinandergereihte gleichrangige Einzelwörter und Wortgruppen gesetzt werden.

Strand – Sonne – Palmen (Werbung)
Schnell – preiswert – praktisch (Werbung)
Länder – Menschen – Abenteuer (Titel einer Fernsehserie)
Die Antwort des Zeugen: »Weder – noch.«
Einrichtungshaus Langmüller
Bodenbeläge – Tapeten – Dekostoffe – Farben

In Inhaltsangaben kann man mit dem Gedankenstrich die Stichwörter trennen, die zu einem Gliederungspunkt gehören.

Inhalt: Rechnungsarten – Zinsrechnung – Rechenhilfen – Zahlenspielereien.

Der Gedankenstrich steht auch bei der Gegenüberstellung gegensätzlicher oder zusammengehöriger Begriffe.

Was heißt »entweder – oder« auf Englisch?
Machen Sie eine Gegenüberstellung Einnahmen – Ausgaben.
Weltbilder – Bilderwelten (Ausstellungstitel).
2001 – Odyssee im Weltraum (Filmtitel).
Günstig in der Anschaffung – sparsam im Verbrauch (Werbung).
ttt – titel, thesen, temperamente (Fernsehsendung)

Der einfache Gedankenstrich innerhalb eines Satzes

Der einfache Gedankenstrich kennzeichnet innerhalb eines Satzes eine längere Pause, die die Erwartung oder Spannung gegenüber dem Folgenden erhöhen soll. **224**

In dieser Funktion ersetzt der Gedankenstrich alle anderen Satzzeichen. In einigen Fällen kann man anstelle des Gedankenstrichs Auslassungspunkte setzen (vgl. 24 ff.).

Der einfache Gedankenstrich als Pausenzeichen

Der Gedankenstrich gibt Sprechpausen wieder. **225**

Warte mal – es fällt mir gleich ein. Ich buchstabiere: K – R – A – U – S – S.
Kein Anschluss unter dieser Nummer – kein Anschluss unter dieser Nummer – kein Anschluss ...
Wir üben den Walzer: Links – zwei – drei – rechts – zwei – drei ...
Sie stammelte: »Da – das Auto – ich wollte –«.

In dieser Funktion steht der Gedankenstrich zwischen den einzelnen Teilen eines Kommandos:

Auf die Plätze – fertig – los! Rumpf vorwärtsbeugen – beugt!

Der Gedankenstrich grenzt die zeitlichen Phasen eines Geschehens voneinander ab.

Heißes Wasser zugeben – umrühren – fertig! Ein Blitz zuckte – dann ein ohrenbetäubender Donner – und schon prasselte der Regen herab.

Der einfache Gedankenstrich als Ankündigungszeichen

226 Der Gedankenstrich kündigt an, dass etwas Unerwartetes oder besonders Wichtiges folgt. Er markiert eine Pause, die Spannung erzeugt und das Folgende besonders hervortreten lässt.

Der Gedankenstrich steht anstelle des Kommas, wenn dieses nicht stark genug trennt:

Komm bald – aber mit ihm! Im Hausflur war es still – ich drückte erwartungsvoll auf die Klingel. Eine Umgehungsstraße – ist das wirklich die richtige Lösung für unseren Ort? Nur wenn du dich intensiv vorbereitest, wenn du jeden Tag übst und das Trainingsbuch gründlich durcharbeitest – nur dann kannst du diese Prüfung im ersten Anlauf schaffen. »Rettet die Wale!« – das ist ihre Parole.

Der Gedankenstrich steht anstelle des Doppelpunkts, wenn dieser nicht stark genug trennt:

Das Haus, die Wirtschaftsgebäude, die Scheune und die Stallungen – alles war den Flammen zum Opfer gefallen. Da hilft nur noch eins – sofort operieren! Happy End – Moderator Günther Wittmann heiratet. Wirtschaftskrise, Staatsverschuldung, Arbeitslosigkeit – das alles macht der Regierung schwer zu schaffen. Er glaubte, das Kind brauche keine ärztliche Hilfe – ein tragischer Irrtum. Keine tanzte wie sie – Pina Bausch.

Der Gedankenstrich kann aber auch an einer Stelle stehen, an der kein anderes Satzzeichen stehen könnte:

Und sogar der Wachtposten – schlief.

227 Der Gedankenstrich steht insbesondere vor dem Schlussteil eines Satzes, der als überraschender Abschluss oder als Satzschluss mit besonderem Nachdruck gedacht ist.

Sie trat in das Zimmer und sah – ihren Mann.
Zuletzt tat er etwas, woran niemand gedacht hatte – er beging Selbstmord.
Ich werde in dieser Sache nichts unternehmen – um keinen Preis.

Wir mussten uns entscheiden zwischen Gehorsam und Ungehorsam – zwischen Leben und Tod.
Was wir nur aus Erzählungen kennen – hier ist es Wirklichkeit.
Die Behörden versuchen, dem ein Ende zu setzen – bislang ohne Erfolg.
Jetzt wird gespart – zum Schaden der Arbeitnehmerinnen und Arbeitnehmer.
Ich habe hart gearbeitet – und wozu?

Wenn der Gedankenstrich das Prädikat ersetzt, bekommt der Satz einen schlagwortartigen Charakter. Diese Möglichkeit wird beispielsweise in Werbeslogans und Schlagzeilen genutzt. **228**

Plötzlich – ein vielstimmiger Schreckensruf! Die Stadt – wie ausgestorben, die Häuser – nur noch rauchende Trümmer.
Paris – das Herz Frankreichs. Champagner – immer ein Genuss. (Werbung)
Iran – Revolution oder Reaktion? Wohlstand für alle – eine Illusion? (Zeitungsschlagzeilen)

Der einfache Gedankenstrich beim Redeabbruch

Der Gedankenstrich wird gelegentlich gesetzt, um den Abbruch einer Rede oder das Verschweigen eines Gedankenabschlusses zu kennzeichnen, wenn keine Auslassungspunkte verwendet werden (vgl. 24 ff.). In diesen Fällen entfällt ein Schlusspunkt oder wird bei Zitaten nach dem schließenden Anführungszeichen gesetzt. **229**

Die Auslassungspunkte erfüllen diesen Zweck aber in der Regel besser als der Gedankenstrich, den man deshalb auf besondere Fälle beschränken sollte.

Sie können mich mal –
Leider ist diese Krankheit – aber wir wollen jetzt lieber von etwas Erfreulichem sprechen.
»Ich wollte nur –«. Hier unterbrach er mich.
Bevor sie die Besinnung verlor, stammelte sie noch: »Da, das Auto –«.
Überleg mal, was das alles für Folgen haben kann –

Ein Ausrufe- oder Fragezeichen nach dem Gedankenstrich muss gesetzt werden:

Schweig, du –!
Wie soll ich denn –?

Der einfache Gedankenstrich zwischen Sätzen

230 Zwischen zwei Sätzen kann man zusätzlich zum Schlusszeichen einen Gedankenstrich setzen, um einen Wechsel deutlich zu machen. Das ist sinnvoll, wenn man den Wechsel nicht durch einen neuen Absatz markieren kann oder will.

In dieser Funktion steht der Gedankenstrich zwischen Sätzen, bei denen der Gedanke oder das Thema gewechselt wird. Bei Platzmangel kann er den üblichen Absatz ersetzen.

Wir sind leider nicht in der Lage, diesen Wunsch zu erfüllen. – Besprechen wir jetzt den nächsten Punkt der Tagesordnung.
Wir sprachen in der letzten Sitzung über das Problem der Rationalisierung. – Hat übrigens inzwischen jemand Herrn Müller gesehen?

231 Bei der Wiedergabe von Dialogen kennzeichnet der Gedankenstrich den Wechsel des Sprechenden.

»Komm bitte mal her!« – »Ja, sofort.«
»Wir haben keine Chance«, prophezeite er. – »Sei doch nicht so pessimistisch«, erwiderte seine Frau.
»Mein Sohn, was birgst du so bang dein Gesicht?« – »Siehst, Vater, du den Erlkönig nicht?« (Goethe).

Der paarige Gedankenstrich

Der paarige Gedankenstrich bei Einschüben

232 Der paarige Gedankenstrich grenzt Einschübe vom übergeordneten Satz ab, wenn Kommas oder Klammern nicht stark genug trennen oder wenn der Einschub besonders betont werden soll. In diesen Fällen steht der Gedankenstrich vor und nach dem Einschub.

Eines Tages – es war mitten im Sommer – hagelte es.
Vgl.: *Eines Tages, es war mitten im Sommer, hagelte es.*
Eines Tages (es war mitten im Sommer) hagelte es.

Das erste Wort des Einschubs wird kleingeschrieben, wenn die Großschreibung nicht aus anderen Gründen erforderlich ist (z. B. weil der Einschub mit einem Substantiv beginnt). Beachten Sie beim Gebrauch des paarigen Gedankenstrichs außerdem die Hinweise in 235 f.

Der Einschub kann ein Satz oder Teilsatz sein (vgl. 122, 127). **233**

Dieses Bild – es ist das letzte und bekannteste des Künstlers – wurde nach Amerika verkauft. Ihre Forderung – um das noch einmal zu sagen – halten wir für wenig angemessen. Er verachtete – zu seiner Ehre sei es gesagt – jede Ausrede. Dieses Museum – und das ist kaum bekannt – hat eine wertvolle Fossiliensammlung. Mein Bruder – den du ja kürzlich kennengelernt hast – hat sich verlobt.

Er kann auch ein beliebiger Zusatz sein (vgl. 60).

Mein Onkel – ein großer Tierfreund – und seine Katzen leben in einer alten Mühle.
Die drei größten Firmen der Branche – Lohmann, Kraus und CCP – scheinen Preisabsprachen getroffen zu haben.
Mit einem Scheck über 2000 € – in Worten: zweitausend Euro – hat er die Rechnung beglichen.
Wir beide – du und ich – wissen das genau.
Das – eine Familie zu gründen – ist sein größter Wunsch.
Auf dieser Lichtung kann man Rehe – gelegentlich auch Füchse – beobachten.

Der schließende Gedankenstrich muss auch gesetzt werden, wenn der eingeschobene Zusatz in eine substantivische Fügung einbezogen ist (vgl. dagegen 67):

Auf der Ausstellung waren viele ausländische – insbesondere holländische – Maschinenhersteller vertreten.

Wie das letzte Beispiel zeigt, kann der paarige Gedankenstrich auch an einer Stelle stehen, an der Kommas nicht zulässig sind (vgl. 32). Er kann nämlich eine Beifügung einschließen, die vor ihrem Bezugswort steht. Davon sollte man allerdings nur Gebrauch machen, wenn die Beifügung umfangreich ist oder hervorgehoben werden soll. **234**

Ich glaube, an dieser – für meine weitere Untersuchung sehr wichtigen – Stelle nicht mehr der bisherigen Regelung folgen zu können.

Der Autor vertritt die – zugegeben verführerische – These, dass man dieses Problem durch bloßes Nichtstun lösen könne.

Der paarige Gedankenstrich in Verbindung mit anderen Satzzeichen

Richtlinien für den Einschub

235 Nach dem letzten Wort des Einschubs entfällt der Punkt.

Eines Tages – es war mitten im Sommer – hagelte es.

Nach dem letzten Wort des Einschubs entfällt das Komma. Das ist zu beachten, wenn der Einschub mit einem Nebensatz oder einer nachgestellten Apposition endet.

Manche Leute – etwa Svenja Kröger, unsere Vorsitzende – werden diesen Vorschlag befürworten.
Philipp verließ – im Gegensatz zu seinem Vater, der vierzig weitere Reisen unternommen hatte – Spanien nicht mehr.

Der Einschub kann jedoch mit einem Ausrufe- oder Fragezeichen enden. Auch dann wird das erste Wort des Einschubs kleingeschrieben, wenn die Großschreibung nicht aus anderen Gründen erforderlich ist (z. B. weil der Einschub mit einem Substantiv beginnt).

Wenn wir nichts unternehmen, wird sich das Verkehrsaufkommen – ein schrecklicher Gedanke! – beinahe verdoppeln.
Er weigert sich – leider! –, nach Frankfurt zu kommen.
Mein Bruder – du hast ihn doch kennengelernt? – hat sich verlobt.
Sie hat das – erinnerst du dich nicht? – gestern gesagt.

Ein Einschub kann auch aus mehreren Sätzen bestehen:

Mein Bruder – du hast ihn doch kennengelernt? Erinnerst du dich an ihn? – hat sich verlobt.
Sie hat das – erinnerst du dich nicht? Das gibt es doch nicht! – gestern gesagt.
Mein Bruder nahm die Einladung an – er ging gern zu Familienfeiern. Ich mochte sie nicht – und kaufte gleich eine Fahrkarte.

Richtlinien für den übergeordneten Satz

Im übergeordneten Satz müssen die Satzzeichen genau so stehen, wie wenn der Einschub nicht vorhanden wäre. Man kann also den Einschub probeweise weglassen, um festzustellen, welche Satzzeichen im übergeordneten Satz stehen müssen. Diese Satzzeichen stehen außerhalb der Gedankenstriche. **236**

Häufig steht nach dem schließenden Gedankenstrich (ohne Zwischenraum) ein Komma:

> *Sie betonte – ich weiß es noch ganz genau –, dass sie für einen Erfolg nicht garantieren könne.*
> (Vgl.: *Sie betonte, dass sie für einen Erfolg nicht garantieren könne.*)
> *Die Frau, mit der er sich verlobt hatte – übrigens gegen den Willen ihrer Eltern –, hat ihn kürzlich verlassen.*
> *Er behauptete – und das in aller Öffentlichkeit! –, ich hätte ihn bestohlen.*

In besonderen Fällen – zum Beispiel wenn dem Einschub eine nachgestellte genauere Bestimmung vorausgeht – steht das Komma besser vor dem ersten Gedankenstrich:

> *Die Firma Karl Mayer, Stuttgart, – sie feiert ihr hundertjähriges Bestehen – hat ein Jubiläumsangebot gemacht.* (*Stuttgart* ist die nachgestellte genauere Bestimmung, vgl. 64.)

Steht ein Einschub am Ende eines einleitenden oder hinweisenden Satzes, dann steht der Doppelpunkt (ohne Zwischenraum) nach dem schließenden Gedankenstrich:

> *Verächtlich rief er ihm zu – er wandte kaum den Kopf dabei –: »Was willst du hier?«*

In seltenen Fällen kann ein Einschub in Gedankenstrichen auch eine wörtliche Rede unterbrechen.

> *»Gestern« – das war noch gar nicht so lange her – »habe ich mich mit Jonas getroffen.«*
> *»Wenn du morgen kommst« – sie glaubte wohl nicht daran –, »lade ich dich zum Essen ein.«*

Die Klammern

→ Besondere Verwendungsweisen der runden Klammern bei der Gliederung von Texten: *23*
→ Zusätze und Auslassungen in wörtlich wiedergegebenen Texten: *293–295*
→ Das eingeklammerte Fragezeichen: *213*
→ Das eingeklammerte Ausrufezeichen: *221, 294*

237 Allgemein gebräuchlich sind zwei Arten von Klammern: runde Klammern und eckige Klammern. Sie haben in der Regel verschiedene Funktionen, die sich aber in bestimmten Fällen überschneiden können.

Runde Klammern

Erklärende Zusätze in Klammern

238 Erklärende Zusätze zu einzelnen Wörtern oder zu den Sätzen eines Textes werden im Allgemeinen in runde Klammern gesetzt.

In Wörterbüchern und anderen Nachschlagewerken werden für die Einschließung von erklärenden Zusätzen u. Ä. gelegentlich auch eckige Klammern oder Winkelklammern (»spitze« oder »gebrochene« Klammern: < >) verwendet.

239 Worterläuterungen, geografische, systematische, chronologische, biografische Zusätze u. dgl. stehen gewöhnlich in runden Klammern.

> *Frankenthal (Pfalz); Beil (Werkzeug); Bank (Sitzgelegenheit) – Bank (Geldinstitut); Fragen der Orthografie (Rechtschreibung) und Interpunktion (Zeichensetzung); der Erste Weltkrieg (1914 bis 1918). Als Hauptwerke Matthias Grünewalds gelten die Gemälde des Isenheimer Altars (vollendet 1511 oder 1515).*

240 Zusätze und Nachträge aller Art kann man mit runden Klammern vom übergeordneten Satz abgrenzen (zum Komma vgl. 60 ff.).

> *Johannes Gutenberg (der Erfinder der Buchdruckerkunst) wurde in Mainz geboren. Wir erwarten dich nächste Woche (und zwar am Dienstag). Er hat*

die Rechnung mit einem Scheck über 2000 € (in Worten: zweitausend Euro) beglichen. Frau Dr. Corinna Göllner (links im Bild) hat die Stiftung ins Leben gerufen. Im Mittelpunkt dieser Komödie steht ein Student (Niko Paulsen), der vom Pech verfolgt ist. Susanne Schröder (36) wurde verhaftet. Das Bild ist (meines Erachtens) misslungen. Damit wäre dieses Thema vorerst erledigt (weitere Angaben siehe S. 145). Das ist ein Film, den man sich ansehen kann (aber nicht muss). Till Berger ist dieses Jahr (noch) nicht Weltmeister geworden.

Wie das letzte Beispiel zeigt, können Klammern auch an einer Stelle stehen, an der Kommas nicht zulässig sind (vgl. 32). Sie können beispielsweise eine Beifügung einschließen, die vor ihrem Bezugswort steht:

In der Handtasche fand man Autopapiere und einen (gefälschten) Pass.
Das hängt von den (je nach Alter und Familienstand sehr verschiedenen) Einkommensverhältnissen ab.

Wortteile und einzelne Buchstaben können in Klammern gesetzt werden, um Lesealternativen aufzuzeigen. **241**

Beim Einklammern von Wortteilen ist zu beachten, dass beim Weglassen der Klammern selbst oder des gesamten Klammerzusatzes keine orthografisch fehlerhaften Schreibungen entstehen dürfen.

(Gewebe-)Streifen, **nicht** *(Gewebe)Streifen* oder *(Gewebe)streifen,* da sonst die fehlerhaften Schreibungen *GewebeStreifen* bzw. *streifen* entstehen
Gewinn(-Anteil) oder Gewinn(anteil)
(hell)blau, (rot)braun, (über)empfindlich, (mit)gestalten
E(lektro)-Auto, **nicht** *E(lektro)auto,* da sonst die fehlerhafte Schreibung *Eauto* entsteht

Die Einklammerung eines einzelnen Buchstabens hat keine Auswirkung auf die Groß- und Kleinschreibung.

(K)ein Gespür für Zahlen (Buchtitel)
(D)ein Weg zur korrekten Rechtschreibung

Fachsprachlich (z. B. in der Lexikografie) wird gelegentlich zur Straffung der Darstellung von der oben stehenden Regelung abgewichen. Zudem werden eckige Klammern statt runde Klammern bevorzugt.

[Gewebe]streifen
[Wieder]eintritt

242 Eingeschobene Sätze (Schaltsätze) können in runden Klammern stehen, besonders wenn sie ohne Nachdruck gesprochen werden. Gewöhnlich werden Schaltsätze jedoch in Gedankenstriche (vgl. 233) oder auch in Kommas (vgl. 122) eingeschlossen.

Eines Tages (es war mitten im Sommer) hagelte es. Dieses Bild (es ist das letzte und bekannteste des Künstlers) wurde nach Amerika verkauft. Wie die Firma mitteilte, soll mit den Bauarbeiten (die Baugenehmigung wurde schon vor einiger Zeit erteilt) nach Ende der Frostperiode (man schätzt, Mitte Februar) begonnen werden.

243 Auch größere Textteile kann man in runde Klammern setzen und so als selbstständige Texteinheit kennzeichnen.

Wie die Firma mitteilte, soll mit den Bauarbeiten noch vor dem Frühjahr begonnen werden. (Die Baugenehmigung wurde schon vor einigen Monaten erteilt. Es gab zunächst Schwierigkeiten mit der Genehmigung der Tiefgarage, aber inzwischen ist dieser Punkt geklärt. Auch die feuerpolizeilichen Auflagen sind sämtlich berücksichtigt worden, sodass rechtliche Probleme nicht mehr zu befürchten sind.) Nach dem Ende der Frostperiode soll es losgehen.

Runde Klammern in Verbindung mit anderen Satzzeichen

Der eingeklammerte Text ist in einen anderen Satz einbezogen

244 Ist der eingeklammerte Text in einen anderen Satz einbezogen, gelten die gleichen Richtlinien wie für den paarigen Gedankenstrich in Verbindung mit anderen Satzzeichen (vgl. 235 f.). Das erste Wort des Einschubs wird kleingeschrieben, wenn die Großschreibung nicht aus anderen Gründen erforderlich ist (z. B. weil der Einschub mit einem Substantiv beginnt).

Manche Leute (etwa Svenja Kröger, unsere Vorsitzende) werden diesen Vorschlag befürworten. Sie betonte (ich weiß es noch ganz genau), dass sie für einen Erfolg nicht garantieren könne. Im Allgemeinen gelten folgende Bestimmungen (Sonderfälle sind hier nicht erfasst): Die Anmeldung muss schriftlich erfolgen; die Anmeldefrist beträgt zwei Wochen; die Entscheidung wird schriftlich mitgeteilt. Er weigert sich (leider!), nach Frankfurt zu kommen. Mein Bruder (du hast ihn doch kennengelernt?) hat sich verlobt.

Ein Einschub kann auch aus mehreren Sätzen bestehen:

Mein Bruder (du hast ihn doch kennengelernt? Erinnerst du dich an ihn?) hat sich verlobt. Sie hat das (erinnerst du dich nicht? Das gibt es doch nicht!) gestern gesagt. Mein Bruder nahm die Einladung an (er ging gern zu großen Familienfeiern. Ich mochte sie nicht) und kaufte gleich eine Fahrkarte.

Steht der eingeklammerte Text am Ende eines anderen Satzes, ist außerdem Folgendes zu beachten: **245**

- Der Schlusspunkt des anderen Satzes steht nach der schließenden Klammer (vgl. aber 295):

  Damit wäre dieses Thema vorerst erledigt (weitere Angaben s. S. 145).
  Mit der Produktion der neuen Modelle ist bereits begonnen worden (im Einzelnen werden wir noch darüber berichten).

- Ein Abkürzungspunkt in der Klammer macht den Satzschlusspunkt nicht überflüssig (vgl. 18); dasselbe gilt für den Punkt nach einer Ordinalzahl (Ordnungszahl; vgl. 20), für Auslassungspunkte (vgl. 29) sowie für ein Ausrufe- oder Fragezeichen in der Klammer:

  Er lebte lange am Hof des Sonnenkönigs (Ludwig XIV.).
  Näheres finden Sie im Abschnitt »Vorsatzlinsen« (S. 233 ff.).
  Der Antrag ist vollständig ausgefüllt an die Bank zurückzusenden (bitte deutlich schreiben!).
  Sie hat das gestern gesagt (erinnerst du dich nicht?).

- Endet eine Anführung, die in einen Satz einbezogen ist, mit einem Ausrufe- oder Fragezeichen, so steht dieses vor einem folgenden eingeklammerten Text. Nach der schließenden Klammer steht dann noch das Satzschlusszeichen:
  Die nächste Spielzeit eröffnen wir mit der Premiere von »Wer hat Angst vor Virginia Woolf?« (Edward Albee).
  (Aber: *»Wie herrlich leuchtet mir die Natur! Wie glänzt die Sonne! Wie lacht die Flur!« (Goethe)[.]* [Vgl. 295.])

Der eingeklammerte Text ist nicht in einen anderen Satz einbezogen

246 Ist der eingeklammerte Text nicht in einen anderen Satz einbezogen, stehen nach der schließenden Klammer keine weiteren Satzzeichen. Das erste Wort des eingeklammerten Textes wird großgeschrieben. Der eingeklammerte Text behält seine Satzschlusszeichen.

- Er kann mit einem Punkt enden.
  Damit wäre dieses Thema vorerst erledigt. (Weitere Angaben s. S. 145.) Sie betonte, dass sie für den Erfolg garantieren könne. (Ich weiß es noch ganz genau, da ich mir das notiert hatte. Und ich habe ihr diese Notiz auch gezeigt.) Aber heute will sie nichts mehr davon wissen.
- Oder er endet mit einem Ausrufe- oder Fragezeichen.
  Sie hat das gestern gesagt. (Erinnerst du dich nicht?)
  Der Antrag ist vollständig ausgefüllt an die Bank zurückzusenden. (Bitte deutlich schreiben!)

Eckige Klammern

→ Auslassungen und Zusätze bei wörtlich wiedergegebenen Texten: *293 f.*
→ Für das Zusammentreffen von eckigen Klammern mit anderen Satzzeichen gelten die gleichen Richtlinien wie für runde Klammern: *244 ff.*

Abstufung gegenüber runden Klammern

Eckige Klammern können bei Wörtern und Sätzen stehen, die bereits in runde Klammern gesetzt sind. 247

Mit dem Wort Bankrott (vom italienischen »banca rotta« [zusammengebrochene Bank]) bezeichnet man die Zahlungsunfähigkeit.
(Oder:) *Mit dem Wort Bankrott (vom italienischen »banca rotta« (zusammengebrochene Bank)) bezeichnet man die Zahlungsunfähigkeit.*
Kassiber (heimliches Schreiben [meist in Geheimschrift] von Gefangenen und an Gefangene).
(Oder:) *Kassiber (heimliches Schreiben (meist in Geheimschrift) von Gefangenen und an Gefangene).*

Buchstaben oder Satzteile, die ausgelassen werden können

Eckige Klammern machen kenntlich, dass ein Buchstabe, Wortteil oder Satzteil weggelassen werden kann (vgl. 241). 248

gern[e], Tür[e], dem Mann[e], des Manuskript[e]s, Verwechs[e]lung, Vokalverdopp[e]lung, Vorstellung[skraft], (fachsprachlich, z. B. in der Lexikografie:) *[Gewebe]streifen*
Ich kann kaum gehen, geschweige [denn] laufen. Der Antrag ist vom Antragsteller [oder einem Erziehungsberechtigten] zu unterschreiben. Als Novum bezeichnet man eine neu hinzukommende Tatsache, die die bisherige Kenntnis oder Lage [eines Streitfalles] ändert.

Bei weglassbaren Wortteilen und Buchstaben werden anstelle der eckigen Klammern auch runde Klammern verwendet.

Satzzeichen, die beim Weglassen eines eingeklammerten Wortes überflüssig werden, lässt man weg:

Eine Stunde Schwimmen in tiefem, strömendem Wasser.
Eine Stunde Schwimmen in tiefem [strömendem] Wasser.

Die Anführungszeichen

→ Anführungszeichen und wörtliche Wiedergabe: *266 f.*
→ Halbe Anführungszeichen und wörtliche Wiedergabe: *289*

Die Formen der Anführungszeichen

249 Die Anführungszeichen – umgangssprachlich auch Gänsefüßchen genannt – haben im Deutschen überwiegend folgende Formen: „…“ und »…«, als halbe Anführungszeichen: ‚…‘ und ›…‹. Es werden immer zwei Anführungszeichen gesetzt, und zwar am Anfang und am Ende des angeführten Textes oder der Hervorhebung.

Die französische Form «…» ist im Deutschen weniger gebräuchlich; in der Schweiz hat sie sich für den Antiquasatz eingebürgert.

Während bei einzelnen aus fremden Sprachen angeführten Wörtern oder Wendungen deutsche Anführungszeichen stehen, werden fremdsprachige Sätze oder Abschnitte häufig in die in der betreffenden Sprache geltenden Anführungszeichen gesetzt.

Der Gebrauch der Anführungszeichen

Dieses Kapitel behandelt den Gebrauch der Anführungszeichen, jedoch nicht die wörtliche Wiedergabe im engeren Sinn (wörtliche Rede, Zitate u. dgl.), der ein eigenes Kapitel (vgl. 262–295) gewidmet ist. Da die halben Anführungszeichen nur bei der wörtlichen Wiedergabe eine Rolle spielen (vgl. 289), beschränkt sich dieses Kapitel auf den Gebrauch der gewöhnlichen Anführungszeichen.

250 Mit Anführungszeichen kann man einzelne Wörter, Aussprüche, Werktitel u. dgl. vom übrigen Text abgrenzen.

Anstelle der Anführungszeichen kann man oft auch einen anderen Schriftschnitt (vor allem *Kursivschrift*) oder S p e r r u n g, KAPITÄLCHEN usw. verwenden.

In wissenschaftlichen Texten beispielsweise benutzt man solche Arten der Hervorhebung, damit die Anführungszeichen Zitaten vorbehalten bleiben:

die Endung *-ung*
der Begriff E x i s t e n z i a l i s m u s
das Gedicht DER ZAUBERLEHRLING

Überschriften, Werktitel, Namen

Überschriften, Werktitel (etwa von Büchern, Filmen oder Kunstobjekten), bestimmte Namen u. dgl. kann man mit Anführungszeichen vom übrigen Text abgrenzen. **251**

- Überschriften
  Sie las den Artikel »Neue Friedensverhandlungen in Sicht«.
  Das Diktat »Ferien auf dem Reiterhof« ist schlecht ausgefallen.
  Der Titel von Leas Abschlussarbeit lautet »Das Unheimliche bei E. T. A. Hoffmann«.
- Werktitel
  Das erinnert an George Orwells »1984«.
  Diese Szene stammt aus dem Film »Die Wüste lebt«.
  Ist van Goghs »Feld mit Mohnblumen« im Ausstellungskatalog abgebildet?
  Carl Zuckmayers Schauspiel »Des Teufels General« war ein Erfolg.
- Titel von Veranstaltungen
  Ich habe mir die Ausstellung »Ägypten – Menschen und Mythen« angesehen.
  Der Kongress stand unter dem Motto »Mehr Rechte für Tiere«.
  Wir nehmen am Wettbewerb »Unser Dorf hat Zukunft« teil.
  Im Kurs »Spanisch für Anfänger« sind noch Plätze frei.
- Namen von Zeitungen, Sendungen u. dgl.
  »Die Zeit« ist eine Wochenzeitung.
  Wir sahen gerade im Fernsehen den »Tatort«, als das Telefon klingelte.
  Die Abteilung »Islamische Kunst« ist zurzeit geschlossen.

Auch bestimmte Eigen- und Markennamen o.Ä. können zur Verdeutlichung mit Anführungszeichen versehen werden.

Harry »Sweets« Edison ist ein bekannter Jazzer.
Für die Presse war er von diesem Tag an der »König der Wallstreet«.
Wir wohnen im Hotel »Europäischer Hof«.
Das Forschungsschiff »Meteor« ist gestern in See gestochen.
Er ist im Gesangverein »Harmonie« Mitglied.
Das Modell »Rom« ist nicht lieferbar.
Bring bitte eine Tüte »Nimm 2« mit.
Wenn ihr kommt, spielen wir »Die Siedler von Catan«.
Das Grundstück ist unter der Bezeichnung »Wiesbaden-Frauenstein, Im Wingert 5« in das Grundbuch eingetragen worden.

252 Anführungszeichen müssen nicht gesetzt werden, wenn es sich um einen bekannten Titel oder Namen handelt oder wenn aus dem Satzzusammenhang hervorgeht, dass hier ein Titel o.Ä. vorliegt.

Wir lesen zurzeit Goethes Faust.
Die Klasse führt Dürrenmatts Physiker auf.
Wir wohnen im Hotel Europäischer Hof.
Er hat die Frankfurter Rundschau abonniert.
Wir sahen gerade im Fernsehen den Tatort, als das Telefon klingelte.

Artikel und Deklination

253 Der zu einem Titel oder Namen gehörende Artikel kann mit in die Anführungszeichen gesetzt werden, wenn der volle Titel unverändert bleibt.

Ich kaufe mir »Die Welt«. (Oder:) *Ich kaufe mir die »Welt«.*
Sie lesen »Das Lied von der Glocke«. (Oder:) *Sie lesen das »Lied von der Glocke«.*
»Der Biberpelz« ist eine Komödie von Gerhart Hauptmann.
(Oder:) *Der »Biberpelz« ist eine Komödie von Gerhart Hauptmann.*

Ändert sich der Artikel durch die Deklination, dann bleibt er außerhalb der Anführungszeichen.

Sie arbeitet als Redakteurin bei der »Welt«.
Das war ein Zitat aus dem »Lied von der Glocke«.
Wir lesen gerade den »Biberpelz« von Gerhart Hauptmann.

Steht der Artikel außerhalb der Anführungszeichen, wird das nächstfolgende Wort großgeschrieben.

Wir lesen gerade den »Grünen Heinrich« von Keller.
Diese Information stammt aus dem »Großen Buch der Allgemeinbildung«.

Sprichwörter, kurze Äußerungen u. dgl., die in einen anderen Satz einbezogen sind

Mit Anführungszeichen grenzt man Sprichwörter, kurze Äußerungen u. dgl. ab, die in einen anderen Satz einbezogen sind. **254**

Es handelt sich hier um eine Spielart der wörtlichen Wiedergabe, die aber nicht deren Zeichensetzungsregeln folgt, sondern wie die sonstigen Anführungen behandelt wird. Der Übergang ist allerdings fließend: Wenn man den Satz umstellt, muss er meist nach den Regeln der wörtlichen Wiedergabe behandelt werden.

Der angeführte Satz vertritt im Begleitsatz Subjekt, Prädikatsnomen oder Objekt.

- Er kann vorangestellt sein:

  »Das ist gelogen« war mein erster Gedanke.
  »Ich gehe jetzt« war alles, was er sagte.
  »Einigkeit macht stark« ist unser Wahlspruch.
  »Guter Mond, du gehst so stille« ist der Anfang eines Abendlieds.
  »Eile mit Weile!« lautet ein bekanntes Sprichwort.
  »Die Buddenbrooks« heißt das gesuchte Buch.
  »Baum« heißt auf Französisch »arbre«.

- Oder er kann in den Begleitsatz eingeschoben sein:

  Sie wählten »Einigkeit macht stark« zu ihrem künftigen Wahlspruch.
  Als er »Ich komme nicht« sagte, wandte sie sich ab.
  Anne schrieb »Alles Gute Euch beiden!« ins Gästebuch.
  Beim Abschied hat sie mir »Bis bald!« nachgerufen.

255 Der angeführte Satz kann auch wie eine Apposition von einem Substantiv abhängen.

Der Kongress steht unter dem Motto »Mehr Rechte für Tiere«.
Mit den Worten »Lass mich in Ruhe!« lief das Kind weg.

Eine Anführung kann sogar einen Artikel, ein Possessivpronomen (***mein, dein, sein*** usw.) und ein Attribut bei sich haben.

Mit einem lauten »Mir reichts« verließ sie den Raum.
Der Kellner ärgerte sich über sein kritisches »Der Wein schmeckt nach Essig«.
Da ertönte ein klägliches »Mama, wo bist du?«.
Lass doch dieses ewige »Ich will nicht!«!

Wörter, Wortteile und Wortgruppen, über die man eine Aussage machen will

256 Mit Anführungszeichen grenzt man Wörter, Wortteile und Wortgruppen ab, über die man eine Aussage machen will.

In wissenschaftlichen Texten werden für diesen Zweck oft halbe Anführungszeichen oder Kursivschrift verwendet.

Das Wort »Doktorand« wird am Schluss mit d geschrieben.
Das Wort »fälisch« ist in Anlehnung an West»falen« gebildet.
Die Präposition »ohne« verlangt den Akkusativ.
Der Begriff »Existenzialismus« ist schwer zu definieren.
»Brot« heißt auf Englisch »bread«.
Was heißt »Wo ist der Bahnhof?« auf Französisch?
Nennen Sie drei Substantive mit der Endung »-ung«.
In der Jägersprache bezeichnet man die Augen von Rehen als »Lichter«.

Ungewöhnlich verwendete Wörter und Wendungen

Mit Anführungszeichen kann man Wörter oder Wortgruppen kennzeichnen, die man anders als sonst – etwa ironisch, übertragen oder wortspielerisch – verstanden wissen will. Auch ungewöhnliche Neubildungen können so hervorgehoben werden. 257

Er hat »nur« 2 Millionen auf dem Konto. Auf der Landwirtschaftsschau gab es allerhand »Schweinereien« zu sehen. Die zuverlässigsten Informationen über den Politiker erhielt das Ausland von dessen »treuesten« Anhängern. Er bekam wieder mal seine »Grippe«. Der Computer »merkt« sich Ihre Daten. Die fünfjährige Svenja hat eine »Unterwasser-Rakete« gemalt. Jugendliche finden diese Musik »cringe«. Menschen, die sich im Bundesfreiwilligendienst für das Allgemeinwohl engagieren, werden »Bufdis« genannt.

Die Anführungszeichen in Verbindung mit anderen Satzzeichen

Die folgenden Richtlinien gelten **nicht** für die wörtliche Wiedergabe im engeren Sinn (z. B. von direkter Rede und Zitaten), sondern nur für den sonstigen Gebrauch der Anführungszeichen. (Zur wörtlichen Wiedergabe vgl. 262 ff.)

Richtlinien für die Anführung

Überschriften, Werktitel u. dgl. werden ohne Punkt geschrieben, wenn sie in Anführungszeichen gesetzt sind (vgl. 7); bei Sprichwörtern oder kurzen Äußerungen, die in einen anderen Satz einbezogen sind, entfällt der Schlusspunkt ebenfalls. 258

»Aller Anfang ist schwer« ist nicht immer ein hilfreicher Spruch.
Der Ober ärgerte sich über sein kritisches »Der Wein schmeckt nach Essig«.

Die Anführung kann jedoch mit einem Ausrufe- oder Fragezeichen enden.

Mit einem freundlichen »Grüß Gott!« begrüßte sie die Besucher.
Heinrich Bölls Roman »Wo warst du, Adam?« kann ich dir sehr empfehlen.
Bevor er ging, hatte er noch »Vergib mir bitte!« und »Es tut mir so leid« gestammelt.

Richtlinien für den Begleitsatz

259 Die in diesem Kapitel beschriebenen Anführungen werden (im Gegensatz zur wörtlichen Wiedergabe im engeren Sinn) weder durch Doppelpunkt noch durch Komma abgetrennt.

Sie las den Artikel »Neue Friedensverhandlungen in Sicht« in der ZEIT.

Ist die Anführung nachgestellt, kann sie jedoch oft auch durch einen Doppelpunkt abgetrennt werden. Dann wird der Satz nach den Richtlinien für die wörtliche Wiedergabe behandelt (vgl. 278).

Mein erster Gedanke war: »Das ist gelogen.« Ein bekanntes Sprichwort lautet: »Eile mit Weile!« Im Mittelpunkt der Diskussion stand die Frage: »Macht Rauchen süchtig?« (Der Satz wird nicht vollständig zitiert:) *Ein bekanntes Abendlied beginnt mit den Worten: »Guter Mond, du gehst so stille«.*

Es können auch zwei oder mehr Anführungen nebeneinanderstehen (vgl. 269):

Er bekam Dinge zu hören wie »Du bist eben dumm« oder auch »Du schaffst die Schule sowieso nicht«. (Hier wegen der Einbindung in den übergeordneten Satz ohne den Schlusspunkt vor den schließenden Anführungszeichen.) (Auch:) *Er bekam Dinge zu hören wie: »Du bist eben dumm« oder auch »Du schaffst die Schule sowieso nicht«.* (Oder:) *Er bekam Dinge zu hören wie: »Du bist eben dumm« oder auch: »Du schaffst die Schule sowieso nicht.« Er bekam Dinge zu hören wie: »Du bist eben dumm.« Oder auch: »Du schaffst die Schule sowieso nicht.«*

Die wichtigste Frage lautet »Macht mir das Spaß?« und nicht »Mache ich das gut?«. (Auch:) *Die wichtigste Frage lautet: »Macht mir das Spaß?« und nicht »Mache ich das gut?«* (Oder:) *Die wichtigste Frage lautet: »Macht mir das Spaß?« und nicht: »Mache ich das gut?« Die wichtigste Frage lautet: »Macht mir das Spaß?« Und nicht: »Mache ich das gut?«*

260 In der Regel fügt man eine kurze Anführung ohne Doppelpunkt an, während man bei längeren einen Doppelpunkt setzen kann.

Das gesuchte Buch heißt »Die Buddenbrooks«. (Aber:) *Das gesuchte Buch heißt: »Deutsche Rechtschreibung. Regeln und Wörterverzeichnis. Amtliche Regelung«.*

Unser Wahlspruch ist »Einigkeit macht stark«.
(Aber:) *Unser Wahlspruch ist: »Edel sei der Mensch, hilfreich und gut.«*

Was heißt auf Französisch »danke«?
(Aber:) *Was heißt auf Französisch: »Ich kann morgen nicht kommen«?*

Im Begleitsatz müssen die Satzzeichen genau so stehen, wie wenn die Anführung nicht vorhanden wäre. Man kann also die Anführung probeweise weglassen, um festzustellen, welche Satzzeichen im Begleitsatz stehen müssen. Diese Satzzeichen dürfen nicht in den Einschub verlegt werden; sie stehen außerhalb der Anführungszeichen. **261**

Der Begleitsatz behält sein Satzschlusszeichen.

Wir lesen zurzeit Shakespeares »Wie es euch gefällt«.
Wer kennt das Gedicht »Erlkönig«?
Ist unser Wahlspruch »Einigkeit macht stark«?
Spiel doch nicht immer die »Ungarische Rhapsodie«!

Ein Frage- oder Ausrufezeichen in der Anführung macht also den Schlusspunkt des Begleitsatzes nicht überflüssig:

Ich lese gerade Bölls Roman »Wo warst du, Adam?«.
Mein Lieblingsspiel ist »Fang den Hut!«.

Gehört sowohl zur Anführung als auch zum übergeordneten Satz ein Ausrufe- oder Fragezeichen, dann müssen beide gesetzt werden:

Wer spielt mit mir »Fang den Hut!«?
Lass doch dieses ewige »Ich will nicht!«!
Kennst du Bölls Roman »Wo warst du, Adam?«?

Erfordert der Begleitsatz ein Komma, so steht es außerhalb der Anführung.

Schopenhauers Hauptwerk »Die Welt als Wille und Vorstellung«, das 1819 erschien, fand zunächst keine Beachtung.

Ein schließendes Komma in der Anführung entfällt:

Haben Sie »Der Spion, der aus der Kälte kam« gelesen? (Der Relativsatz *der aus der Kälte kam* würde eigentlich ein schließendes Komma erfordern.)

Wörtliche Wiedergabe

Die wörtliche Wiedergabe von mündlicher Rede oder Zitaten macht oft Schwierigkeiten, da hier viele Satzzeichen beteiligt sind. Dieses Kapitel erklärt »satzzeichenübergreifend«, wie man mit wörtlichen Wiedergaben umgeht.

Zum schnellen Nachschlagen wird meist der Abschnitt »Formen der wörtlichen Wiedergabe« (278 ff.) genügen. Interessierte finden in diesem Kapitel auch Informationen zu den dahinterstehenden Grundregeln und zu einigen Sonderfällen wie z. B. Auslassungen in Zitaten.

Was versteht man unter wörtlicher Wiedergabe?

262 Als wörtliche Wiedergabe bezeichnet man die Wiedergabe von Sätzen oder Satzstücken im unveränderten Wortlaut, also genau so, wie sie gesagt, gedacht oder geschrieben worden sind.

Zur wörtlichen Wiedergabe gehören:

- die Wiedergabe einer direkten Rede:
  »Es ist unbegreiflich, dass ich diesen Termin vergessen habe«, sagte er zu seinem Freund.
  »Als ich nach Hause kam«, erinnert sich der Zeuge, »war die Wohnung verwüstet.«
  »Es ist nicht auszuschließen, dass diese Chemikalien für Kinder schädlich sind«, so Professorin Günther.
- die Wiedergabe eines Gedankens oder einer unausgesprochenen Botschaft:
  »So – das war also Paris«, dachte Noah.
  Sein Brief gab mir zwischen den Zeilen zu verstehen: »Ich liebe dich.«
  Mit einer unmerklichen Geste signalisierte er mir: »Lauf weg und hol Hilfe!«
- die Wiedergabe einer Textstelle aus einem Buch, Schriftstück, einer E-Mail u. dgl. (man spricht hier von einem Zitat):
  »Dieses Bild ist ein oft verkanntes Meisterwerk Raffaels«, heißt es an anderer Stelle (S. 217).

Ich zitiere aus seiner E-Mail vom 2. Februar 2024: »Die Sache darf nicht an die Öffentlichkeit gelangen.«
»Der Tatverdächtige ist mehrfach vorbestraft«, hieß es in der Zeitung.
»Freude, schöner Götterfunken, Tochter aus Elysium, wir betreten feuertrunken, Himmlische, dein Heiligtum«, dichtete Schiller in seiner »Ode an die Freude«.
»Entschuldigen Sie, ist das der Sonderzug nach Pankow? Ich muss mal eben dahin, mal eben nach Ostberlin«, sang Udo Lindenberg 1983 in seinem Hit »Sonderzug nach Pankow«.

- die Wiedergabe einer Aufschrift auf einem Schild, Plakat u. dgl.:
  »Betreten der Baustelle verboten. Eltern haften für ihre Kinder«, stand dort.
  Das Plakat verkündete in leuchtend roten Buchstaben: »Heute große Galavorstellung«.
- die Wiedergabe eines Sprichworts, eines Werbeslogans, einer Parole, einer Stelle aus einem Lied u. dgl.:
  Ein Sprichwort lautet: »Der Apfel fällt nicht weit vom Stamm.«
  Aus dem Lautsprecher dröhnte es: »An Tagen wie diesen …«
  »Rettet die Wale« – das ist ihre Parole.

Eine indirekte Rede ist keine wörtliche Wiedergabe, denn sie bietet nicht den unveränderten Wortlaut. 263

(Direkte Rede:) *Er bemerkte: »Das Essen ist gut.«*
(Indirekte Rede:) *Er bemerkte, dass das Essen gut sei.*
Er bemerkte, das Essen sei gut.

Von der wörtlichen Wiedergabe sind auch Nebensätze zu unterscheiden, die eine Äußerung in der Wortstellung des Aussagesatzes wiedergeben. Sie kommen in der Umgangssprache häufig vor:

Sie behauptet, er ist unschuldig. (Für: *Sie behauptet, dass er unschuldig ist.*)
Ich sage dir doch, sie ist krank. (Für: *Ich sage dir doch, dass sie krank ist.*)

Eine wörtliche Wiedergabe liegt nicht vor, wenn Fragen, Antworten u. dgl. Teil eines Gedankengangs sind:

Die Frage ist nur: Was wird aus Lena? Wie sich das Produkt verkaufen wird, kann ich Ihnen genau sagen: Es wird hundertprozentig ein Renner.

264 Wo es auf Genauigkeit ankommt (z. B. in einer wissenschaftlichen Arbeit), sollten Sie darauf achten, dass Ihre Wiedergabe der Vorlage in allen Einzelheiten entspricht. Auch veraltete Schreibweisen und Fehler sind zu übernehmen. Wenn Sie im Zitat etwas auslassen oder hinzufügen möchten, müssen Sie diesen Eingriff eindeutig sichtbar machen (vgl. 290 ff.). Und nicht zuletzt: Geben Sie an, woher das Zitat stammt, am besten noch auf der gleichen Seite, z. B. in einer Fußnote.

Als Fußnotenzeichen dienen heute in der Regel hochgestellte Ziffern ohne Klammer. Sie stehen ohne Leerschritt direkt am Wort oder Satzzeichen. Hier gilt Folgendes: Wenn sich die Fußnote auf den ganzen Satz bezieht, dann steht das Fußnotenzeichen hinter dem schließenden Satzzeichen.

In dem Tagungsbericht heißt es, der Vortrag behandele »einige neue Gesichtspunkte der Internetkommunikation«.[1]

[1] *Vgl. Tagungsbericht, S. 19.*

Bezieht sich die Fußnote dagegen nur auf das dem Satzzeichen unmittelbar vorangehende Wort (die unmittelbar vorangehende Wortgruppe), steht die Ziffer vor dem Satzzeichen:

In dem Tagungsbericht heißt es, der Vortrag behandele »einige neue Gesichtspunkte der Internetkommunikation«[1]*.*

[1] *Dazu zählen E-Mails, Direktnachrichten, Posts, Chats und weitere Kommunikationsformen.*

Grundregeln

Die oberste Regel für die wörtliche Wiedergabe lautet:

265 Satzzeichen, die zum wörtlich Wiedergegebenen gehören, setzt man vor das abschließende Anführungszeichen; Satzzeichen, die zum Begleitsatz gehören, setzt man nach dem abschließenden Anführungszeichen.

Anführungszeichen

Die wörtliche Wiedergabe schließt man mit Anführungszeichen ein. 266

Hans sagte: »Ich komme morgen früh zurück.«
Der Redner lobte »die große Verhandlungsbereitschaft beider Seiten« und machte Vorschläge für einen Kompromiss.

Erstreckt sich eine direkte Rede oder ein Zitat über einen Abschnitt oder über mehrere Abschnitte, dann stehen die Anführungszeichen nur am Anfang und Ende der ganzen direkten Rede, nicht aber bei jedem Absatz oder gar bei jeder Zeile.

Wird die wörtliche Wiedergabe durch einen eingeschobenen Begleitsatz unterbrochen, so werden die einzelnen Teile jeder für sich in Anführungszeichen gesetzt.

»Morgen früh«, sagte Markus, »komme ich zurück.«
»Der Mensch«, so heißt es in diesem Buch, »ist ein Gemeinschaftswesen.«

Anführungszeichen werden nicht gesetzt, wenn eine direkte Rede auf andere Weise optisch hervorgehoben ist. Das kann zum Beispiel durch vorangestellte Sprecherangaben in Interviews, Theaterstücken u. dgl. geschehen: 267

Süddeutsche Zeitung: Wie beurteilen Sie die wirtschaftliche Lage?

Sommer: Ich bin zuversichtlich, dass wir die gegenwärtigen Probleme lösen können, wenn wir uns um eine Senkung der Lohnnebenkosten bemühen.

Süddeutsche Zeitung: Und was raten Sie bis dahin den Unternehmern?

Sommer: (...)

Längere Zitate (etwa ab 3 Zeilen) sollte man mit typografischen Mitteln, etwa Einrückung und kleinerer Schrift, vom Rest des Textes abheben. Die Anführungszeichen entfallen dann.

Die Abtrennung vom Begleitsatz

Wenn die direkte Rede einen Begleitsatz bei sich hat, muss sie von ihm durch Doppelpunkt oder Komma abgetrennt werden (vgl. aber 272). Diese Satzzeichen stehen immer außerhalb der Anführungszeichen. 268

Zu Komma und Doppelpunkt innerhalb der wörtlichen Wiedergabe vgl. 281.

Doppelpunkt

269 Geht der Anführung der Begleitsatz (oder ein Teil von ihm) voraus, so setzt man einen Doppelpunkt vor dem eröffnenden Anführungszeichen (vgl. 278, 282).

Vor der wörtlichen Wiedergabe steht also ein Doppelpunkt, wenn der Begleitsatz vorangestellt ist:

Markus sagte: »Ich komme morgen früh zurück.«

Der Doppelpunkt steht auch, wenn die wörtliche Wiedergabe in den Begleitsatz eingeschoben ist:

Markus sagte: »Ich komme morgen früh zurück«, und stieg ins Auto.

Dem Doppelpunkt können auch zwei oder mehr Anführungen folgen (vgl. 259):

Sie sagt sich: »Morgen beginne ich mit der Diät«, »Auf einen Tag mehr oder weniger kommt es nun auch nicht mehr an« und »Ab morgen treibe ich Sport«.
(Oder:) *Sie sagt sich: »Morgen beginne ich mit der Diät«, »Auf einen Tag mehr oder weniger kommt es nun auch nicht mehr an« und: »Ab morgen treibe ich Sport«.*
Er sprach jedes Mal negativ über seine Kollegin: »Sie ist immer zu spät dran!« oder »Sie bereitet sich nie auf Diskussionen vor!«
(Oder:) *Er sprach jedes Mal negativ über seine Kollegin: »Sie ist immer zu spät dran!« oder: »Sie bereitet sich nie auf Diskussionen vor!«*
Ruft euer Trainer häufiger: »Ihr schafft das« oder »Das klappt nie!«?
(Oder:) *Ruft euer Trainer häufiger: »Ihr schafft das« oder: »Das klappt nie!«?*

Komma

270 Folgt nach der Anführung der Begleitsatz (oder ein Teil von ihm), so setzt man nach dem schließenden Anführungszeichen ein Komma.

Innerhalb der Anführung können zwar auch Kommas stehen, aber nie direkt nach dem eröffnenden oder vor dem schließenden Anführungszeichen.

Die wörtliche Wiedergabe wird also mit Komma abgetrennt, wenn sie vorangestellt ist:

»Morgen früh komme ich zurück«, sagte Markus.

Das Komma steht auch, wenn die Wiedergabe mit einem Ausrufe- oder Fragezeichen endet:

»Pass doch auf!«, rief sie.
»Wann kommst du zurück?«, fragte Georg.

Das Komma nach der wörtlichen Wiedergabe steht auch dann, wenn sie in den Begleitsatz eingeschoben ist:

Markus sagte: »Ich komme morgen früh zurück«, und stieg ins Auto.

Ist der Begleitsatz in die Anführung eingeschoben, so schließt man ihn mit paarigem Komma ein. **271**

»Morgen früh«, sagte Markus, »komme ich zurück.«

Wörtliche Wiedergaben ohne Doppelpunkt und Komma

Ist ein wörtlich wiedergegebenes Satzstück in den Begleitsatz eingebaut, wird es weder durch Doppelpunkt noch durch Komma abgetrennt (vgl. 283 ff.). **272**

Der Angeklagte gibt zu, dass er »wohl nicht mehr ganz nüchtern« war.

In besonderen Fällen kann eine kurze wörtliche Wiedergabe so eng mit dem Begleitsatz verbunden sein, dass sie weder durch Doppelpunkt noch durch Komma abgetrennt wird. Diese Wiedergaben werden nach den Regeln in 254 f. behandelt:

»Ich gehe jetzt« war alles, was sie sagte.
Er flüsterte mir »Sag es nicht weiter!« ins Ohr.
Als er »Ich komme nicht« sagte, wandte sie sich ab.

Satzschlusszeichen

Wörtliche Wiedergabe ohne Begleitsatz

Ist eine wörtliche Wiedergabe nicht mit einem anderen Satz verbunden, behält sie ihr Satzschlusszeichen (in der Regel den Punkt). Es steht vor dem schließenden Anführungszeichen. **273**

»Mit großer Zuversicht wollen wir an die Arbeit gehen.« Mit diesen Worten gab der Präsident das Startzeichen zum Baubeginn.
Sie blätterte in den vergilbten Seiten. »Edel sei der Mensch, hilfreich und gut.« Diesen Satz hatte sie sich damals angestrichen.
Den Kultusminister ärgert die ganze Debatte. »Dass Jugendliche heute weniger wissen, ist Unsinn.« Mit solchen Parolen wolle man nur das deutsche Bildungssystem schlechtmachen. »In Wirklichkeit sind die Schülerinnen und Schüler motivierter und neugieriger als vor zwanzig Jahren.«

Wörtliche Wiedergabe mit Begleitsatz

274 Ist die wörtliche Wiedergabe mit einem Begleitsatz verbunden, behalten beide ihr Ausrufe- oder Fragezeichen. Dasselbe gilt für Auslassungspunkte am Satzende.

Ein Ausrufe- oder Fragezeichen steht außerhalb der Anführungszeichen, wenn es nicht zur Anführung, sondern zum Begleitsatz gehört:

Sag ihm: »Ich bin krank«, und huste ein bisschen!
Hat er gesagt: »Ich komme wieder«, als er ging?
Hat er gesagt: »Ich komme wieder«?

Ein Ausrufe- oder Fragezeichen steht vor dem schließenden Anführungszeichen, wenn es zur Anführung gehört:

»Komm mir nicht mehr unter die Augen!«, rief sie ihm nach.
Auf dem Schild stand: »Das Betreten der Baustelle ist verboten!«
»Was hast du uns mitgebracht?«, wollten die Kinder wissen.
Er fragte mich: »Weshalb darf ich das nicht?«

Wenn Anführung und Begleitsatz mit einem Ausrufe- oder Fragezeichen enden, werden beide Zeichen gesetzt:

Du musst antworten: »Hau ab!«!
Hast du ihn gefragt: »Wer bist du?«?
Warum hast du nicht gerufen: »Pass auf!«?

Der Begleitsatz verliert seinen Schlusspunkt, wenn die Anführung (oder ein Teil von ihr) am Satzende steht (vgl. 278, 280). 275

Der Begleitsatz verliert also seinen Schlusspunkt, wenn er vorangestellt ist:

Markus sagte: »Ich komme morgen früh zurück.«
Sie fragte mich: »Weshalb darf ich das nicht?«
Auf dem Schild stand: »Das Betreten der Baustelle ist verboten!«
Der Tagebucheintrag vom 3. Mai endet mit den Worten: »Ich muss aufhören, darüber nachzudenken, sonst werde ich wahnsinnig ...«

Der Begleitsatz verliert auch dann seinen Schlusspunkt, wenn er in die Anführung eingeschoben ist:

»Morgen früh«, sagte Markus, »komme ich zurück.«
»Entweder der Plan wird angenommen«, rief er wütend den Vereinsmitgliedern zu, »oder ich lege sofort mein Amt nieder!«

Die Anführung verliert ihren Schlusspunkt, wenn sie am Anfang oder im Inneren des Satzes steht (vgl. 279, 282). 276

»Morgen früh komme ich zurück«, sagte Markus.
Markus sagte: »Ich komme morgen früh zurück«, und stieg ins Auto.

Die Anführung verliert außerdem ihren Schlusspunkt, wenn sie am Satzende steht und der Begleitsatz mit einem Ausrufe- oder Fragezeichen endet (nur bei 278 möglich).

Schreib ihm: »Ich komme«!
Hat sie wirklich gesagt: »Ich komme morgen«?

Es gibt demnach nur einen (allerdings sehr häufigen) Fall, in dem die Anführung ihren Schlusspunkt behält, nämlich wenn sie (oder ein Teil von ihr) am Satzende steht und ihr Schlusspunkt den des Begleitsatzes ersetzt.

Markus sagte: »Ich komme morgen früh zurück.«
»Morgen früh«, sagte Markus, »komme ich zurück.«

277 Nicht entfallen darf der Punkt nach einer Abkürzung oder Ordinalzahl (Ordnungszahl), der ja kein Satzschlusspunkt ist.

»Sein Vater ist Regierungsrat a. D.«, fügte er hinzu.
»Ich schreibe ein Referat über Friedrich II.«, berichtete Marie.
Du musst sagen: »Der Abgabetermin ist am 2. 3.«!
Hat er wirklich gesagt: »Der Abgabetermin ist am 2. 3.«?

Formen der wörtlichen Wiedergabe

Die wörtliche Wiedergabe hat einen Begleitsatz bei sich

278 ***Typ 1: Der Begleitsatz geht voran***

———: »~~~.« (Aber:) ———: »~~~«?
———: »~~~«!
———: »~~~!«
———: »~~~?«

Die Anführung behält in der Regel ihren Schlusspunkt:

Markus sagte: »Ich komme morgen früh zurück.«
Ich zitiere aus seinem Schreiben vom 2. Februar 2018: »Die Sache darf nicht an die Öffentlichkeit gelangen.«
Auf meine Frage nach der Zahl der Gäste erwiderte sie: »Fünfzehn.«
Susanne Kleinmüller gibt sich damit nicht zufrieden: »Wir werden weitermachen.«
Über das Ausscheidungsspiel berichtet die Zeitung: »Das Stadion glich einem Hexenkessel. Flaschen flogen auf das Spielfeld. Das Publikum drängte bis an den Spielfeldrand und bedrohte unter wüsten Beschimpfungen den Schiedsrichter.«

Die Anführung verliert jedoch ihren Schlusspunkt, wenn ein Ausrufe- oder Fragezeichen des Begleitsatzes folgt:

Schreib ihm: »Ich komme«!
Hat sie gesagt: »Ich komme«?

Die Anführung behält ein Ausrufe- oder Fragezeichen:

Sie rief: »Achtung!«
Uli fragte: »Kommst du?«
(Auch:) *Er sagte: »Ich weiß nicht, wie es weitergehen soll …«*

Auch der Begleitsatz kann mit einem Ausrufe- oder Fragezeichen enden:

Antworte doch: »Was fällt Ihnen ein?«!
Du musst antworten: »Hau ab!«!
Hast du ihn gefragt: »Wer bist du?«?
Warum hast du nicht gerufen: »Pass auf!«?

Typ 2: Der Begleitsatz steht am Ende 279

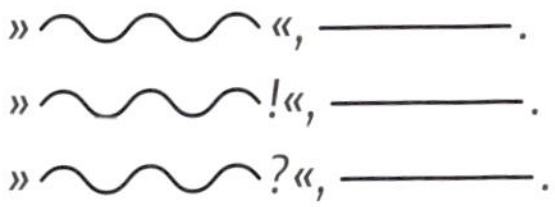

Die Anführung verliert ihren Schlusspunkt:

»So stand es in der Zeitung«, bestätigte Patrick.
»Das ist eine gute Idee«, dachte ich mir.
»Ich komme morgen früh zurück«, hörte ich ihn sagen.
»Das wollte ich wirklich nicht«, stammelte sie.
»Es ist nicht auszuschließen, dass diese Chemikalien für Kinder schädlich sind«, so Professorin Günther.

Die Anführung behält aber ein Ausrufe- oder Fragezeichen:

»Achtung!«, rief sie.
»Kommst du morgen?«, fragte Uli.
(Auch:) *»Ich weiß nicht, wie es weitergehen soll …«, sagte er.*

Auch der Begleitsatz kann mit einem Ausrufe- oder Fragezeichen enden:

»Lassen Sie mich in Ruhe!«, hast du zu ihm gesagt?
»Was fällt Ihnen ein?«, musst du ihm antworten!

280 ***Typ 3: Der Begleitsatz ist eingeschoben***

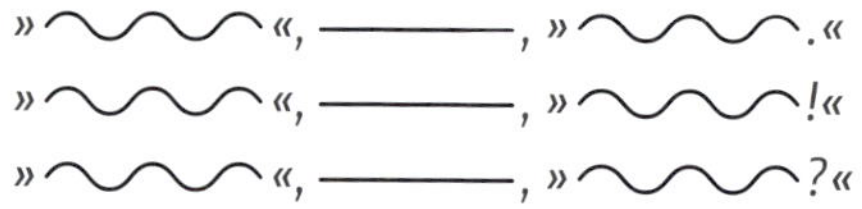

Die Anführung behält ihren Schlusspunkt:

»Morgen früh«, sagte Markus, »komme ich zurück.«
»Der Mensch«, so heißt es in diesem Buch, »ist ein Gemeinschaftswesen.«
»In diesem Moment«, erinnert sich die Zeugin später, »begriff ich, was vor sich ging.«
»Die neue Anlage«, heißt es in dem Bericht weiter, »kann noch vor Juni in Betrieb genommen werden.«

Die Anführung behält auch ein Ausrufe- oder Fragezeichen:

»Das ist eine Unverschämtheit«, rief er, »die Sie noch bereuen werden!«
»Kannst du dich wirklich«, fragte sie, »daran nicht erinnern?«
(Auch:) *»Ich weiß nicht«, sagte er leise, »wie es weitergehen soll ...«*

281 Geschieht die Unterbrechung an einem Komma, so entfällt dieses, da vor dem schließenden Anführungszeichen nie ein Komma steht (vgl. 270). Man erhält also einen Satz nach demselben Muster wie oben.

»Ja«, seufzte er, »das waren noch Zeiten!«
(Ungetrennt: *»Ja, das waren noch Zeiten!«*)
»Ich will schon«, beteuerte Simone, »aber ich kann nicht.«
(Ungetrennt: *»Ich will schon, aber ich kann nicht.«*)
»Es ist möglich«, antwortete sie, »dass wir heute noch abreisen.«
»Als ich nach Hause kam«, erinnert sich der Zeuge, »war die Wohnung verwüstet.«

Geschieht die Unterbrechung an einem Semikolon oder Doppelpunkt, dann rückt dieses Satzzeichen an die Stelle des Kommas nach dem Begleitsatz:

»Nur die Weisen sind im Besitz von Ideen«, schrieb einmal ein kluger Engländer; »die meisten Menschen sind von Ideen besessen.«
»Das ist die Lösung«, rief er: »Du kommst mit!«

Geschieht die Unterbrechung an einem Satzschlusszeichen (Punkt, Ausrufe- oder Fragezeichen), so erhält man einen Satz vom Typ 2 und einen allein stehenden angeführten Satz, dessen erstes Wort großgeschrieben wird:

> *»Wir sollten nach Hause gehen«, meinte meine Mutter. »Hier ist jede Diskussion zwecklos.«*
> *»Kommst du mit?«, fragte Thomas. »Wir wollen schwimmen gehen.«*

Typ 4: Ein Teil des Begleitsatzes geht voran, der Rest steht am Ende 282

> ________: »~~~~«, ________.
> ________: »~~~~!«, ________.
> ________: »~~~~?«, ________.

Die Anführung verliert ihren Schlusspunkt:

> *Wenn er zu dir sagt: »Ich komme wieder«, dann glaub ihm kein Wort.*
> *Als ich sie darauf ansprach, erwiderte sie nur: »Das geht dich nichts an«, und verließ das Zimmer.*
> *Gegen diese Zustände hätte schon längst etwas unternommen werden müssen: »Es wird Zeit, dass wir den gesamten Bereich neu strukturieren«, forderte denn auch Thomas Pranzel.*
> *Als Peter sagte: »Das verstehe ich nicht«, antwortete ich: »Warte, ich werde es dir erklären.«*

Die Anführung behält aber ein Ausrufe- oder Fragezeichen:

> *Der Vater rief ihm nach: »Pass gut auf dich auf!«, aber Clemens kümmerte sich nicht darum.*
> *Sie fragte: »Brauchen Sie die Unterlagen?«, und öffnete die Schublade.*
> *Ich dachte zuerst: »Hat er es vergessen?«, doch dann gratulierte er mir.*
> *Als sie mich fragte: »Weshalb darf ich das nicht?«, war ich sehr verlegen.*
> (Auch:) *Er sagte: »Ich weiß nicht, wie es weitergehen soll ...«, und senkte den Blick.*

Auch der Begleitsatz kann mit einem Ausrufe- oder Fragezeichen enden:

> *Sag ihm: »Ich bin krank«, und huste ein bisschen!*
> *Sag ihm: »Siehst du nicht, dass ich krank bin?«, und huste ein bisschen!*
> *Hat sie gesagt: »Ich komme wieder«, als sie ging?*

Hat er gerufen: »Nicht weiterfahren!«, oder haben Sie sich verhört?
Hat sie gefragt: »Könnten Sie mir helfen?«, oder hat sie sich anders ausgedrückt?

283 *Ein angeführtes Satzstück ist in den Begleitsatz eingebaut*

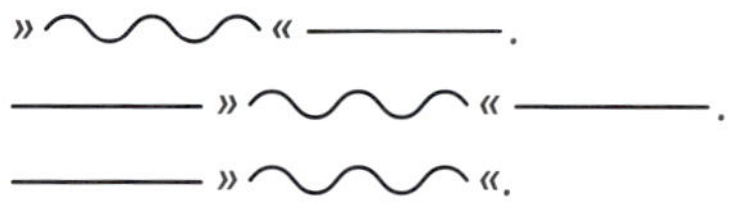

Albert Schweitzers ethische Leitidee war die »Ehrfurcht vor dem Leben«.
Der Wunderheiler gab vor, er könne auch schwerste Krankheiten »wegmassieren«.
Der Angeklagte gibt zu, dass er »wohl nicht mehr ganz nüchtern« war.
Ein anderer Autor bedauert, »dass dieses Thema hierzulande so wenig diskutiert wird« (Jansen 2020, S. 13).
Der Autor bedauert, »dass dieses Thema hierzulande so wenig diskutiert wird. Hier besteht Nachholbedarf«, meint er.

Richtlinien für das angeführte Satzstück

284 Das angeführte Satzstück wird weder durch Doppelpunkt noch durch Komma abgetrennt; für den ausgelassenen Satzanfang oder das Satzende werden keine Auslassungspunkte gesetzt.

Als eine »Freundin voll mütterlicher Zuneigung« beschreibt dieser Dichter seine Gönnerin.

Ein Satzschlusszeichen wird nicht ins Zitat übernommen.

Der Autor bedauert, »dass dieses Thema hierzulande so wenig diskutiert wird«.
(Original: *»Es ist sehr bedauerlich, dass dieses Thema hierzulande so wenig diskutiert wird.«*)

Beginnt jedoch mit dem Satzstück eine längere Anführung, die mit einem vollständigen Satz endet, behält dieser seinen Punkt:

Der Autor bedauert, »dass dieses Thema hierzulande so wenig diskutiert wird. Hier besteht Nachholbedarf.«

Ein großgeschriebenes Anfangswort darf ins Satzinnere gezogen und kleingeschrieben werden. 285

Nach Meinung der Opposition gibt es keine Aussicht auf einen Kompromiss, »wenn die Regierung diesen Schlamassel nicht bald in den Griff kriegt«.
(Original: *»Wenn die Regierung diesen Schlamassel nicht bald in den Griff kriegt, kann sie nicht mit einem Kompromiss rechnen.«*)

Ein kleingeschriebenes Wort aus der Satzmitte darf an den Satzanfang gestellt und großgeschrieben werden.

»Dass dieses Thema hierzulande so wenig diskutiert wird«, ist für den Autor unbegreiflich.
(Original: *»Es ist sehr bedauerlich, dass dieses Thema hierzulande so wenig diskutiert wird.«*)

Richtlinien für den Begleitsatz

Man sollte den Begleitsatz so formulieren, dass er auf die Deklinationsendungen und den Satzbau des Zitatstücks abgestimmt ist. 286

(Original:) *»Ich habe mir mit meinem Kumpel doch bloß einen kleinen Spaß erlaubt.«*
(Nicht empfehlenswert:) *Er sagte aus, das Ganze sei nur ein »kleiner Spaß« gewesen.*
(Besser:) *Er bezeichnete das Ganze rückblickend als »kleinen Spaß«.*

Im Begleitsatz müssen die Satzzeichen so gesetzt werden, als wäre das eingebaute Satzstück ein regulärer Bestandteil des Satzes. 287

Der Autor bedauert, »dass dieses Thema hierzulande so wenig diskutiert wird«, und mahnt zu einer intensiven Auseinandersetzung.

Der Begleitsatz behält sein Satzschlusszeichen. 288

Der Autor bedauert, »dass dieses Thema hierzulande so wenig diskutiert wird«.
Ist es nicht bezeichnend, »dass dieses Thema hierzulande so wenig diskutiert wird«?
Paula schreibt, sie sehe keine Möglichkeit, das Haus zu kaufen, »außer ich gewinne im Lotto …«.

Die halben Anführungszeichen

289 Halbe Anführungszeichen stehen üblicherweise, wenn innerhalb eines bereits mit Anführungszeichen versehenen Satzstückes oder Satzes eine direkte Rede, ein Titel, ein Zitat oder eine andere Hervorhebung kenntlich gemacht werden soll.

Die Autorin bemerkt: »Schopenhauers Hauptwerk ›Die Welt als Wille und Vorstellung‹ fand zunächst keine Beachtung.«
»Das war ein Zitat aus Bölls Roman ›Wo warst du, Adam?‹, den ich gerade lese«, sagte er.

Beispiele für eine eingeschobene Anführung ohne eigenes Satzschlusszeichen:

Das gesuchte Buch heißt: »Strukturen in Goethes ›Faust‹«.
»Im Kino kommt ›Das Schweigen der Lämmer‹«, stellte sie fest.
Sie sagte: »Im Kino kommt ›Das Schweigen der Lämmer‹.«
Sie fragte: »War das ein Satz aus Eichendorffs ›Ahnung und Gegenwart‹?«

Beispiele für eine eingeschobene Anführung mit eigenem Satzschlusszeichen:

Sabine schreibt: »Meine Eltern sagten gestern: ›Du musst ausziehen‹, und das haben sie ernst gemeint.«
Sabine schreibt: »Meine Eltern sagten mir gestern: ›Du musst ausziehen.‹«
Sabine schreibt: »Meine Eltern fragen immer wieder: ›Warum tust du das?‹«
Sie fragte: »War das ein Satz aus Bölls Roman ›Wo warst du, Adam?‹?«

Sie sollten es vermeiden, mehr als zwei Anführungen ineinanderzuschieben.

Auslassungen in Zitaten

290 Will man ein längeres Zitat durch Auslassen von weniger wichtigen Teilen straffen, so ersetzt man diese jeweils durch drei Punkte (vgl. 24 ff.). Die drei Auslassungspunkte können anstelle von Wörtern, Satzteilen oder sogar von ganzen Sätzen stehen.

»Wenn wir den Charakter unseres Ortes bewahren wollen, müssen wir ... rechtzeitig ... Beschwerde einlegen. ... Ich fordere Sie, Herr Bürgermeister, deshalb dringend auf, etwas gegen das Bauvorhaben zu unternehmen.«

Der Originaltext, eine Wortmeldung aus dem Gemeinderat, lautete so:

> *Wenn wir den Charakter unseres Ortes bewahren wollen, müssen wir den Bau der Durchgangsstraße verhindern und rechtzeitig beim zuständigen Amt Beschwerde einlegen. Der Schwerverkehr ist nicht nur eine Gefahr für die spielenden Kinder, sondern auch eine erhebliche Lärmbelästigung für die Anwohner, die schon jetzt über das Verkehrsaufkommen klagen. Ich fordere Sie, Herr Bürgermeister, deshalb dringend auf, etwas gegen das Bauvorhaben zu unternehmen.*

Satzzeichen, die innerhalb eines ausgelassenen Textteils stehen (z. B. Kommas, Semikola, Gedankenstriche und Punkte), werden im Allgemeinen mit ausgelassen. Ein Satzzeichen am Anfang oder am Ende eines ausgelassenen Textteils muss jedoch gesetzt werden, wenn dies der Satzzusammenhang des verkürzten Zitats erfordert. **291**

> *»Der Schwerverkehr ist ... eine erhebliche Lärmbelästigung für die Anwohner ..., die schon jetzt über das Verkehrsaufkommen klagen.«*

Wird der Anfang oder das Ende eines Zitats weggelassen, kann man auf Auslassungspunkte verzichten. **292**
Will man sie jedoch der Genauigkeit zuliebe setzen, dann gilt:

- Der letzte Auslassungspunkt ist am Satzende zugleich der Schlusspunkt des Satzes (vgl. 29):
  »Der Schwerverkehr ist nicht nur eine Gefahr für die spielenden Kinder, sondern auch eine erhebliche Lärmbelästigung für die Anwohner ...« Mit diesen Worten mahnte der Redner zu raschem Handeln. (Originaltext vgl. 290.)
- Der erste Auslassungspunkt ist am Satzanfang nicht zugleich der Schlusspunkt des vorangehenden Satzes. Dasselbe gilt für den Abkürzungspunkt (vgl. 29):
  »Wenn wir den Charakter unseres Ortes bewahren wollen, müssen wir ... rechtzeitig ... Beschwerde einlegen. ... Ich fordere Sie, Herr Bürgermeister, deshalb dringend auf, etwas gegen das Bauvorhaben zu unternehmen.«
  »Sie lebte lange in Frankfurt a. M. ..., aber später zog es sie doch wieder in den Norden.«

- Ist der Anfang eines Zitats ausgelassen, wird nach den Auslassungspunkten kleingeschrieben (außer wenn die Großschreibung aus anderen Gründen erforderlich ist, z. B. weil der verbleibende Teil des Zitats mit einem Substantiv beginnt):
  Der Redner kritisierte das Bauvorhaben: »... eine erhebliche Lärmbelästigung für die Anwohner, die schon jetzt über das Verkehrsaufkommen klagen.«

293 Wo es auf Genauigkeit ankommt, z. B. in wissenschaftlichen Texten, verwendet man Auslassungspunkte in eckigen Klammern, die nicht mit Auslassungspunkten in der Vorlage verwechselt werden können.

Er schrieb: »Als ich die Alpen zum ersten Mal von oben sah, war ich [...] stark beeindruckt und sehr bewegt.«
(Originaltext: *»Als ich die Alpen zum ersten Mal von oben sah, war ich von der Großartigkeit der Gebirgslandschaft stark beeindruckt und sehr bewegt.«*)

In diesem Fall werden die Auslassungspunkte auch dann gesetzt, wenn Anfang oder Ende des Zitats ausgelassen wurden; sie können nicht mit dem Satzschlusspunkt zusammenfallen.

Er schrieb: »Als ich die Alpen zum ersten Mal von oben sah, war ich von der Großartigkeit der Gebirgslandschaft stark beeindruckt [...].«

Zusätze zu Zitaten

294 Will man in ein Zitat erklärende Anmerkungen, Sinnergänzungen u. Ä. einfügen, so setzt man sie in eckige Klammern: So können sie nicht mit bereits in der Vorlage vorhandenen Zusätzen in runden Klammern verwechselt werden.

»Allzu bald war er [Thomas Buddenbrook] wieder still geworden, stiller vielleicht als vorher.«
Er schrieb: »Als ich die Alpen zum ersten Mal von oben sah [er war auf dem Flug von Frankfurt nach Rom], war ich von der Großartigkeit der Gebirgslandschaft stark beeindruckt und sehr bewegt.«
In ihren Memoiren erinnert sie sich: »Ich war damals [1927] gerade erst nach Berlin gekommen und kannte die Stadt kaum.«

»Das Schloss, das wir gestern besichtigt haben [gemeint ist hier Neuschwanstein], wurde von König Ludwig II. gebaut.«
»Sie legte ihren bunten Shawl [ältere Schreibung von Schal] ab und setzte sich zu uns.«

Ein Ausrufezeichen in eckigen Klammern oder ein [sic] (lateinisch = so) macht auf eine fehlerhafte Stelle im Original aufmerksam und zeigt zugleich, dass der Fehler nicht bei der Wiedergabe des Textes unterlaufen ist. Gelegentlich wird das [sic] durch ein Ausrufezeichen zusätzlich verstärkt.

In Berlin lernt sie Susanne Julius kennen, die spätere Frau des Bildhauers Victor Bauer: »Ich wurde Susanne Bauer [!] vorgestellt, mit der mich bald eine enge Freundschaft verband.«
»Dies hat auch Göthe [sic] richtig bemerkt.«
»Dies hat auch Göthe [sic!] richtig bemerkt.«

Will man nach einer Anführung die Quellenangabe oder eine eigene Bemerkung hinzufügen, so setzt man sie in runde Klammern, und zwar entweder zwischen das schließende Anführungszeichen und den Satzschlusspunkt (1) oder nach Satzschlusspunkt und Anführungszeichen (2). Dies gilt auch dann, wenn der Text danach im selben Absatz weitergeht. **295**

(1) *»Ehrlich währt am längsten« (Sprichwort).*
»Selig sind die Trauernden; denn sie werden getröstet werden« (Mt 5,4).
Das Thema der Predigt hätte nicht besser gewählt sein können: »Selig sind die Trauernden; denn sie werden getröstet werden« (Mt 5,4).
Das Thema der Predigt hätte nicht besser gewählt sein können: »Selig sind die Trauernden; denn sie werden getröstet werden« (Mt 5,4). Die Anwesenden schwiegen ergriffen.

(2) *»Ehrlich währt am längsten.« (Sprichwort)*
»Selig sind die Trauernden; denn sie werden getröstet werden.« (Mt 5,4)
Das Thema der Predigt hätte nicht besser gewählt sein können: »Selig sind die Trauernden; denn sie werden getröstet werden.« (Mt 5,4)
Das Thema der Predigt hätte nicht besser gewählt sein können: »Selig sind die Trauernden; denn sie werden getröstet werden.« (Mt 5,4) Die Anwesenden schwiegen ergriffen.

Wenn der zitierte Satz auf ein Frage- oder Ausrufezeichen endet, steht dieses noch vor dem schließenden Anführungszeichen:

(1) *Schon in der Bibel heißt es bekanntlich: »Wo ist dein Bruder Abel?« (Gen 4,9).*

(2) *Schon in der Bibel heißt es bekanntlich: »Wo ist dein Bruder Abel?« (Gen 4,9)*

Aber:

(1) *Heißt es nicht: »Selig sind die Trauernden« (Mt 5,4)?*

(2) *Heißt es nicht: »Selig sind die Trauernden«? (Mt 5,4)*

Wenn nur ein Teil des Satzes angeführt ist, besteht nur Möglichkeit (1):

(1) *Der Autor bedauert, »dass dieses Thema hierzulande so wenig diskutiert wird« (S. 13).*
Der Autor bedauert, dass dieses Thema hierzulande »so wenig diskutiert wird« (S. 13).

Wenn mehrere Sätze angeführt sind, wird Version (2) vorgezogen:

(2) *»Selig sind die Trauernden; denn sie werden getröstet werden. Selig sind die Sanftmütigen; denn sie werden das Erdreich besitzen.« (Mt 5,4 f.)*
In der Bibel heißt es: »Selig sind die Trauernden; denn sie werden getröstet werden. Selig sind die Sanftmütigen; denn sie werden das Erdreich besitzen.« (Mt 5,4 f.)
»Wie herrlich leuchtet mir die Natur! Wie glänzt die Sonne! Wie lacht die Flur!« (Goethe)
Noch im hohen Alter zitierte er oft sein Lieblingsgedicht: »Wie herrlich leuchtet mir die Natur! Wie glänzt die Sonne! Wie lacht die Flur!« (Goethe)

Der Schrägstrich

Der Schrägstrich, der kein Satzzeichen im engeren Sinne ist, kann Wörter, Zahlen u. dgl. als zusammengehörig kennzeichnen. Vor und nach dem Schrägstrich steht in der Regel kein Zwischenraum. Bei der Zusammenfassung von Wortgruppen oder einer Wortgruppe und eines einzelnen Wortes besteht auch die Möglichkeit, vor und nach dem Schrägstrich ein Leerzeichen zu setzen.

Der Schrägstrich kann zur Angabe von Größen- oder Zahlenverhältnissen gebraucht werden. Er steht dann anstelle von »je« oder »pro«. **296**

Die Durchschnittsgeschwindigkeit betrug 110 km/h.
Mit 12 mg/m³ war die Quecksilberbelastung des Erdaushubs beunruhigend hoch.
Die Bevölkerungsdichte sank unter 10 Einwohner/km².

Mit dem Schrägstrich kann man mehrere gleichberechtigte Möglichkeiten zusammenfassen. **297**

Ich/Wir überweise[n] von meinem Konto / unseren Konten ...
Die Zeitschrift erscheint Ende April / Anfang Mai.
Es können Erwachsene und/oder Jugendliche teilnehmen.
In Deutschland gibt es viele Alleinverdienerehen/-familien.
Bei Sturm-/Hagelgefahr schließen Sie bitte die Fensterläden.
Es fehlt das Buch von Schulze/Delitzsch (= zwei Personen).
Es fehlt das Buch von Schulze-Delitzsch (= eine Person).
Wir suchen Mitarbeiter/-innen für den Verwaltungsbereich.

Bei der Zusammenfassung von maskulinen und femininen Personenbezeichnungen mit Schrägstrich ist nach der amtlichen Rechtschreibung ein Ergänzungsstrich vor der Endung obligatorisch *(Mitarbeiter/-innen);* es ist allerdings zu beobachten, dass er aus typografischen Gründen häufig weggelassen wird *(Mitarbeiter/innen)*. Häufig werden binäre Ausdrücke inzwischen auch durch geschlechtsneutrale Formen ersetzt *(Mitarbeitende).*

298 Der Schrägstrich kann eine Verbindung von Personen, Institutionen, Orten u. a. anzeigen.

Das Wörterbuch von Muret/Sanders wurde online zugänglich gemacht.
Das Doppel Lehmann/Müller siegte mit 3 : 1 über Meier/Schmidt-Vockenhausen.
Die Pressekonferenz der CDU/CSU wurde kurzfristig verschoben.
Das Doppel Bob Bryan / Mike Bryan war eines der erfolgreichsten der Tennisgeschichte.

299 Der Schrägstrich kann Jahreszahlen oder andere kalendarische Angaben zusammenfassen.

Im Wintersemester 2024/2025 studierte sie in Heidelberg.
Das ist der Katalog für Herbst/Winter 2024.
Das ist der Herbst/Winter-Katalog (oder: *Herbst-Winter-Katalog*).
Es erschien eine Sammelausgabe der Zeitschrift für Juni/Juli/August.
Die Reise war für Ende April / Anfang Mai geplant.

300 Der Schrägstrich kann Adressen, Akten- oder Diktatzeichen o. Ä. gliedern.

Kohlrauschweg 95 // 2. Stock (Abtrennung durch zwei Schrägstriche)
Az. IX/757/17
Drenkm./Ko
Rechnungs-Nr. 18856/24

Listen

301 Die Glieder einer Aufzählung können untereinander angeordnet werden und bilden dann eine Liste. Vor den einzelnen Gliedern der Liste steht oft ein Aufzählungszeichen, zum Beispiel ein Spiegelstrich (Halbgeviert- oder Geviertstrich), ein Aufzählungspunkt (Bulletpoint) oder ein Häkchen: – — • ✓. Außerdem können die Listenglieder alphanumerisch gegliedert sein (vgl. 23 und 307).

Die Groß- und Kleinschreibung am Anfang der Listenglieder und die Zeichensetzung an deren Ende hängen mit der Art der Listenglieder zusammen. Zu unterscheiden sind:

- Listen mit Listengliedern aus Wörtern, Wortgruppen oder Teilsätzen (vgl. 302, 303, 305);
- Listen mit Listengliedern aus selbstständigen Sätzen oder satzwertigen Ausdrücken (vgl. 304–306);
- gemischte Listen (vgl. 306).

Die folgende Zusammenstellung zeigt die üblichsten Varianten.

302 Werden Listen wie Fließtext behandelt, schreibt man am Anfang der Listenglieder groß bzw. klein wie im Satzinnern und setzt am Ende der Listenglieder ein Komma oder Semikolon, beim letzten Listenglied einen Punkt (oder anderes Satzschlusszeichen). Am Ende des Ankündigungssatzes steht meist ein Doppelpunkt. Wenn auf den Doppelpunkt verzichtet wird, steht je nach Konstruktion ein Komma oder gar kein Satzzeichen.

Ankündigungssatz endet auf Doppelpunkt:

Bei unserem Sommerfest erwarten Sie:

- *tolle Musik,*
- *Essen und Trinken,*
- *anregende Gespräche.*

Die Abiturprüfung ist bestanden:

- *wenn keine der Prüfungen mit 0 Punkten abgeschlossen wurde,*
- *wenn im Prüfungsblock A mindestens 200 Punkte ... erreicht wurden,*

- *wenn im Prüfungsblock B mindestens 80 Punkte und in mindestens zwei Fächern mindestens je 5 Punkte der einfachen Wertung erreicht wurden.*

Ankündigungssatz endet ohne Doppelpunkt:

Bei unserem Sommerfest erwarten Sie
- *tolle Musik,*
- *Essen und Trinken,*
- *anregende Gespräche.*

Die Abiturprüfung ist bestanden,
- *wenn keine der Prüfungen mit 0 Punkten abgeschlossen wurde,*
- *wenn im Prüfungsblock A mindestens 200 Punkte ... erreicht wurden,*
- *wenn im Prüfungsblock B mindestens 80 Punkte und in mindestens zwei Fächern mindestens je 5 Punkte der einfachen Wertung erreicht wurden.*

303 Behandelt man die Listenglieder aus Einzelwörtern, Wortgruppen oder Teilsätzen dagegen als eigenständige typografische Einheiten, schreibt man am Anfang der Listenglieder groß bzw. klein wie im Satzinnern oder durchgängig groß; am Ende der Listenglieder wird kein Satzzeichen gesetzt. Der Ankündigungssatz endet auf Doppelpunkt:

Bei unserem Sommerfest erwarten Sie:
- *tolle/Tolle Musik*
- *Essen und Trinken*
- *anregende/Anregende Gespräche.*

Die Abiturprüfung ist bestanden:
- *wenn keine der Prüfungen mit 0 Punkten abgeschlossen wurde*
- *wenn im Prüfungsblock A mindestens 200 Punkte ... erreicht wurden*
- *wenn im Prüfungsblock B mindestens 80 Punkte und in mindestens zwei Fächern mindestens je 5 Punkte der einfachen Wertung erreicht wurden*

304 Bei Listen aus selbstständigen Sätzen oder satzwertigen Ausdrücken schreibt man den Anfang der Listenglieder durchgängig groß, am Ende der Listenglieder steht ein Punkt (oder ein anderes Satzschlusszeichen). Der Ankündigungssatz endet auf Doppelpunkt:

Aus dem Leben Jacob Grimms:

- *Geboren am 4. Januar 1785 in Hanau.*
- *Gestorben am 20. September 1863 in Berlin.*
- *Gilt zusammen mit seinem Bruder Wilhelm als Begründer der Germanistik.*
- *Weltweit bekannt wurde Jacob Grimm – ebenso wie sein Bruder – nicht nur als Märchen- und Sagensammler, sondern auch durch das von beiden begründete »Deutsche Wörterbuch«.*

Nach Fragen, die in einer Liste stehen, steht jeweils ein Fragezeichen: **305**

Wir müssen bis März folgende Punkte klären:

- *Wann kann das neue Modell in Serie gehen?*
- *Welcher Etat steht für die Werbekampagne zur Verfügung?*
- *Welche Werbeagentur wird beauftragt?*

Bei der Auflistung von Einzelwörtern, die zu einem Fragesatz gehören, sollten Sie das Fragezeichen nicht nach jedem Einzelwort setzen, sondern einem der folgenden Muster folgen:

Mit welchem Motor wird das Spezialfahrzeug geliefert?

- *Dieselmotor*
- *Benzinmotor*
- *Vielstoffmotor*
- *Elektromotor*

Welches Exemplar möchten Sie haben?

- *in/In Leinen*
- *in/In Halbleder*
- *in/In Leder*
- *als/Als Paperback*

Welche Unterschiede bestehen zwischen

- *Dieselmotor,*
- *Benzinmotor,*
- *Vielstoffmotor,*
- *Elektromotor?*

Wie die Beispiele zeigen, ersetzt das vorgezogene Fragezeichen den Doppelpunkt vor der Aufzählung.

306 Gemischte Listen werden oft als problematisch empfunden, kommen aber nicht selten vor. Der Anfang der Listenglieder wird in diesen Fällen durchgängig großgeschrieben. Am Ende der Listenglieder steht nach Sätzen oder satzwertigen Ausdrücken ein Punkt (oder ein anderes Satzschlusszeichen), sonst wird kein Satzzeichen gesetzt:

Die Angebote unseres Sommerfestes:
- *Tolle Musik*
- *Das Festgelände kann jederzeit verlassen und wieder betreten werden.*
- *Essen und Trinken*
- *Anregende Gespräche*
- *Bei Vorbestellung 20 % Preisermäßigung.*
- *Lassen Sie sich verwöhnen!*

307 Eine alphanumerische Gliederung ändert nichts an der Zeichensetzung in Listen (vgl. 23, 302–306). Zur Absatznummerierung vgl. 23.

Das Deutschlandticket lohnt sich:
1. wenn jemand öfter längere Strecken mit dem Nahverkehr zurücklegt;
2. für alle Pendlerinnen und Pendler.

Mit welchem Motor wird das Spezialfahrzeug geliefert?
a) Dieselmotor
b) Benzinmotor
c) Vielstoffmotor
d) Elektromotor

Welche Unterschiede bestehen zwischen
a) Dieselmotor,
b) Benzinmotor,
c) Vielstoffmotor,
d) Elektromotor?

Grammatische Begriffe

Adjektiv, das: *Eigenschaftswort.* Wort, das eine Eigenschaft oder ein Merkmal bezeichnet, das ausdrückt, wie jemand oder etwas ist, wie etwas vor sich geht oder geschieht, z. B. *ein **großes** Haus; das Haus ist **groß**; er läuft **schnell**.*

Adverb, das: *Umstandswort.* Wort, das den Umstand des Ortes, der Zeit, der Art und Weise oder des Grundes näher bezeichnet, die räumlichen, zeitlichen usw. Beziehungen kennzeichnet, z. B. *ich komme **bald**; er läuft **sehr** schnell; das Buch **dort**; **hoffentlich** geht alles gut.*

Adverbiale, das: *Umstandsangabe.* Satzglied, das die Umstände eines Geschehens näher bestimmt, z. B. *ich sitze **auf dem Stuhl**; er kommt **um 10 Uhr**; sie geht **gerne** in die Stadt.*

Akkusativ, der: *vierter Fall, Wenfall.* Kann mit der Frage »Wen oder was?« ermittelt werden, z. B. *ich grüße **den Nachbarn**; ich lese **ein Buch**.*

Anredepronomen, das: *Anredefürwort*, z. B. *du, ihr* (vertraute Anrede), *Sie, Ihrer, Ihnen* (Höflichkeitsform).

Apposition, die: *Beisatz.* Erklärender Zusatz, der im gleichen Fall wie das → Substantiv steht, auf das er sich bezieht. Die Apposition kann man weglassen, ohne dass der Satz sinnlos wird, z. B. *Konrad Duden, **der Vater der deutschen Einheitsorthografie**, wurde am 3. Januar 1829 auf Gut Bossigt bei Wesel geboren.*

Artikel, der: *Geschlechtswort.* Wort, das Geschlecht, Fall und Zahl des → Substantivs angibt. Man unterscheidet zwei Arten: die bestimmten Artikel *(der, die, das)* und die unbestimmten Artikel *(ein, eine).*

Attribut, das: *Beifügung.* Das Attribut bestimmt das → Substantiv näher, z. B. *der **schöne** Baum; das **kochende** Wasser; der Verfasser **des Buches**.*

Dativ, der: *dritter Fall, Wemfall.* Kann mit der Frage »Wem?« ermittelt werden, z. B. *die Mutter gibt **dem Kind** das Spielzeug.*

Deklination, die: *Beugung.* Formveränderung des → Substantivs, → Pronomens, → Artikels und → Adjektivs, z. B. ***das** Rad, **des** Rad**es**, **die** Räd**er**.*

Demonstrativpronomen, das: *hinweisendes Fürwort.* Wort, das auf etwas Bekanntes [nachdrücklich] hinweist, z. B. ***dieses** Buch gefällt mir gut; **solche** Geschenke liebe ich.*

direkte Rede, die: *wörtliche Rede.* Die direkte Rede gibt eine Äußerung in Originalfassung, also wortwörtlich, wieder, z. B. *Paula sagte:* ***»Heute gehe ich mit Julia ins Kino.«*** – Gegensatz: → indirekte Rede.

Finalsatz, der: *Zwecksatz.* Nebensatz, der den Zweck, das Motiv, das Ziel oder die angestrebte Wirkung angibt. Er wird mit den → Konjunktionen *damit, auf dass* und (seltener) *dass* angeschlossen, z. B. *du musst den Schalter drehen, **damit das Lämpchen aufleuchtet**.*

Hilfsverb, das: *Hilfszeitwort.* Hilfsverben sind *haben, sein* und *werden* als Bestandteil der umschriebenen Verbformen, z. B. *ich **habe** gegessen, ich **war** gekommen, wir **werden** gehen.*

Indefinitpronomen, das: *unbestimmtes Fürwort.* Wort, das eine unbestimmte Anzahl, Größe, Menge usw. angibt, z. B. *alle, einzelne, etliche, jeder, mehrere.*

indirekte Rede, die: *nicht wörtliche, abhängige Rede.* In der indirekten Rede wird im Unterschied zur → direkten Rede eine Äußerung nicht so angeführt, wie sie tatsächlich gemacht wurde, sondern sie wird mittelbar wiedergegeben, es wird von ihr berichtet, z. B. *Paula sagte, **dass sie heute mit Julia ins Kino gehe.***

Infinitiv, der: *Grundform.* Form des → Verbs, die ein Sein oder Geschehen ohne Verbindung mit Person, Zahl usw. angibt, z. B. *kommen, laufen, singen.*

Interjektion, die: *Empfindungs-, Ausrufewort.* Wort, das eine Empfindung, ein Begehren oder eine Aufforderung ausdrückt oder mit dem ein Laut nachgeahmt wird, z. B. *ach, au; basta, halt; miau, wumm.*

Interrogativpronomen, das: *Fragefürwort.* Wort, das in der Regel eine Frage einleitet, z. B. *was, wer, welche, welcher, welches.*

Kardinalzahl, die: *Grundzahl.* Zahlwort, das eine bestimmte Zahl oder Menge bezeichnet, z. B. *die Hand hat **fünf** Finger.*

Kausalsatz, der: *Begründungssatz.* Ein mit *da* oder *weil* eingeleiteter Nebensatz, der den Grundsatz für das im Hauptsatz genannte Geschehen oder Sein angibt, z. B. ***da alle Geschworenen einer Meinung sind**, wird das Urteil bald zu erwarten sein.*

Komparativ, der: *1. Steigerungsstufe.* Vergleichsform des → Adjektivs, die die Ungleichheit zweier (oder mehrerer) Wesen oder Dinge feststellt, z. B. *Felix ist **größer** als Finn.*

Konjunktion, die: *Bindewort.* Wort, das zwischen Wörtern, Wortgruppen oder Sätzen eine (räumliche, zeitliche, ursächliche o. ä.) Beziehung kennzeichnet, z. B. *er **und** sie; ich hoffe, **dass** es gelingt.*

Konsekutivsatz, der: *Folgesatz.* Nebensatz, der die Folge (die Wirkung) des im Hauptsatz genannten Sachverhaltes nennt. Er wird mit den → Konjunktionen *dass, sodass (so dass), als dass, ohne dass* eingeleitet, z. B. *sie verletzte sich so, **dass ihre Hand blutete**; sie verletzte sich, **sodass** (**so dass**) **ihre Hand blutete**; du bist noch zu jung, **als dass ich dir alles erzählen könnte**.*

Konzessivsatz, der: *Einräumungssatz.* Nebensatz, der eine Einräumung, einen Gegengrund zu dem im Hauptsatz genannten Geschehen oder Sachverhalt angibt, ohne ihn zu entkräften, z. B. ***obwohl ich mich beeilt habe**, bin ich zu spät gekommen.*

Lokalsatz, der: *Ortssatz.* Nebensatz in der Rolle einer Raumangabe, z. B. ***wo früher Wiesen waren**, stehen jetzt Häuser; die Kinder spielen, **wo der Weg in den Wald führt**.*

Modalitätsverb, das: Verb, das im Satz eine nicht satzwertige Infinitivgruppe mit *zu* eines anderen Verbs regiert und in seiner Bedeutung einem Modalverb ähnelt, z. B. ***scheinen, vermögen, wissen**.*

Modalsatz, der: *Umstandssatz.* Nebensatz, der angibt, wie sich der im Hauptsatz genannte Sachverhalt, das dort genannte Geschehen oder Sein, vollzieht, z. B. *sie verabschiedete sich von mir, **indem sie mir freundlich zulächelte**.*

Modalverb, das: Verb, das in Verbindung mit dem Infinitiv ohne *zu* eines anderen Verbs dessen Inhalt modifiziert ***(dürfen, können, mögen, müssen, sollen, wollen)***.

Objekt, das: *Satzergänzung.* Satzglied, das von einem → Verb als Ergänzung gefordert wird, z. B. *sie misstraute* ***diesen Worten****; er besucht* ***seinen Vater****; Johanna denkt* ***an ihre Schwester****.*

Ordinalzahl, die: *Ordnungszahl.* Wort, das angibt, an welchem Punkt einer Reihenfolge oder Rangordnung eine Person oder Sache steht, z. B. *er wohnt im* ***zweiten (2.)*** *Stock; sie feiert den* ***achtzigsten (80.)*** *Geburtstag.*

Partizip, das: *Mittelwort.* Form des → Verbs. Das Partizip Präsens / Mittelwort der Gegenwart (z. B. *hoffend, lachend, bindend, lügend*) kann oft wie ein → Adjektiv verwendet werden (z. B. *das lachende Kind*). Das Partizip Perfekt / Mittelwort der Vergangenheit (z. B. *gehofft, geweint, gesehen, verwundet, interessiert*) wird zur Bildung der zusammengesetzten Zeitformen gebraucht (z. B. *wir hatten gehofft, sie wurden gesehen*) und kann ebenfalls oft wie ein → Adjektiv verwendet werden (z. B. *die interessierten Besucher*).

Plural, der: *Mehrzahl.* Wortform, die das zwei- oder mehrmalige Vorkommen eines Wesens oder Dinges ausdrückt, die sich auf zwei oder mehrere Wesen oder Dinge bezieht, z. B. *die* ***Kinder*** *spielen; die* ***Karten*** *liegen auf dem Tisch.* – Gegensatz: → Singular.

Possessivpronomen, das: *besitzanzeigendes Fürwort.* Wort, das ein Besitz- oder Zugehörigkeitsverhältnis ausdrückt, z. B. *das ist* ***mein*** *Fahrrad;* ***sein*** *Vater.*

Prädikat, das: *Satzaussage.* Teil des Satzes (→ Verb), der einen Zustand oder ein Geschehen ausdrückt oder aussagt, was mit dem → Subjekt geschieht, z. B. *die Rose* ***blüht****; er* ***spielt*** *Gitarre; sie* ***wird*** *die Wohnung* ***kaufen****.*

Präposition, die: *Verhältniswort.* Wort, das in Verbindung mit einem anderen Wort, meist einem → Substantiv, ein (räumliches, zeitliches, ursächliches o. ä.) Verhältnis kennzeichnet, z. B. *sie geht* ***in*** *das Zimmer; er tut es* ***aus*** *Liebe; das Kind spielte* ***mit*** *dem Hammer.*

Pronomen, das: *Fürwort.* Wort, das ein → Substantiv vertreten oder begleiten kann, z. B. ***er****,* ***sie****;* ***mein*** *Auto;* ***dieses*** *fröhliche Kind.*

Proportionalsatz, der: *Verhältnissatz.* Nebensatz, der angibt, dass sich der Grad oder die Intensität des Geschehens im Hauptsatz gleichmäßig mit dem im Nebensatz ändert, z. B. ***je älter ich werde,*** *desto anspruchsloser werde ich.*

Relativpronomen, das: *bezügliches Fürwort.* Wort, das den Bezug eines Nebensatzes zu einem → Substantiv oder → Pronomen des übergeordneten Satzes herstellt, z. B. *das ist der Mann,* ***den*** *ich gestern gesehen habe.*

Satzklammer, die: In Sätzen wie *Du* ***hast*** *es* ***geschafft*** ist die linke Satzklammer das finite Verb *(hast)* und die rechte Satzklammer ist die infinite Verbform (das Partizip *geschafft*). Genauso: *Auch ich* (linke Satzklammer, finite Form:) ***habe*** *die Aufgabe* (rechte Satzklammer, infinite Formen:) ***zu lösen versucht.*** *Auch ich* (linke Satzklammer:) ***habe*** (rechte Satzklammer:) ***versucht,*** *die Aufgabe zu lösen.* In vielen Sätzen gibt es nur eine linke, aber keine rechte Satzklammer: *Du* ***schaffst*** *das schon. Auch ich* ***versuchte[,]*** *die Aufgabe zu lösen.*

Schaltsatz, der: eingeschobener Hauptsatz, z. B. *eines Tages,* ***es war mitten im Winter,*** *stand ein Reh im Garten.*

Singular, der: *Einzahl.* Wortform, die das einmalige Vorkommen eines Wesens oder Dinges ausdrückt, die sich auf ein einziges Wesen oder Ding bezieht, z. B. *das* ***Kind*** *spielt; die* ***Karte*** *liegt offen auf dem Tisch.* – Gegensatz: → Plural.

Subjekt, das: *Satzgegenstand.* Teil des Satzes, der etwas Vorhandenes benennt, über das im Satz etwas ausgesagt wird, z. B. ***die Rose*** *blüht;* ***er*** *spielt Gitarre.*

Substantiv, das: *Hauptwort, Namenwort, Nomen.* Wort, das ein Lebewesen, Ding oder einen Begriff u. Ä. benennt, z. B. *Vater, Stuhl, Schönheit, Freude, Drehung.*

Temporalsatz, der: *Zeitsatz.* Nebensatz, der Angaben zur Zeit macht, z. B. ***bevor wir ins Kino gegangen sind,*** *machten wir einen Stadtbummel.*

Verb, das: *Zeitwort, Tätigkeitswort, Tunwort.* Wort, das ein Geschehen, einen Vorgang, einen Zustand oder eine Tätigkeit bezeichnet, z. B. *gehen, liegen, singen, tanzen, wünschen.*

Vollverb, das: → Verb mit lexikalischer Bedeutung und der Fähigkeit, allein das → Prädikat zu bilden, z. B. *er* ***läuft*** *über die Straße, er* ***lief*** *über die Straße.*

Zahladjektiv, das: *Zahlwort.* Wort, das eine Zahl oder eine unbestimmte Menge bzw. ein unbestimmtes Maß angibt, z. B. *eins, fünf; viel, wenige.*

Register

Die Zahlen verweisen nicht auf die Seitenzahlen, sondern auf die Abschnittsnummern. Hauptstellen sind farbig gedruckt.

A

T

U

V